上 Reflecting on the Reality through Philosophy and Education

哲学与教育

反思现实

林　城◎著

华龄出版社
HUALING PRESS

责任编辑：董　巍
责任印刷：李未圻

图书在版编目（CIP）数据

哲学与教育：反思现实 / 林城著．-- 北京：华龄出版社，2019.12

ISBN 978-7-5169-1597-4

Ⅰ.①哲… Ⅱ.①林… Ⅲ.①哲学—研究 Ⅳ.①B

中国版本图书馆 CIP 数据核字（2019）第 298225 号

书名：哲学与教育：反思现实
作者：林城 著

出 版 人：胡福君
出版发行：华龄出版社
地　　址：北京市东城区安定门外大街甲 57 号　**邮编：**100011
电　　话：010—58122241　**传真：**010—84049572
网　　址：http：//www.hualingpress.com

印　　刷：三河市华东印刷有限公司
版　　次：2020 年 6 月第 1 版　2020 年 6 月第 1 次印刷
开　　本：710×1000　1/16　**印张：**32
字　　数：575 千字
定　　价：99.00 元（全二卷）

再版序言

2018 年 5 月，应北京中联华文图书有限公司之邀就 2013 年出版的《哲学与现实——扬弃教条》一书再版，就个人而言欣然接受。考虑到这本书是一种历史性的学术专著，不适合增添或减少过多内容，更不适于加进原来没有的、适合于今天的新内容，这是保持严肃性的需要。一部有价值的著作理应经得起时间的考验，理应保持历史的原貌，所以，这次再版仅仅对个别的、错误的或不恰当的字句进行了修订，基本保持了原貌。如果说，有什么地方变动较大，主要是“第九章”有所增添，在“二”中加进了“三个代表”的延伸启示。笔者在领悟“三个代表”重要思想的同时，根据自身所经历和所见所闻，如我国曾经出现的“文革”，改革开放后的“贪官污吏”遍地横行，深深感到“中国共产党还应该始终代表最先进民主政治的合理建构”（这是制度自信的主要依据），这种“合理建构”通过今天新宪法的修订，通过今天监察委员会的建立，通过各种改革措施进行了补救，所以，借今天再版之机加进了这部分内容。

最后，再次感谢中联华文图书有限公司的垂爱，感谢中联华文图书有限公司张金良等人的热情之邀，但愿书的再版能使公司和作者都获得良好的声誉。

2018 年 6 月

补充说明

由于某些意想不到的原因，《哲学与现实——扬弃教条》一书再版没有实现，加之这本书的续编已经成型，故借此再版的机会出上下卷已经成为可能，本专著就以上下卷的形式呈现出来，以飨读者！同时，书名也做了必要的调整，于是，《哲学与教育——反思现实》上、下卷就此面世。

2019 年 8 月

目　录
CONTENTS

上　卷

下 卷

第二部分 古希腊罗马哲学流派

第三部分 教学、现实与反思

上卷绪论

一

“哲学”一词来自古希腊毕达哥拉斯的“爱智慧”或“智慧的朋友”，用中国话来说即给人以智慧、使人聪明的学问。由于古代希腊各种知识是不分家的，哲学是一种包罗万象的学问，所以，古代的具体科学家也就是哲学家，古代的一切具体科学都被称为哲学。到了中世纪，基督教在整个意识形态中占据了统治地位，甚至是唯一的一种社会意识形态，哲学走向了“神学的婢女”这样卑微的境地。随着近代的知识越来越多、越来越分化、越来越专门化，哲学才同各门具体科学区别开来，近代哲学家由于自身的狂妄，往往把哲学看成的“一切科学的科学”或看成是“一切具体科学的灵魂”，正如黑格尔所认为的那样。但是，由于近代哲学家比较多地关心知识的基础问题，关心“本体论”即世界本原问题，哲学越来越抽象化、越来越脱离实际、越来越远离社会生活，往往成为被人们讨厌或厌倦的学问。比较早地使用“哲学”概念的人是日本人西周，他在《百一新论》中用“哲学”翻译了“philosophy”一词，后来黄遵宪、康有为等人把这个概念介绍到中国。

在马克思主义教科书看来，哲学是理论化、系统化的世界观，哲学作为世界观和方法论是统一的，是对自然、社会、思维知识的概括和总结，也是关于研究整个世界普遍本质和普遍规律的学问。应该说，马克思主义哲学比较科学地解决了哲学和具体科学的关系：一方面，具体科学是哲学的基础，具体科学为哲学提供了非常丰富的具体材料；另一方面，哲学为具体科学的研究提供了世界观和方法论的指导，哲学理论直接影响着自然科学的研究和结论。在马克思主义哲学那里，哲学的狂妄性消失了，哲学和具体科学的区别主要表现为研究对象的区别。但是，在现代西方哲学中，有一股强大的思潮（可以称为“人本主义”），极力主张把哲学和人生紧密结合起来，把哲学视为“人生哲学”，正是由于这一观点，从某种意义上讲，哲学走进了现代的大门；还有另一股强大的思潮（可以称为“科学主义”）极力反对哲学是世界观，保留了哲学的方法论作用，主张哲学为具体科学服务，离开为具体科学服务这个基点，哲学就失去了任何价值。从哲学和具体科学的历史关系进行考量，古代哲学同自然科学联系比较密切，近代哲学同社会科学联系比较密切，而现代哲学同思维科学联系比较密切，特别是哲学同心理学、语言学的联系是与日俱增的。所以，现代哲学必然和人生，必然和具体科学特别是思维科学有着密不可分的联系。

哲学研究始于“惊奇”，始于“发现问题”，终于“好奇的满足”，终于“解决问题”，一旦问题得到解决就会为人们提供各种“教条”“教义”或“答案”，那么，这些“教条、教义、答案”又具有什么性质呢？

二

“教条”也源于希腊文，意思是指那些具有真善美意义的言语或教理。“教”指教育、教规、教法、教义、教案、教理、教学等，有通过“教”使人接受某些所教内容的意味；“条”指条条框框、比较确定的有一定正向价值观方面的言语或条理。“教条”是一些经过人们缜密思考、认真研究得出的具有真善美意义的结论，这些结论往往能够成为人们遵循的一些原则或法理。比较普遍的教条、具有世界观意义的教条，往往是经过哲学家的深刻思考得到的，是哲学家理论思维和抽象思维的产物。哲学通过对普遍问题的思考，通过抽象思维，通过对某些普遍规律的认识，通过对人生的感悟与反思，总是要不断地制造“教条”，不同时代的人们遵循着不同时代的教条，人们正是如此有序地劳动着、生活着、进化着。

教条随着内容的多少可以转化为“概念基础上的命题”“命题基础上的原理”或“原理基础上的思想体系”，教条提供出来是要教导人们去遵守的，教条的作用在日常生活中是不容忽视的，没有教条就没有思想的结晶，没有教条就没有指路的灯塔，没有教条就没有大海航行的目标，没有教条就没有行动的坚定信念。但是，教条也有正确和错误之分，教条也有科学与否之分，教条也有具体和抽象之分，上述教条的作用主要体现在正确的、科学的和抽象的结论之中。即便如此，我们对教条的作用还是要进行限定的，因为现实是不断发展变化的，教条就不能一成不变，不分场合、不分地点一味地坚持某些教条就会走向“教条主义”。教条主义的主要错误就是不能具体问题具体分析，就是不能与时俱进，就是不能看到任何教条都有自己的适用范围，于是，走向思想僵化。

走向思想僵化的教条是不结果实的鲜花，是没有子弹的钢枪，是固执己见的温床，是健康精神的瘟疫，是通向谬误的荒唐之路，也是思想的坟墓。所以，不要以为“教条”就一定是好的东西，不要小看“教条主义”的危害性。教条主义是把书本知识或教科书中的结论绝对化了，也可以被视为“本本主义”，是主观主义的一种表现形式。教条主义只知道生搬硬套书本知识或经典作家的原话，根本不考虑现实的需要，不考虑实际所出现的新情况，造成主观脱离客观、认识脱离实际、思想脱离现实的严重后果。教条主义也是创造性思维的死敌，是真理的对立物，是谬误的催化剂，是思想僵化的圣殿，我们必须反对教条主义。纠正教条主义错误的动力是实践的发展，是现实的需要。

三

“现实”往往被解释为客观存在的一切事物。事物的现状，事物的实际情况，事物的现行表现，事物所呈现的方式，事物当下所出现的变化，事物所具有的内在或外在的联系，等等，这些都可以被称之为“现实”。在黑格尔哲学中，现实和现存是有区别的，现存是指现在存在的一切，而现实则是指包含了必然性的存在。黑格尔提出的“一切现实的都是合理的”和“一切合理的都是现实的”，这些有着深刻的辩证法思想，是当时很多人没能正确理解的。黑格尔讲的现实更多地是指“新事物”，而不是一切现存的东西。首先，黑格尔说现实的东西是合理的，并不意味着现存的一切都是现实的，因而都是合理的；其次，黑格尔说现实的东西是合理的，并不意味着现实的东西就绝对地符合理念，都是好东西；最后，黑格尔说现实的东西是合理的，也并不意味着现实的东西是僵死不变的。此外，黑格尔认为，一切符合必然性的东西都是会转化为现实的，即使是还没有成为现实的“新事物”也必将成为现实。尽管黑格尔的上述思想是建立在“绝对理念”基础上的，夸大了精神的作用，颠倒了物质和意识的关系，但是，其中所包含的辩证法思想还是非常深刻的。

还有一些人主张把现实和实在进行区分：凡是打上人的印记的事物就是所谓现实，而还没有同人发生关系的实在叫做纯粹的客观实在，纯粹的客观实在向现实的转化需要一个过程，对世界的认识或许就是这种过程的不断延续和发展。这种延续和发展是离不开实践的。现实（或现存）有原因和结果之分，有真和假之分，有本质和现象之分，有内容和形式之分，有必然性和偶然性之分，等等，所以，对现实（或现存）的认识也不能是一成不变的，而是要随着认识的深化、实践的发展而不断进行调整和深入的，认识是一个多次反复、无限发展的过程。在这里“反复性、无限性、上升性”就成为认识运动最主要的特点，实践——认识——再实践——再认识，循环往复以至无穷，使认识运动不断前进，就成了人类认识的总规律。现实和理论相比，现实是第一性的，理论是第二性的；现实往往是客观的，理论往往是主观的；现实是不断变化的，理论是相对稳定的；现实是生动活泼的，理论是比较深刻呆板的；正所谓“理论是灰色的，生活之树常青”。

哲学是对现实的反思，教条是这种反思的一些结果，现实的不确定、现实的变化、现实中客观实在的转化，都决定了对现实认识的不断变化，决定了教条的不固定性，在不固定性中又存在着某些固定的成分，哲学与现实不断地“扬弃”教条。

四

“扬弃”是黑格尔在论述事物发展过程的时候提出来的一个重要概念，他把事物的发展看成是由不同小的阶段组成的发展过程，在事物发展过程中前一个阶段对后一个阶段来说都是一种否定，但是，这种否定又不是全盘抛弃、毫无保留，而是否定中有肯定、抛弃中有保留。当然，黑格尔在提出这一思想时披上了神秘的外衣，事物的发展过程在他那里表现为“绝对精神”的发展过程，他理解的自然界是绝对精神的自我异化。在一般的哲学教科书中，往往把“扬弃”解释为既有克服又有保留，即新事物对旧事物的否定，既是事物发展的环节又是事物联系的环节，也就是说，新事物否定了旧事物中消极的、腐朽的、不合理的因素，而保留和继承了其中积极的、有生命力的、合理的因素。黑格尔的扬弃（德语 aufheben）概念，其实，包含有抛弃、保留、发扬和提高的意思，为我们认识事物提供了一个重要的态度和方法。我理解的“扬弃”有三层含义：第一，新事物对旧事物的否定保留了旧事物中的合理内容；第二，新事物对旧事物的否定抛弃了旧事物中的消极因素；第三，新事物对旧事物的否定还增添了旧事物中无法容纳的新的内容。可见，扬弃不仅有克服和保留，还有增添，增添了旧事物容纳不了的新的内容。

扬弃虽然是事物发展过程的一种状况，扬弃也可以转化为我们对待事物发展的一种态度，或者我们分析问题的一种方法。因为客观的过程必然会通过大脑转化为主观的过程，正如主观辩证法是对客观辩证法的反映那样。现实本身是不断扬弃现实的，新的现实也就是对旧现实的扬弃，作为对现实高度概括和反映的哲学来说，哲学结论也是不断扬弃哲学结论的，我们姑且把各种哲学结论比喻为各种教条，那么，现实和哲学都是要不断地扬弃教条的。扬弃应该成为我们认识事物发展的科学态度，用这种态度对待一切外国文化和古典文化遗产；同时，扬弃还应该成为我们分析问题的重要方法，我们要善于用这种方法去分析精神文化遗产，去分析一切外来文化。正如现实是不断变化的一样，教条的稳定性和永恒性也是难以持久的，马克思主义最重要的理论品质是与时俱进。“一切从实际出发，理论联系实际，实事求是，在实践中检验真理和发展真理”已经成为我党重要的思想路线，而坚持这条思想路线还需要“解放思想”，正如邓小平多次强调的那样。所以，本书写作的目的，一方面是对多年来自己科研成果的一个总结，另一方面又以“哲学与现实”作为把看起来缺乏内在联系的内容统一起来的宗旨，尽管这种努力还远远不够，但总算是对自我的一种交代。这种交代也是水到渠成、瓜熟蒂落的结果。

第一部分 01

哲学与现实：扬弃教条

前言（第一部分）

人类已经迈入21世纪，“60后”的我或许还停留在20世纪。自从1983年毕业于北京师范大学哲学系以来，一直在大学任教至2013年已经有30个年头，没有一份在科研方面的自我总结和对自己教学活动的总体交代，实属遗憾之事，本书如能顺利出版就是这种遗憾的最令人满意的结束。

不可否认，在以往的岁月中曾经为了谋生而奔波劳累，曾经为生养家庭而努力工作，曾经为称职教学而刻苦钻研，然而，在科研上还是疏于勤恳，让玩心占去了相当多的时间。今天，借此机会完成多年夙愿，实乃幸事。

我通过长期以来的教学与实践，通过对哲学与现实的思考，间或通过自我对人生的感悟，再加上长期以来的兴趣和爱好，深深感到“哲学与现实”和“扬弃教条”之间的关系：哲学与现实正是在不断地扬弃教条中进步与发展的。

故本书从古今中外的思想发展和对现实状况的实际分析中论述了哲学、现实与教条之间的关系，这种论述或许有些松散，缺乏紧密、内在的逻辑关联，但是，论述本身确是反映了作者对他人一些不无教益的深刻思考，也是对作者长期以来科研活动的集中总结，尽管这种总结可能还属于20世纪。

然而，论著本身的结论虽然是作者经过深思熟虑和深刻思考而得出的，但未必都是正确的或没有漏洞的，如能引起共鸣或能引发读者某些思考，本人将荣幸之至！目前，我国的科研环境是比较宽松的，国家领导的宽容度也是空前的，热情和热心的读者更是充满善意的，这些都为本书的出版奠定了非常良好的社会环境。

林城

2013年4月

第一章　从“两个对子”说起

引言

说起突破教条主义的影响，首先就要从“两个对子”谈起，马克思主义哲学是发展着的科学，实践性和与时俱进是马克思主义哲学中的最主要的特征。在马克思主义哲学的产生和发展过程中，“两个对子”（即唯物论和唯心论、辩证法和形而上学）的斗争占有非常突出的地位。从某种意义上讲，马克思主义哲学的产生，可以说是“两个对子”斗争的结果。

然而，熟知的东西并非真知，真知的东西并非辩证知之。随着社会的发展、理论研究的深入和社会主义现代化建设的需要，特别是社会主义精神文明建设的需要，我们对这“两个对子”的斗争也应该辩证地把握。本着解放思想和实事求是的原则，我以三篇短文对“两个对子”的另一面进行一些初步探索，抛砖引玉，以飨读者。

一、发展哲学必须破除一个公式

长期以来，在哲学的研究和发展中出现了一个习惯性的公式，即“唯物主义＝正确＝革命，唯心主义＝错误＝反动”。在这个公式的影响下，许多哲学理论工作者走上了极端化、片面化的道路，它给哲学的发展带来了极大的危害。

（一）

“唯物主义＝正确＝革命，唯心主义＝错误＝反动”，这个公式的产生有其历史的必然性，在特定的历史时期也曾起到过积极的作用。中华人民共和国成立前及成立初期，我国的哲学研究基本上照搬了苏联的做法。“斯大林时代”有一位苏共书记日丹诺夫，在1947年的哲学史讨论会上提出："科学的哲学史是科学的唯物主义世界观及规律的胚胎发生和发展的历史，唯物主义既然是从唯心主义的斗争中生长和发展起来的，那么，哲学史也就是唯物主义与唯心主义斗争的历史。"他把哲学史看成是唯物主义和唯心主义斗争的历史（简称"斗争史"）。既然唯物主义是"科学的世界观"，唯心主义当然就是"错误的世界观"。既然唯物主义是科学的，它在不同的社会发展中必然会被先进的阶级所利用而起到"革命"的作用；反之，唯心主义则必然会被落后的阶级所利用而起到"反动"的作用。于是，有人很自然地提出了"唯物主义 = 正确 = 革命，唯心主义 = 错误 = 反动"的公式。这个公式也流传到我国。

中华人民共和国成立前夕及成立初期，由于"一边倒"，我国完全接受了"斗争史"的观点，也接受了这个公式。这个公式在特殊的历史时期发挥了特殊的作用。首先，它是改造唯心主义哲学的需要。1949年以前，我国各大学占统治地位的思想是唯心主义哲学，唯心主义思想在人们的头脑中有着深刻的影响。1949年以后，认识唯心主义的错误，清除唯心主义思想对人们的影响已成当务之急。所以，这个公式对批判唯心主义世界观，改造唯心主义哲学起到了加速作用。其次，它是广泛传播马克思主义哲学的需要。中华人民共和国成立初期，马克思主义哲学还不普及，还没有深入到全国各地，人们对马克思主义哲学还缺乏必要的了解。如何用马克思主义哲学代替唯心主义哲学，如何用马克思主义思想武装广大人民群众的头脑，已成为迫切需要完成的任务。所以，这个公式在广泛传播马克思主义哲学方面起到了积极作用。再次，这个公式也是改变哲学史研究方向的需要。中华人民共和国成立前，我国在哲学史的研究上一直是唯心史观占统治地位，哲学史的研究方法是唯心主义的。中华人民共和国成立后，如何坚持哲学的党性原则，如何用唯物史观代替唯心史观，如何把历史唯物主义的立场、观点、方法贯彻到哲学史的研究中去，使哲学的研究方向走上正确的轨道已成迫切需要。所以，这个公式对坚持哲学的党性原则，对改变哲学史的研究方向起到了促进作用。

（二）

但是，随着哲学研究的深入发展，这个公式的局限性越来越明显地表现出来。首先，它给哲学研究带来了教条化、庸俗化的倾向。许多人把这个公式作为永恒不变的教义，用来分析和研究各个时代的哲学。他们把着眼点完全放在对哲学的所谓"出发点"的研究上，一旦确定某个哲学的出发点有问题，就很简单地推断这种哲学是错误的，乃至反动的。相反，一旦确定某个哲学出发点没有问题，就简单地推断这种哲学是正确的，乃至革命的。这就使哲学研究走上了简单化、片面化和绝对化的道路。其实，一种哲学的科学性（正确性）和进步性（革命性）绝不仅仅取决于它的“出发点”，而是同当时的社会需要、自然科学的发展状况、理论的继承关系、哲学自身发展的规律性，甚至同哲学家个人的经历及所受的教育都有着密切的关系。所以，仅仅用上述公式来分析哲学的科学性和进步性是远远不够的。这个公式的危害就在于，它给哲学研究带来了教条化、庸俗化倾向。教条之所以为教条，正在于它抽掉了具体的丰富多彩的内容，而哲学应该研究的正是这些东西。庸俗之所以为庸俗，正在于它忽视了哲学发展的复杂线索，而哲学应该研究的正是这些线索。其次，它给哲学研究带来了宗派性倾向。许多人接受了这个公式以后，不仅对死去的哲学家给予不公正的待遇，而且对活着的人也百般迫害，把哲学研究紧密地同政治联系起来，把哲学理论同阶级斗争直接挂钩，大搞哲学上的宗派主义。例如，在哲学史的研究中长期以来往往是对唯心主义哲学家否定多于肯定，而对唯物主义哲学家有过多的溢美之词。其实，不少有价值、有意义的观点是唯心主义者提出来的，而有些唯物主义者是很肤浅的。再比如，有些人在政治上出现了问题就被打成“唯心主义者”，而一些“极左分子”却千方百计地把自己装扮成“唯物主义者”，当他们在政治上失意以后同样被说成是“唯心主义者”。到头来，天天批判“唯心主义”，结果是“唯心主义者”越来越多。其实，唯物主义和唯心主义都是人类认识史上的花朵，尽管有些是“不结果”的花朵。一种理论之所以能够出现和发展必然有某些合理的东西，哲学研究的正是这些东西。所以，无论是唯物主义或唯心主义哲学，都值得我们做认真、具体和公平的评价。上述公式的危害性就在于把唯物主义同革命、唯心主义同反动联系起来，即把哲学理论同政治问题或阶级斗争直接挂钩，而看不到哲学本身的相对独立性，致使哲学研究政治化，这样，就使人们把注意力从哲学本身转移到纯粹的政治问题，把哲学理论变成了宗派理论，严重地阻碍了哲学研究的进一步发展。

（三）

“唯物主义 = 正确 = 革命，唯心主义 = 错误 = 反动”，这个公式是错误的。首先，唯物主义不能同正确画等号，唯心主义也不能同错误画等号。我们说“唯物主义正确”是有条件的，这是指在物质和意识的关系问题上，它的基本方向是正确的，在此条件下任何唯物主义哲学内部常常包含了各种各样不正确的东西或局限性。如古代朴素唯物主义的直观性、猜测性，近代唯物主义的机械性、形而上学性，等等。同样，说“唯心主义错误”也是指在物质和意识的关系问题上它的基本方向是错误的，在此条件下任何唯心主义哲学内部常常包含了许多正确的东西或合理因素。如黑格尔的唯心主义就包含了丰富的辩证法思想，直接成为马克思主义哲学的理论前提。其次，说“唯物主义 = 革命，唯心主义 = 反动”也是不符合实际的。历史上出现过的唯物主义哲学，不一定都代表最先进阶级的利益，它作为一种理论体系可以为任何阶级所利用。反之，历史上出现过的唯心主义哲学，也不一定都代表最落后、最腐朽阶级的利益，它在许多场合曾经为先进的阶级所利用而起到过革命的作用。例如，荷兰、英国的资产阶级革命就是打着宗教的旗号进行的，这是历史上最早的资产阶级革命；我国的太平天国起义也利用了“上帝”，这是中国历史上一场轰轰烈烈的农民革命运动；人们很熟悉的贝克莱就是一个唯心主义者，但他在政治上也代表了先进的英国资产阶级的利益。所以，一种理论体系的革命性或反动性，决不能从理论本身得到说明，它要看为哪个阶级所利用，更要看在实践中所起到的实际作用。

有一种观点认为，虽然唯物主义哲学和唯心主义哲学内部都包含了合理性和错误的东西，但是，唯物主义和唯心主义作为世界观有正确和错误、革命和反动之分，因此上述公式仍然是正确的。笔者认为，这种论证是不科学的，因为它片面强调了唯物主义和唯物主义哲学之间、唯心主义和唯心主义哲学之间的区别，完全抹杀了两者的辩证联系，把具体哲学抽象化、教条化，从而没有解决好个别和一般的关系。

（四）

哲学是讲党性的，否定上述公式是否与坚持哲学的党性原则相违背呢？不是的。因为马克思主义哲学虽然是讲党性的，公开强调自己为无产阶级政治服务，坚持唯物主义，反对唯心主义，但是，这不等于贴标签，用某一个僵死的公式到处乱套。哲学的发展是复杂的，坚持哲学上的党性原则也不能简单化。过去由于不能正确地对待这个问题，许多国家走了弯路。如苏联20世纪30年代在生物学上的讨论，我国“文革”时期关于一分为二、合二而一的争论等。有些人总想把一切哲学问题都同政治问题联系起来，把哲学理论同阶级斗争直接挂钩，结果是出现了“阶级斗争扩大化”，把许多朋友变成了敌人，把革命同志变成了专政的对象，严重地阻碍了哲学研究的进一步发展。

所以，破除上述公式不但不会同坚持哲学的党性原则相违背，反而是更全面、更辩证地坚持这一原则，防止把这一原则绝对化、片面化和简单化。为了更好地坚持哲学上党性原则，我们必须采用“具体问题具体分析”和“实事求是”的方法。对任何一种哲学进行具体的历史的分析，既不拔高也不贬低，既不美化也不苛求，而是肯定其中一切有价值的东西。列宁说：“在分析任何一个社会问题时，马克思主义理论的绝对要求，就是把问题提到一定的历史范围内。”①他还说：“卓越地坚持哲学中严格的历史性，反对把我们所了解和古人事实上还没有的一种思想的‘发展’硬挂到他们的名下。”② 列宁的话已经充分地告诉我们，应该如何坚持哲学上的党性原则。

然而，要想真正做到“具体问题具体分析”（被列宁称为马克思主义“活的灵魂”）和“实事求是”（毛泽东哲学思想的“精髓”），还必须辅以“系统分析”的方法，它是上述方法的具体化和最好的表现形式。系统分析的方法要求我们必须把握哲学发展线索的多样化和复杂化，把哲学发展当成系统工程看待。在这个系统工程中要考虑到的因素很多，如哲学发展的社会需要及满足社会需要的条件，当时的经济发展和政治状况，自然科学及其他具体科学的发展，哲学思想产生的理论前提、思想材料及哲学思想的继承关系，哲学本身发展的一般规律和特殊规律，甚至是哲学家的个人经历以及所受的教育和文化水平等，这些因素都影响着新的哲学观点的产生和发展。

综上所述，哲学的发展是不能用任何公式所概括的，它是一个系统工程，是由许多因素决定的。真正的哲学是时代精神的精华，那么，如何把握时代精神，在具有时代特征的社会实践中如何高度概括人类实践的感性材料，就成为每一名哲学理论工作者的使命。

二、谈谈“唯物论”和“唯心论”的联系

众所周知，“唯物论”和“唯心论”是两种根本对立的理论，是两种根本不同的理论化和系统化的世界观。那么，它们之间是否存在一定的联系呢？在这里，对这一问题做些初步探索，探索其内在联系，供大家思考。

（一）

对“唯物论”和“唯心论”的正确理解和区分，在经典作家中是从恩格斯

① 列宁．列宁选集（第2卷）[M]．北京：人民出版社，1972：512.

② 列宁．列宁全集（第38卷）[M]．北京：人民出版社，1984：272.

开始的。恩格斯在《路德维希·费尔巴哈和德国古典哲学的终结》一书中，首次提出了“哲学基本问题”的概念，他把“思维对存在、精神对自然界的关系问题”称之为“全部哲学的最高问题”。并认为，“什么是本原的，是精神，还是自然界？……哲学家依照他们如何回答这个问题而分成了两大阵营”。恩格斯所说的两大阵营，就是唯物主义阵营和唯心主义阵营。“除此之外，唯心主义和唯物主义这两个用语本来没有任何别的意思，它们在这里也不能在别的意义上被使用。”①

我们知道，马克思和恩格斯都经历过从唯心主义世界观向唯物主义世界观的转变，列宁认为“他们在很长的差不多有半个世纪的时期内，发展了唯物主义，向前推进了哲学上的一个基本派别”②。所以，“马克思主义哲学就是唯物主义。……唯物主义成为唯一彻底的哲学”③。列宁把唯物主义和唯心主义的对立和斗争，上升为哲学党性的高度，并在其最主要的哲学著作《唯物主义和经验批判主义》中对唯心主义哲学进行了彻底的批判。后来，唯物主义哲学作为马克思主义的理论基础，作为无产阶级政党的理论基础，一直成为反对唯心主义哲学和资产阶级哲学的思想武器。于是，在改造唯心主义哲学和传播马克思主义哲学的过程中，社会上出现了一种习惯性的公式，这就是：“唯物主义 = 正确 = 革命，唯心主义 = 错误 = 反动”。这个公式给哲学带来了宗派性倾向，也使哲学的发展走向了教条化和庸俗化的道路。

其实，我们说“唯物主义正确”或“唯心主义错误”是有条件的，这是就基本方向和哲学出发点而言的，至于“革命”或“反动”更要具体问题具体分析，一种理论的革命性或反动性不能由理论本身来说明，而是要看它为哪个阶级所利用并在实践中所起到的实际作用。所以，经典作家对待唯心主义哲学基本上都采取了“扬弃”的态度，一方面批判其哲学基础和出发点，另一方面又吸取其合理思想、合理内核，列宁就把唯心主义视为“不结果实的花朵”。有一种观点认为“唯物主义”和“唯心主义”作为出发点，就有正确和错误、革命和反动之分，至于“唯物主义哲学”和“唯心主义哲学”是另一回事。如前所述，这种观点夸大了唯物主义和唯物主义哲学、唯心主义和唯心主义哲学之间的区别，完全抹杀了唯物主义和唯物主义哲学之间、唯心主义和唯心主义哲学之间的联系，犯了“白马非马”的错误，没有解决好一般和个别的关系。

---

① 马克思，恩格斯．马克思恩格斯选集（第4卷）［M］．北京：人民出版社，1972：220.

② 列宁．列宁选集（第2卷）［M］．北京：人民出版社，1972：343.

③ 列宁．列宁选集（第2卷）［M］．北京：人民出版社，1972：442.

（二）

“唯物论”和“唯心论”的对立和斗争只是问题的一个方面，另一方面，二者之间又存在着一定的联系，这种联系也是不能忽视的。首先，二者都是传统意义上的形而上学思考。传统意义上的形而上学是指抽象道理的学问，即超感觉经验的哲学。在古希腊，形而上学是指研究世界本原、本质、本身的学问，即所谓“存在之存在”，研究这一问题的核心是从根本上把握事物，也就是从世界观的角度回答世界“是什么”。其次，二者的思维方式相同。这种思维方式可以概括为“一元论”的思维方式，它们都试图从一个本原出发去解释万事万物，或把所有事物归结为一个统一的基础。因此，它们都反对形形色色的二元论、怀疑主义、不可知论，甚至相对主义诡辩论等，当然也被这些理论所冲击。再次，二者的矛盾、斗争，推动了哲学史的发展。谁能否认“唯物论”和“唯心论”的矛盾和斗争，作为哲学发展的内驱力，推动了整个哲学史的发展？它们的矛盾、对立和斗争，推动了人们抽象思维能力的提高，促进了认识的深化与发展，这已经被哲学史的发展所证实。其实，“唯心论”并不是纯粹的，它总要从客观世界中寻找符合思想的证据，离不开物质世界；“唯物论”也不是纯粹的，它也一样离不开精神世界，物质概念本身就是一种哲学抽象。可见，二者的相互作用、相互渗透是显而易见的。此外，从二者的产生看，它们或许都来源于古代“普遍主义基因”。关于“普遍主义”，天津师范大学马德普教授有过这样的解释：“普遍主义既是一种世界观，也是一种价值观，还是一种方法论。作为世界观，普遍主义就是相信万物背后有普遍的本原或本体，运动变化背后有某种永恒不变的东西。作为价值观，普遍主义就是相信有超时空的、普遍而永恒的价值体系。作为方法论，普遍主义就是喜欢抽象地看问题，喜欢从某种超时空的抽象前提推出防之四海而皆准的普遍结论。”① 当然，他是从否定的意义上来谈论“普遍主义”的，其实，普遍主义也有积极的方面，这一点并非本文主题就不多谈了。

总之，“唯物论”和“唯心论”之间既有区别又有联系，只有全面地把握二者的对立统一关系，才能更好地、辩证地坚持哲学上的党性原则。那么，我们考察“唯物论”和“唯心论”的联系有何意义呢？这种考察能够使我们从“对立的思维”向着“对立统一的思维”转变，连唯物论和唯心论这两种根本对立的理论都存在某种联系的话，那么，还有什么理论或意识形态是绝对对立

---

① 马德普．政治文化论丛（第三辑）［M］．天津：天津人民出版社，2003：82.

的呢？“对立的思维”造就了对抗的时代，“对立统一的思维”则造就了和平、谈判和共同发展的主题，理论永远是灰色的，生活之树常青。

三、浅析辩证法和形而上学

长期以来，在理论界和现实生活中，形而上学和辩证法的关系，一般被看成是两种根本对立的世界观和方法论，因此，对形而上学的内涵都做了比较粗浅化的理解。其实，“形而上学”的内涵是很复杂的，我们应当辩证地考察形而上学的合理性及其理论价值。

（一）

“形而上学”和“辩证法”这两个词都来源于古希腊文，最早可以追溯到爱利亚学派。巴门尼德提出“存在是唯一的、不动的”这一命题（受克塞诺芬尼的影响），开辟了形而上学思维的先河；后来，他的学生芝诺利用“反证法”进一步坚持了巴门尼德的观点。这种“辩论、求证”的反证法就成了辩证法的前身。

古希腊哲学发展到苏格拉底、柏拉图和亚里士多德以后，出现了非常繁荣的局面。这时，苏格拉底自觉使用了辩证法，“辩证法”成为在辩论过程中，不断揭露和克服对方矛盾，从而得到正确结论的方法。亚里士多德把研究抽象道理（最高存在）的学问写成一本书，被中国人翻译为《形而上学》。在这本书里，亚里士多德研究了神、灵魂和自由意志等问题，后来，“形而上学”就成了一种研究超感觉经验的哲学。从辩证法和形而上学的起源可以看到，辩证法原是一种论辩的方法，形而上学则是一门学问，二者并不构成矛盾。由于形而上学是研究“抽象道理”的学问，它需要辩证法为自己服务，所以，辩证法在古希腊作为论辩术或问答法，往往成为任何“形而上学”都必须采用的方法，这种方法在智者学派中得到了充分的发扬。

形而上学在辩证法的推动下，得到了不断的发展。到了中世纪，它成为论证宗教神学的主要方法，正因为如此，这种形而上学受到了近代资产阶级学者的猛烈冲击。特别是培根的“经验论”诞生以后，对中世纪的形而上学（包括辩证法，这时表现为演绎法）进行了彻底批判，开辟了一个新的时代——资产阶级形而上学的时代。然而，由于形而上学的研究对象是最高的存在（万物本原、本质或自身)，由于传统形而上学对这一问题的争吵不休，由于近代学者在这一问题上的观点对立，许多人开始怀疑形而上学本身。休谟主张把以往探讨上述问题的书籍付之一炬，因为这种研究超越了人的认识能力。康德则认为探讨这一问题必然会造成“二律背反”使人的思维陷于无法自拔的矛盾境地。于是，形而上学岌岌可危。

19世纪出现了黑格尔哲学。黑格尔认为，传统的形而上学用孤立的、静止的、无矛盾的眼光看问题，因此是错误的；黑格尔指出了传统形而上学的局限性，认为只有坚持用联系的、发展的和矛盾的眼光看问题才是正确的，并借用了“辩证法”一词来说明这种正确性。自此，“形而上学”和“辩证法”才成为两种根本对立的世界观和方法论，成为现代意义上的用语。后来，恩格斯正是在这种意义上使用这两个概念的，他推动了坚持辩证法反对形而上学的斗争。

(二)

马克思主义哲学对形而上学的批判，是非常必要的。

首先，这是无产阶级革命运动的需要。在无产阶级反对资产阶级的斗争中，一些资产阶级学者总想把资本主义制度理想化、永恒化，认为资本主义制度是永远不会改变的，还有一些机会主义者，也在这种理论的基础上，提出各种各样的改良主义观点，破坏无产阶级运动。他们都反对马克思主义关于“暴力革命”“阶级斗争”和“无产阶级专政”等的学说，而他们所依据的哲学理论都是形而上学中“静止不变”的思想。所以，批判这种形而上学思想，就成为无产阶级革命运动发展的迫切需要。马克思就曾公开承认自己是黑格尔的学生，因为黑格尔坚持了辩证法，而“辩证法在对现存事物的肯定的理解中同时包含对现存事物的否定的理解。……按其本质来说，它是批判的和革命的”①。

其次，它是唯物主义哲学发展的需要。马克思主义以前的一切旧唯物主义学说，都包含了各种各样的局限性，其中，最大的缺陷就是“形而上学性”。这种缺陷使它不能战胜各种唯心主义哲学的攻击，甚至最终也陷入了唯心主义。所以，改造旧唯物论，批判其中所包含的形而上学思想，是发展唯物主义学说的关键。马克思主义哲学正因为把“唯物论”和“辩证法”结合起来，创立了辩证唯物主义和历史唯物主义，才完成了哲学革命。也正因为如此，列宁才说：“马克思和恩格斯的天才正是在于：他们在很长的差不多有半个世纪的时期内，

---

① 马克思恩格斯选集（第2卷）[M]．北京：人民出版社，1972：218.

发展了唯物主义，向前推进了哲学上的一个基本派别。”①

再次，它是自然科学发展的需要。在欧洲（14—15 世纪），自然科学从神学中独立出来以后，获得了长足的发展。这时，自然科学首先要求把自然界分解为各个部分，把自己的研究对象暂时从普遍联系中抽取出来，当成孤立不变的东西加以考察，进行分门别类的研究。这是自然科学发展的必要条件。后来，这种研究方法被资产阶级学者概括为形而上学的世界观和方法论，一直统治着人们的头脑。但是，随着自然科学的进步，到了 19 世纪，自然科学从“搜集材料”进入了“整理材料”的时期，这就要求自然科学把整个世界作为普遍联系的有机整体加以考察。然而，旧的思维方法（即形而上学）却阻碍着自然科学的研究，“自然科学家自己感觉到，这种纷扰和混乱如何厉害地统治着他们，现在流行的所谓哲学如何绝对不能给他们以出路”。所以，“除了以这种或那种形式从形而上学的思维复归到辩证的思维，在这里没有其他任何出路，没有达到思想清晰的任何可能”②。

最后，它还是反对教条主义的需要。长期以来，教条主义一直统治着人们的头脑，而教条主义同形而上学的思维方式有密切的联系。在形而上学者看来，“是就是，不是就不是；除此之外，都是鬼话”。他们缺乏辩证思考，看不到对立面的同一，也看不到同一中包含着对立，要么肯定一切，要么否定一切，不懂得矛盾是事物的本质，因此，在处理一切问题时都“公式化”，被各种条条框框所限制，走向了极端化、绝对化和片面化的道路。这种思维在哲学上往往表现为：肯定一个方面而否定另一个方面。因此，用辩证思维代替形而上学思想是非常必要的。

（三）

然而，随着坚持辩证法反对形而上学斗争的深入发展，又出现了另一种极端倾向，这就是：对形而上学全盘否定，把它看成一无是处，甚至当成“错误”的代名词。这种观点本身就缺乏辩证思考，而且，在理论上也是不科学的。

“形而上学”原是指一种研究超感觉经验的哲学，中国人把它视为研究“抽象道理”的学问，在西方它一度被泛化为哲学的意思。只是到了黑格尔才把旧形而上学同辩证法对立起来，才有了“形而上学”派生出来的“孤立、静止、无矛盾（或片面）”的意义。可见，要科学地理解形而上学，就不能把旧形而上

---

① 列宁选集（第 2 卷）[M]．北京：人民出版社，1972：343.

② 马克思恩格斯选集（第 3 卷）[M]．北京：人民出版社，1972：467，181.

学（黑格尔以前的哲学）中的一种研究方法等同于形而上学本身。

很多人以为黑格尔是反对形而上学的，这实际上是一种误解，黑格尔反对的仅仅是旧形而上学中的一种研究方法，而不是反对形而上学本身，恰恰相反，黑格尔哲学的主旨正在于克服和解决康德对形而上学的责难，去弘扬和发展形而上学。黑格尔说："人乃是能思维的动物，天生的形而上学家。"①他还说："一个有文化的民族竟没有形而上学——就像一座庙，其他各方面都装饰得富丽堂皇，却没有至圣的神那样。"②

值得注意的是，马克思也没有把辩证法和形而上学对立起来，没有因为坚持辩证法而去反对形而上学本身。例如，在《哲学的贫困》中，有一章的题目就是"政治经济学的形而上学。"他说："我们一方面谈论经济学，同时又要谈形而上学"。他在评价黑格尔时曾经说："黑格尔天才地把十七世纪的形而上学同后来的一切形而上学及德国唯心主义结合起来，并建立一个形而上学的包罗万象的王国。"③显然，这里讲的"形而上学"并非是在"孤立、静止、无矛盾"的意义上使用的。恩格斯是最早提出坚持辩证法反对形而上学的人，但他对"形而上学"的理解也没有完全停留在上述的定义上。他在许多场合下使用了"旧形而上学""旧的研究方法和思维方法"，等等，以此来区别形而上学本身。列宁也清楚地知道"形而上学"还有其他意思，知道马赫主义者指责唯物主义是"形而上学"。他说："必须指出，许多唯心主义者和一切不可知论者都辱骂唯物主义者是形而上学者，因为在他们看来，承认外部世界不依赖于人的意识而存在，就是超越经验的范围。"④他还说："承认人以外的客观实在，被称为形而上学"⑤，"康德和休谟路线的维护者把我们唯物主义者叫作'形而上学者'，因为我们承认我们在经验中感知的客观实在，我们承认我们感觉的、客观的、不依赖于人的泉源"⑥。他认为，"恩格斯所说的形而上学，不是实证论者即休谟主义者所说的形而上学"⑦。

可见，形而上学的内涵是很复杂的，不能做简单化的理解，更不能用派生出来的意思完全取代它原来的深刻内涵。或许有人认为这是搞"文字游戏"，其实不然，当我们恢复"形而上学"本来面貌的时候，就会发现它的存在不仅是

---

① 黑格尔．小逻辑［M］．贺麟，译．北京：商务印书馆，1980：216.
② 黑格尔．逻辑学（上卷）［M］．梁志学，译．北京：人民出版社，2002：2.
③ 马克思恩格斯全集（第2卷）［M］．北京：人民出版社，1979：159.
④ 列宁选集（第2卷）［M］．北京：人民出版社，1972：58.
⑤ 列宁选集（第2卷）［M］．北京：人民出版社，1972：284.
⑥ 列宁选集（第2卷）［M］．北京：人民出版社，1972：126.
⑦ 恩格斯．自然辩证法［M］．北京：人民出版社，1971：183，3.

合理的，而且有着极高的价值，即使是从它那里派生出来的含义也是不能全盘否定的。

（四）

形而上学的价值表现有以下几方面。首先，它是哲学思考的标志。“形而上学”顾名思义，就是“形而上”的学问，正如汉语中所谓“形而上者谓之道，形而下者谓之器”。所以，在古希腊，形而上学是指研究事物本原、本质、本身的学问，即“存在之存在”。研究这一问题的核心，是从根本上把握事物的稳定方面，它试图排除事物的外在性与杂多性，而直接观照其内在性与单一性，也即从世界观的角度来回答世界“是什么”。当古希腊第一个哲学家泰利士提出“水是万物始基”的时候，这里就包含了形而上学的思考：因为这里的“水”已经被内在化与单一化，上升到世界本原的高度，它已经不再是具体的水了；然而，也正因为“水”还保留了外在性与杂多性，保留了感性形式，所以，这种形而上学思考又是不彻底的。只有当巴曼尼德提出了“存在是唯一的、不动的”以后，才真正达到了形而上学思考：因为“存在”才完全摆脱了事物的具体的感性形式，即摆脱了事物的外在性与杂多性，真正达到了思维抽象。正是从这个意义上，黑格尔认为哲学史应该从巴曼尼德开始，因为抽象思维（形而上学）的发展正是哲学的发展。可见，形而上学是哲学思考的标志。也正因为如此，无论是唯物论或唯心论都可以说是一种形而上学思考。哲学史上的怀疑主义、二元论、不可知论等，都是一些不彻底的形而上学。

其次，形而上学作为一种思维方法和辩证法之间具有同一性和互补性。从形而上学的起源可以看到，它要求本质地看问题，侧重于研究事物的独立性、稳定性和内在的同一性，“形而上学——关于事物（本原、本质、本身）的科学”[①]；而辩证法侧重于研究事物相互依赖、变动不居和外在事物的规律性，“辩证法是关于普遍联系的科学”[②]，“是关于自然、人类社会和思维的运动和发展的普遍规律的科学”[③]。然而，形而上学要求本质地看问题，实际上也就是要求把握事物的内在联系、根本联系；辩证法要求把握事物的联系和发展，实际上就是要求人们不要把事物的本质凝固化、固定化，而辩证法所研究的规律也是一种“本质的关系或本质之间的关系”[④]。因此，二者的同一性和互补性是显

① 恩格斯．自然辩证法［M］．北京：人民出版社，1971：183.

② 恩格斯．自然辩证法［M］．北京：人民出版社，1971：3.

③ 马克思恩格斯选集（第3卷）［M］．北京：人民出版社，1972：181.

④ 列宁．哲学笔记［M］．3版．北京：人民出版社，1973：161.

而易见的。

但是，形而上学和辩证法都有自己适用的范围，形而上学最大的合理性旨在研究世界本原、本质、本身（是什么），试图从事物的内在性与单一性上，即从根本上把握事物的稳定方面；而辩证法的最大合理性则旨在研究世界的状况（怎么样），试图从事物的外在性与杂多性上，即从具体事物的相互联系中揭示其中所包含着的否定性、矛盾性。所以，形而上学和辩证法考察世界时各有自己的角度，两者结合与同一，才能正确地把握世界。如果二者割裂分离，就会造成严重的混乱。在古希腊，爱菲索学派和爱利亚学派的斗争，或多或少地就反映了这种情况：赫拉克利特仅仅抓住了事物的外在性与杂多性，抓住了事物的运动变化与多样性；而巴门尼德则仅仅抓住了事物的内在性与单一性，抓住了事物的内在统一性。两派各持一端，分别抓住了片面真理，后来，柏拉图才试图把二者统一起来。如果把赫拉克利特的观点推向极端（像克拉底鲁），就会因肯定万物的运动变化而否定其内在的统一性，最后拒绝给任何事物起名称；反之，如果把巴门尼德的观点推向极端（像芝诺），又会因肯定万物的内在统一性，而干脆提出“飞矢不动”，可见，两种极端的观点都是不足取的。

总之，“形而上学”具一个内涵丰富的概念，我们不能对它做简单化的理解。一方面，应该对旧形而上学中所包含的错误思维方法进行彻底批判；另一方面，又要挖掘其中包含的合理性，重视其价值，去辩证地看待形而上学，发展人们的理论思维和抽象思维。

结束语

哲学上存在着“两个对子”的斗争，从理论上讲，我们一般地要坚持唯物主义，反对唯心主义；坚持辩证法，反对形而上学。但是，又不能把这种观点绝对化，无论是在哲学还是现实生活中，“两个对子”的斗争又是复杂多样的，哲学和现实都要求扬弃任何教条，完整地理解它们之间的关系。扬弃教条首先是从突破教科书中的“教条主义”开始的，树立教条的过程往往伴随着“教条主义”的传播和盛行，一旦脱离现实，一旦正确的结论被固定下来，一旦教条被固定下来成为经典，一旦教条被写成了教科书成为学生必须遵守的教义，那么，使思想僵化的教条主义就悄悄临近了，危险也即将来临。

第二章　突破教科书中的教条主义

引言

在教学活动中，我们一方面要树立某些“教条”，通过研究问题得出一些具有普遍性的结论，使之能适用于广大的领域；另一方面又要不断地“扬弃”某些教条，使这些结论不至于走向僵化或绝对化。哲学和现实都是要不断扬弃教条的，扬弃不是抛弃也非全面继承，而是进一步完善和发展，在完善和发展中有剔除、有抛弃。本章内容正是通过四个部分，来表现对教科书的质疑与发展的，通过这种质疑和发展来提出问题，引发人们的思考，以期达到共鸣的效果。如果说，第一章主要侧重于唯物论方面的内容，这一章则主要从辩证法、认识论、唯物史观等方面进行一些探索，管中窥豹，可见一斑。本章的探索是零散的、分散的，没有什么内在联系，但提出的问题是一致的、有内在关联的，都旨在清除教条主义的影响，对教科书中的结论进行辩证分析与思考，为人们正确学习和研究提供参考。

一、内因和外因辩证关系的再思考

在内因和外因辩证关系问题上，哲学原理教科书上已成定论，这就是：内因是事物变化发展的根本性原因，或称“根据”，也即第一位原因；外因是事物变化发展的非根本性原因，或称“条件”，也即第二位原因；二者同时存在，缺一不可，但外因必须通过内因而起作用。笔者认为这种观点是有条件的，不是绝对的，而且在一定条件下，外因是事物发展变化的第一位原因，内因是事物发展变化的第二位原因，内因的作用要通过外因加以说明。

（一）

在内、外因辩证关系问题上，一般教科书都把内因看成事物发展变化的根本性原因，或称“根据”，外因则是事物发展变化的“条件”，即第二位原因。也就是说，事物的发展主要是由内因（即事物内部的矛盾性）决定的。这种观点在一定条件下是完全正确的。因为内因是事物发展变化的内在根据，事物的内在根据不同变化的结果亦不同。例如，“鸡蛋因得适当的温度而变化为鸡子，但温度不能使石头变为鸡子”①。这就是说，鸡蛋和石头由于内在的“根据”不同，所以，只有鸡蛋能孵出鸡子，而石头则不能。再如，人们常说“种瓜得瓜”“种豆得豆”，“种瓜”不能“得豆”，“种豆”也不能“得瓜”，这些就是因为内在根据不同造成的。可见，在两种不同类的事物之间，内因是事物发生变化的根本性原因，即第一位原因，外因则是第二位原因，外因必须通过内因才能发生作用。

那么，这是不是说内因在任何条件下都是第一位的起决定作用的原因呢？不是的！笔者认为内因和外因的作用，哪个是根本性原因，哪个是第一位的原因（或根据），这完全依具体条件而具体地确定，抽象谈论内因是主要的，甚至认为内因在任何条件下都是第一位的起决定作用的因素，这不仅在理论上是说不通的，而且在实践上也是有害的。

首先，内因和外因的区分不是绝对的，在一定条件下是可以互相转化的。在一种场合下是内因的东西，在另一种场合也许就是外因，反之亦然。拿“赤壁之战”来说，曹军的失败和孙刘联军的胜利指的是同一场战争。如果说曹军失败的根本原因来自曹军内部（内因），那么，孙刘联军的胜利则主要取决于敌方内部出现了问题（外因）；反之，如果说孙刘联军的胜利主要取决于二者的联合（内因），那么，对曹军的失败来讲起决定作用的因素就是外因。可见，在这里内因和外因的界限是相对的，抽象谈论哪个原因是第一位原因，就显得微不足道了。

其次，说内因是第一位原因，外因是第二位原因，是有条件的。这是就两类不同事物来说的，事物的内在“根据”不同，其发生变化的结果也不同（如前所述）。但是，在两种事物大致相同的情况下，情形就完全不同了。这时外因的作用不会永远属于次要地位，有时也会上升为主要地位，成为事物变化发展的主要根据。例如，同样的两个鸡蛋，加温到一定时候都能孵出鸡子，但温度

---

① 毛泽东．毛泽东选集（第1卷）［M］．北京：人民出版社，1966：277.

过高就成为食物；同样是两杯水，一杯加温能转化为汽，一杯降温则能结成冰。在这里，鸡蛋和水的不同变化主要是用外因加以说明，外因成为事物变化发展的主要依据。所以，说内因是第一位原因，外因是第二位原因，是有条件的。如果换成另外条件，从另一个角度考察二者的关系，则有可能出现相反的结果。

再次，在内因和外因辩证关系问题上，还不能忽视了人的作用，考察事物发展的内因和外因不能离开人的作用去考察。在无人参与的情况下，事物的内因或外因所发生的作用是自发的、盲目的和消极被动的；在有人参与的情况下，事物的内因或外因所发生的作用是自觉的、有目的的和积极主动的，它按照人所希望、所要求的方向发展。从整个世界的发展看，人是世界发展的内因，对事物的发展起着重大的推动作用；从一个具体事物的发展看，人又是外因，同样对事物的发展起着重大的推动作用。所以，人作为事物变化发展的原因有着双重的身份，是内因和外因的辩证统一，离开人的作用谈论二者的关系是不科学的。

（二）

有人担心强调外因的决定作用会离开马克思主义哲学。这种担心是多余的。马克思主义哲学从来没有抽象地谈论过内因、外因的辩证关系，而是把它放在一定的具体条件下加以考察。马克思主义哲学特别是历史唯物主义，在很大程度上强调了外因对事物发展的决定作用。例如，马克思和恩格斯在“时势造英雄”还是“英雄造时势”的问题上，曾经十分肯定地强调了“时势造英雄”的具体结论。马克思主义哲学认为，任何人都是在一定的生产关系下进行活动的人，都是具体的历史的生产方式的产物，他们的思想、情感、意志、心理等都应该从这种方式中得到说明。这就是说，社会的生产方式作为外因对每一个具体的人都起着决定的作用，任何人都不能离开社会，都是特定的社会条件的产物，夸大个人（内因）的作用是不正确的。例如，一个刚出生的婴儿同狼生活在一起就具有狼的习性，同人生活在一起就具有人的习性；他生活在中国就具有中国人的特点，生活在美国就有美国人的特点；他从小接受不同的教育，就有了不同的思想感情；等等。总之，马克思主义哲学强调了在一定条件下“人是环境的产物”，离开特定的环境抽象地考察人（内因）是不科学的。

还有人担心强调外因的决定作用会导致“外因决定论”即“神创说”。这种担心也是多余的。所谓“神创说”，是指宣扬世界万物由外在的精神力量“神”创造的一种理论。世界上著名的三大宗教都属于“神创说”。这种理论同我们所讲的“外因决定论”是风马牛不相及的。首先，这里讲的“外因决定论”是有条件的，是就两种事物大致相同的情况下而言的，并不是说外因在任何条件下都起决定作用。其次，这里讲的“外因决定论”和在另一种条件下的“内因决定论”是不矛盾的，二者是互相补充的。正如马克思主义哲学一方面强调了“人是环境的产物”，另一方面又肯定了“人改造环境”是一样的。再次，我们在谈论内因和外因的辩证关系时有一个基本前提，即世界自己是自己的原因。对整个世界来讲，无所谓“内外因”问题，只是对一个具体事物的发展来讲才有了二者的关系，这和宗教所宣扬的“神创说”没有丝毫的联系。

历史上无数事实充分证明了外因在一定条件下的决定作用。例如，人们对生物遗传研究后所创造出的新品种，就体现了人在特定条件下对生物进化所起的决定性影响。20 世纪 90 年代爆发的科威特和伊拉克的战争，科威特的胜利基本上是外部条件造成的。再如，中国近代史上清朝的由盛至衰，主要也和外部因素有关，如果没有各国列强的入侵清王朝也许还能维持更长的时间。可见，许多事实充分证明了外因在一定条件下的决定作用。长期以来，我国在社会主义建设中，片面强调劳动者的积极性、主动性、创造性（内因的作用），不重视经济体制和政治体制对劳动者个人的决定性影响，不重视吸收外部条件为社会主义建设服务，结果使社会主义生产力的发展处于长期的停滞状态。实施改革开放政策以后，党和政府敢于吸收一切有利于自身建设的外部因素，充分肯定了外因在特定条件下的决定作用，结果使社会主义生产力的发展出现了飞跃的局面。

（三）

承认外因在一定条件下的决定作用，对社会主义建设有着重大的指导意义。

首先，它为加强社会主义教育事业做了理论上的论证。社会主义教育作为外在因素，对每一个受教育者都起到了不可忽视的影响，这种影响不仅是潜移默化的，而且基本上决定了受教育者的终身志向。所以，重视教育，重视人才，重视通过社会主义教育培养有用人才，就成为我国能否早日富强的关键。一个落后的国家，对教育事业必定是不重视的。我国长期以来一味强调个人的努力、勤奋、进取，忽视教育设施、教学手段的落后，不进行起码的教学环境的改善，结果，或者缺乏条件迅速培养有用人才，或者即使培养出有用人才也不能留住人才合理使用，给社会主义建设事业造成了极大的损害。

其次，它为我国现行的改革开放政策做了理论上的论证。当今的世界是一个飞速发展的世界，世界上各个国家之间的联系比以往任何时候都大大增强了。一个国家的存在和发展离不开其他国家的影响，一个国家的经济建设也不可能完全脱离其他国家自行发展。所以，与外界的联系，吸收别国一切有利于自身的因素，已成为我国生产力能否迅速发展的必要条件。我国经济特区、沿海开放城市的发展，充分证明了吸收外资、利用外部因素搞社会主义经济建设的可能性和必要性，证明了改革开放政策的正确性。目前，在许多大致相同的地区，能否开放搞活，能否合理地吸收和利用外部因素，往往成为经济能否迅速发展的决定性条件。很多地方没要国家一分钱，完全靠利用外部因素而迅速发展起来。很多有才干的人在开放程度不强的地方一无成就，而到了开放程度较强的地方却大有作为。可见，改革开放何等重要。

再次，它对人们日常的生活实践也有着一定的指导意义。人们在日常的工作、生活中，往往也会遇到如何正确看待和处理内、外因的关系问题。一方面，要注意一定条件下内因的决定作用，如刻苦努力、勤奋工作、踏踏实实、兢兢业业，进行量的积累；另一方面，还要注意一定条件下外因的决定作用，善于抓住机会，利用一切有利于自己发展的外部条件，在很多场合下，勤奋加上机遇才能成功，而机遇往往体现了一定条件下外因的决定作用。两个天资大致相同的人，有成就的往往是周围环境所造就的。一个生不逢时、怀才不遇的人，也往往成为周围环境的牺牲品。因此，建设一个人才辈出的社会环境是至关重要的。一个家庭培养孩子，就要努力创造出适合于孩子健康发展的家庭环境；一味迁就、放任自流、不加引导，甚至对孩子的一切都不闻不问，这必然有害于孩子的成长。可见，外因在一定条件下所起的决定作用，在日常的生活实践中是不能忽视的。

总之，在内因和外因辩证关系问题上，哪个是根本性原因，哪个是第一位原因，这绝不是无条件的，而是依据具体条件来确定的，抽象谈论内、外因的关系是不科学的。

二、拷问真理引发的联想

（一）

“真理”是一个非常熟悉的字眼，翻开马克思主义哲学或马克思主义基本原理教科书，会出现非常简明的定义：真理是人们对客观事物及其规律的正确认识（有的教材称“正确反映”）。首先，认识有正确和错误之分，真理是指正确的认识；其次，客观事物有表面现象和本质之分，有规律性、必然性和偶然性之分，真理指对事物本质和规律性的认识；说到底，真理是指主观认识与客观实际相符合、相一致。从表面上看，这个定义无懈可击，非常清楚明白，且重点说明了真理的客观性质，教材甚至干脆称真理为“客观真理”，因为任何真理都包含了不以人的意志为转移的客观内容，而检验真理的标准也是客观实践。

然而，当人们对真理进行追根寻源式地拷问时，不难发现这个定义存在着很大的问题，这些问题直接挑战了真理的内涵，使这个简明的定义难以成立。

问题一：真理所认识或反映的事物，最早是谁来命名的？就中国的文字起源来看，最早的中国文字来源于象形文字，许多事物的名称是同事物本身相似的，如日、月、山、河、人等，但是，客观事物最早只是存在着，它们本身并没有任何称谓，古人造出文字的同时也给它们用不同的声音进行了区分。据说中国的文字就是由传说中的仓颉造出来的，有了文字，人们才过上了文明的生活。仓颉在当时用什么样的文字和声音标识自然界中的事物，其实，带有“约定俗成”的性质，因为自然界本身是无论如何也不能自发地产生出文字和区别于文字的各种声音来的。这样，就带来了一个很大的问题，作为正确认识的真理在认识如日、月、山、河、人等自然现象的时候，到底是同谁相符合呢？是符合原生态中的自然界，还是符合已经被约定俗成以后的自然界呢？显然是符合约定俗成以后的自然界，原生态的自然界什么都不是，一切意义都是人给的。可以试想，不同的国家对自然现象有不同的约定俗成，用不同的文字符号和声音来标识不同的事物，那么哪个是对事物的正确认识呢？

问题二：真理是怎么产生的？假如我们承认了“真理是人们对客观事物及其规律的正确认识（或反映）”，那么，就应该进一步拷问“事物本身”有真假对错吗？几乎所有的教科书在讲到检验真理的标准时都否定了事物本身有所谓真假对错之分，如果没有真假对错之分，这种“符合”又有什么意义呢？如前所述，当我们说真理是同对象的符合时，已经变成了同人为的约定俗成以后的对象的符合，绝不是同与人的意识毫无关联的对象的符合。从自然物来看，其称谓带有约定俗成的性质；从人造物来看更是如此，如汽车、轮船、飞机、大炮等，这些东西的称谓难道不是约定俗成的产物吗？正如《荀子·正名》中曰：“名无故宜，约之以命，约定俗成谓之宜，异之则谓之不宜。名无故实，约之以命实，约定俗成谓之实名。”所以，真理的内涵应该这样表述：真理是人们对约定俗成的事物及其规律的正确认识（或反映）。这样一来，又引出了一个新的问题。

问题三：真理的本质是主观的还是客观的？“主观”在这里指精神、意识，而“客观”指物质、客观实在。从认识形式看，真理无疑是脑子里的精神活动，是主观的东西；从内容上看，真理是人们对“约定俗成”的事物的正确认识，也不能排除主观性，所以，称真理的本质是主观的东西并无不可。脑子里的认识再正确，也不是客观事物本身，这种“符合、一致”其实是同约定俗成的符合、一致，在这个问题上，我们不得不正视贝克莱的“物是感觉的集合”“存在（或存在者）就是被感知”的哲学命题；不得不正视休谟的“知觉以外一切都是不可知”的思想。

（二）

那么，这是不是同教科书上讲的“客观真理”相矛盾呢？大概也不是！这时康德讲的“自在之物”映入了我们的眼帘，尽管真理是约定俗成的，是主观的，但是，这些约定俗成的东西背后是由客观的东西刺激产生的，真理也是在这些客观的东西刺激下出现的，约定俗成一定同“自在之物”密切相关。同时，约定俗成也是人们在长期的实践活动中产生和发展的。所以，在承认真理的本质是主观的前提下，并不排除“客观真理”的存在，在这里，重温马克思的一段话会给我们新的启示，马克思在《关于费尔巴哈的提纲》中说道：“人的思维是否具有客观的真理性，这并不是一个理论的问题，而是一个实践的问题。人应该在实践中证明自己思维的真理性，即自己思维的现实性和力量，亦即自己思维的此岸性。”①

马克思的这段话告诉了我们什么呢？首先，告诉我们真理尽管是人们在长期的实践中“约定俗成”的，而一旦约定俗成以后就由主观转化为客观的东西，就出现了不以后人的意志为转移的客观内容，真理成了主观形式和客观内容的统一。其次，告诉我们追求真理或证明真理是一个过程，人们应该在反复的实践过程中来追求或证明真理的存在，或者证明哪些“约定俗成”更合适。再次，追求或证明真理的过程，也是不断实现其“现实性”和“力量”的过程。在这里，我们不得不正视尼采的“权力意志论”，真理其实是和权力密切相关的，权力（或力量）是真理最强大的推动者，起初对事物的称谓或约定俗成必然伴随着权力的巨大影响，据说仓颉就是黄帝时期的“史官”，他有着造字的权力。所以，从某种意义上讲，追求真理的过程就是追求权力的过程，真理靠权力来推行，权力比真理更有力量。同样一句话，从有权力的人嘴里说出就是一个伟大的真理，从无权力的人嘴里说出就可能被嘲笑甚至进监狱。所以，权力是真理

---

① 马克思恩格斯选集（第1卷）［M］．北京：人民出版社，1972：16.

最强大的解释者，欲兑现真理必先攫取权力！

（三）

那么，我们应该追求什么样的权力呢？根据马克思主义的基本原理，当然是追求人民群众当家做主的权力，追求人民群众或最广大公民的自由权、平等权、民主权、信仰权、财产权、追求幸福权等。尽管绝对自由、绝对平等和绝对民主是永远不存在的，但是，最大限度地获取自由、平等和民主权利是每一个公民的正当愿望。因此，使每一个人获得最大限度的自由、平等和民主权利，也是衡量国家文明程度的重要标尺。特别是民主，民主还是制约滥用权力和防止腐败的重要手段，所以，民主比真理更有价值，只有在民主的基础上通过实践产生的约定俗成，才具有最终的真理性。

一般说来，真理在价值面前往往遭遇惨痛的失败，所以，追求真理的过程和服务于价值的过程是一致的，否则追求真理就会付出巨大的代价。于是，通过拷问真理又不得不正视人的价值问题，每个人都有自己的需要，每个人都要求实现自我价值，这就要求有一个能够尽量满足每个人实现自我价值的社会环境，每个人的自我价值的实现，其实也就是整个社会价值的实现。所谓共产主义社会，也不过就是一个能够使每个人都能得到全面、自由和充分发展的社会，也即能够充分实现每个人的自我价值的社会，这样的社会也一定是最大限度地实行了民主的社会，即实现了社会绝大多数人的意志能够决定社会发展的社会。这样的意志靠什么来保证呢？“民主选举”理应提上了议事日程，到目前为止在国家管理问题上，还没有比民主选举更能代表全体公民意志的形式，也没有比民主选举产生的国家更文明的国家。

而民主选举又有“直接”和“间接”之分，有“真实”和“虚假”之分，直接和真实的民主选举才能真正代表最广大人民群众的根本利益，才能成为社会主义国家最强大的推动力。有人认为，中国地大物博、人口众多，不适合于搞直接的民主选举，这种说法是站不住脚的，没有直接的真实的民主选举，大多数中国人民的集体意志从何体现呢？如果说，直接民主选举的条件还不具备，我们完全可以不断地创造条件去接近这种目标，何况互联网时代也提供了强有力的技术支持，所以，借口条件不具备根本否定这种尝试，根本否定这种选举本身就是完全错误的了。

三、教科书中社会存在与社会意识的真空地带

在马克思主义基本原理教科书中，在讲到“社会存在”与“社会意识”这两个概念时，有一块“飞地”（空白之地）没有涉及，这就是“社会环境”。

（一）社会存在中没有社会环境

根据教科书中的说法，社会存在主要包括地理环境、人口因素和生产方式，其中，生产方式是最主要的因素。教科书中的结论是：地理环境和人口因素都是社会发展的必要条件，但都不是决定因素，只有生产方式是社会发展的决定力量。

在这里，社会存在显然没有包括“社会环境”。如果我们把地理环境理解为是与人类社会所处的地理位置相联系的自然条件的总和的话（像传统哲学教科书所说的那样），那么，社会环境就是指与人类的生产方式相关联（联系）的一切社会条件的总和。社会环境包括阶级、民族、国家、政党、政治法律制度、国家政权等，也可以理解为通常讲的“政治上层建筑”，当然也不仅仅指政治上层建筑，社会环境的涵盖面应该更大一些，它甚至还包括了一些思想内容。很遗憾，教科书在讲到社会存在时这一部分内容被抽象掉了。

从历史发展角度看，人类社会是自然界长期发展的产物，社会环境应该来自自然地理环境，是从自然地理环境中分化出来的，也是人类在生产活动和劳动实践中逐渐形成的。但是，社会环境一旦形成就反过来对人类的生产活动产生巨大的影响，有时这种影响是具有决定性的。但是，在“社会存在”这个概念中，我们既看不到社会环境的身影，更看不到社会环境的作用，至于它对人类生产方式有何决定性的影响就更无从谈起了。

既然社会存在中没有社会环境，那么，社会意识中理应包括社会环境了吧？

（二）社会意识中也没有社会环境

根据马克思主义基本原理教科书，社会意识是指社会生活的精神方面，它可以划分为个人意识和群体意识、社会心理和社会意识形式、上层建筑的意识形式和非上层建筑的意识形式。在这里，我们同样看不出来社会环境属于哪一部分，如果社会环境属于社会意识的话，很显然是非常不全面的，政治上层建

筑及一些其他方面的内容根本没有涉及，即便是精神方面也没有涵盖社会环境的全部内容。

过去有些马克思主义哲学教科书，是这样理解“政治上层建筑”的：它是思想上层建筑的“物质附属物”，政治上层建筑是按照统治阶级的意志建立起来的，是从属于统治阶级思想的，所以，从本质上讲它是属于社会意识的。这样理解还勉强可以自圆其说，比较有效地解决了“思想上层建筑”和“政治上层建筑”的关系问题，因而比较含含糊糊地解决了“社会环境”的归属问题，似乎归属于“社会意识”。但是，如今的马克思主义基本原理教科书却明确提出“在整个上层建筑中，政治上层建筑居主导地位，国家政权是核心”[①]。可见，政治上层建筑应该决定思想上层建筑，如同社会存在决定社会意识那样。

首先，社会意识如果有社会环境的话，也不是主要的方面，主要的方面并没有包含在社会意识中；其次，社会环境也决不能仅仅用社会意识来说明。再次，即便是前面的观点：“政治上层建筑是思想上层建筑的物质附属物”也是难以成立的，因为一个社会的生产方式往往也是按照统治阶级的思想确立的，也是服从于统治阶级意志的，但是，我们很难根据马克思主义基本观点推论出思想上层建筑决定生产方式。

那么，社会环境哪去了？它有什么意义呢？

（三）社会环境的意义

我们为什么要寻找“社会环境”呢？因为社会环境的意义是巨大的，是不容忽视的，它并不是一个可有可无的真空地带。

首先，社会环境是一定社会生产方式得以进行的前提条件。任何生产活动不仅仅是在一定的生产关系下进行的，而且，也必然是在一定的社会环境下进行的，社会环境的好坏优劣直接影响着生产活动的深度和广度，直接影响着劳动者的素质，直接影响着生产力的质量和水平，没有社会环境的生产活动是不可思议的。

其次，社会环境好坏是社会发展健康与否的必要条件。社会的发展与进步是离不开社会环境的，社会环境的好坏优劣直接影响着社会的发展与进步，社会环境是合理的在生产力推动下的社会就是合理的社会，社会环境是不合理的在生产力推动下的社会就是畸形的社会，私有制为主体的社会就是畸形的社会，

---

① 马克思理论和建设工程重点教材．马克思主义基本原理概论［M］．北京：高等教育出版社，2010：105.

尽管这种社会在一定条件下也能畸形发展。衡量社会发展的标准不能仅仅看生产力的发展，还要看这种发展是否健康与合理，是否是畸形地发展。目前，我国致力于“和谐社会”和“美好生活”建设，实际上就是要建设一个健康合理的社会环境。

再次，社会环境还是每个人全面发展的条件。社会环境的好坏优劣直接影响着每个人是否能够得到自由、全面和充分的发展。共产主义社会之所以是一种理想的社会，主要就是因为它为每一个人的发展都提供了良好的社会环境(条件)，“代替那存在着阶级和阶级对立的资产阶级旧社会的，将是这样一个联合体，在那里，每个人的自由发展是一切人自由发展的条件”①。

最后，社会环境优越于自然地理环境和人口因素。在社会存在中，尽管社会环境、地理环境、人口因素都是社会发展的必要条件，但是，社会环境优越于后两者是显而易见的。地理环境虽然是社会生产方式得以进行的前提，但它作为社会发展的外因是要通过内因而发生作用的，社会环境虽然也是生产方式得以进行的前提，但它还是社会发展的内在因素，其对生产方式的反作用是巨大的。同样，人口因素尽管也是社会发展的必要条件，但它很难影响社会的性质、面貌和社会的更替，而社会环境是社会性质、面貌和更替的最重要的影响因素之一。

那么，社会环境与社会存在、社会意识的关系是怎样的呢?

(四) 社会环境与社会存在、社会意识的关系

最后，我们再来谈一谈社会环境与社会存在、社会意识的关系。

1. 社会环境与社会存在

如果我们把“社会存在”理解为社会一切物质生活条件的总和，那么，毫无疑问地社会存在包括一定的社会环境，社会存在不仅仅包括地理环境、人口因素和生产方式，而且，还包括社会环境。其中，生产方式对社会发展起决定作用，但是，尽管地理环境、人口因素和社会环境都是社会发展的必要条件，很明显社会环境是除了生产方式以外对社会发展最有影响的因素，它优越于地理环境和人口因素。

除此之外，社会环境还可以划分为物质环境和精神环境，物质环境包括如教育环境、政治法律制度环境、国家政权等，精神环境包括社会的主流价值观、政治法律思想、社会意识形态等。社会环境甚至还包括科学技术环境、民族环

① 马克思恩格斯选集（第4卷）[M]．北京：人民出版社，1995：730－731.

境、语言环境等非上层建筑或非意识形态领域。可见，从这个意义上讲，社会环境的涵盖面要远远大于社会存在所能够容纳的范围。

2. 社会环境与社会意识

如果我们把“社会意识”理解为社会一切精神生活条件的总和，那么，如前所述，社会意识仅仅包含社会环境中的精神方面。而其实，社会环境中的大部分内容或具有决定性影响的方面绝不是精神方面，而是物质方面的内容。即便如此，社会意识中的全部内容也不都是属于社会精神环境的，如个体意识、个人意识就不属于社会环境。可见，社会环境同社会意识之间有些内容是交叉的，但就社会意识不能表现出社会环境的主要方面、主要内容而言，这一点是确定不移的。

3. 社会环境的制约因素

社会环境的主要制约因素是生产方式。社会环境的作用前面有所涉及，但同社会存在中的生产方式相比应该说还是次要的，尽管它优越于其他因素。所以，我们应该把社会环境的作用界定为在社会发展中是除了生产方式以外最重要的因素之一。一方面，看不到社会环境的作用是不足取的，像教科书那样；另一方面，夸大社会环境的作用也是片面的，我们不能走向另一个极端，否则就背离了马克思主义基本原理。马克思曾说：“物质生活的生产方式制约着整个社会生活、政治生活和精神生活的过程。”①

总之，社会环境既存在于社会存在中，又存在于社会意识中；既不完全属于社会存在，又不完全属于社会意识。但是，社会环境的作用却是巨大的，绝不是社会存在与社会意识的真空地带。我们应该高度重视对社会环境的研究，并不断地发挥其历史作用。

四、杰出人物是如何创造历史的

杰出人物能不能创造历史？这在理论界似乎是一个长期争论的问题，其实，这一争论问题是同对教科书进行教条式地理解分不开的，实事求是地分析其结论应该是显而易见的。

---

① 马克思恩格斯选集（第2卷）［M］. 北京：人民出版社，1995：32.

（一）概念的界定

所谓“杰出人物”主要是指在一定的领域内非常优秀或出色的人，英雄人物一般是指在社会历史上能够推动社会进步或比较正面的杰出人物，然而，在比较敏感的领域有一些杰出人物的历史作用既有积极的方面，又有消极的方面，故对他们要具体问题具体分析。杰出人物有活着的，也有死去的，我们往往把活着的杰出人物称为“当代名人”，而把死去的杰出人物称作“历史人物”。

杰出人物既是和普通个人相对应的一个概念，又是和人民群众相区别的一个名词。杰出人物作为某个领域内非常优秀或出色的人，其作用远远超过了普通个人，但是，无论是杰出人物还是普通个人，他（她）们都能创造历史，都是历史的创造者，我们可以把他（她）们组成的“合力”概括为“人民群众”的力量，于是，才有了“人民群众是历史的创造者”这一历史唯物主义的基本结论。然而，如果离开了杰出人物，甚至离开了普通个人，抽象地谈论人民群众是历史的创造者，那将是一句毫无意义的空话、废话，因为人民群众是通过个人表现出来的。有一种观点认为，“群众”和“个人”相对应，“人民”和“敌人”相对应，目前流行的教科书就把“人民群众”理解为对社会历史起推动作用的居民中的大多数人。这种观点被一些专家、教授们进一步诠释为“只有人民群众才是历史的创造者”，普通个人或杰出人物都不是历史的创造者，更不用说人民的敌人了。然而，这种观点忘记了群众是通过个人来表现的，离开了个人群众就成了一句空话，就如同离开了个别的一般那样；同样，“人民”和“敌人”作为历史范畴，是随着价值观的不同而发生变化的，即使不发生变化，所谓“敌人”对历史的反方向创造性也是难以抹杀的。

所谓“创造”是指提供新的、独特的、具有特别意义的思想、方法、技术或社会产品，等等。“创”指新的意思，“造”则是指从无到有。“历史”就是现在过去的一切，包括自然界、人类社会和人类思维，这里讲的“创造历史”主要是指创造出来的现在过去的人类社会和人类思维，如果也包括自然的话，则主要是指人化自然。

（二）杰出人物的类别

杰出人物的类别是随着社会各个领域的不同而划分的，社会中有多少个领域，就必然有多少种优秀的或出色的人才，从而必然有多少种杰出人物，如政治领域、军事领域、经济领域、科学领域、技术领域、建设领域、道德领域、思想领域、文化领域、教育领域、卫生领域、体育领域、服务领域、娱乐领域等，俗话说“三百六十行，行行出状元”。

杰出人物从创造历史的活动上看，可以划分为创造人化自然的活动、创造人类社会的活动、创造人类思维的精神活动等；从发生作用的性质上看，有正面的也有反面的，有对历史起推动作用的也有起阻碍作用的，还有更多的一些人起着双重的作用；从生死区别上看，有死去的历史人物，也有活着的当代名人；从对后人影响的时空上看，有短暂的也有持久的，有被人们记忆浅显的也有被人们记忆深刻的；从生理特征上看，有男的也有女的，有幼年、儿童、少年、青年、成年、中年、老年，等等。这里最让人质疑的是“幼儿”也能成为杰出人物吗？在现代媒体如此发达的社会有什么不可能的呢？例如，在文化娱乐界，三四岁小孩走上电视台“一唱成名”，成为杰出人物的例子比比皆是。尽管“少小成名，大未必佳”，但就他（她）们的杰出来看，至少在当时（他们演出的时候）给人们留下了深刻的印象，其才华是许多大人也无法比拟的。既然连幼儿都可以产生杰出人物，那么，其他年龄段就更不在话下了。

在比较敏感的如政治、军事、思想文化等领域，杰出人物的作用随着杰出人物类别不同而往往呈现出非常复杂的情况。如三国时期，曹操、孙权、刘备都比较杰出，然而，在彼此较量中三方的势力达到了均衡或互相抵消的状态，出现了短暂的相持局面。就曹操个人来看，他对统一北部疆域，甚至统一中国曾做出积极贡献，但是，他也曾利用手中的权力杀死了在当时同样属于杰出人物的华佗，使中国的医学领域蒙受了重大的损失。

历史就是这样被杰出人物毁灭着、改写着，也被创造着，那么，杰出人物是如何创造历史的呢？

（三）杰出人物创造历史的途径

不同领域的杰出人物创造历史的途径和方法往往是不同的，也有相同的一面，无论哪些方面都是值得普通个人借鉴、效法或吸取教训的。

1. 杰出人物通过手中的权力创造历史

这是他们最常用的方法，特别适用于政治领域。秦始皇就曾利用手中的权力，采纳了李斯的建议用“郡县制”代替“分封制”，创造了长达两千年的社会制度。对秦始皇的评价说法不一，有人认为他是英雄，有人认为他是暴君，有人对他进行一分为二的分析，但在认为他是杰出人物这一点应该是共同的。

2. 杰出人物通过发挥集体的聪明才智创造历史

这在军事领域非常显著，例如，曹操通过官渡之战、孙权通过赤壁之战、谢氏兄弟通过淝水之战都创造了“以少胜多”的军事历史，而他们都集中了集体的智慧包括他们自己的聪明才智才取得如此辉煌成绩的，他们的对手则成为相反的典型。

3. 杰出人物通过个人修养或理性反思创造历史

这在思想界、道德领域或教育领域表现得比较明显，孔子的言行被他的弟子们记录于《论语》中，创立了后世被称为“儒学”的思想，影响了中国两千多年的思想史。还有像苏格拉底、释迦牟尼、穆罕默德、耶稣基督等，他们创造出的思想、道德和文化，无不影响着世界历史的发展。

4. 杰出人物通过重大发明或重大发现创造历史

在科学技术领域，不乏其例。瓦特发明蒸汽机，对工业革命发生了重要影响，加速了资本主义近代史的进程；爱迪生的发明创造，使人类社会过上了现代化的生活。同样，牛顿发现了万有引力和三大运动定律，奠定了近代物理学的基础理论；爱因斯坦的“相对论”几乎改变了现代人的思维方式。杰出人物正是通过这些重大发明或发现，改变着人类的历史，无论是生产史还是精神史。

5. 杰出人物通过反复试验或实践创造历史

一个袁隆平就改变了中国人吃饭难的问题，有些人只看到了他获得巨额奖金的荣耀，没有了解他反复做试验的艰辛。他与科研小组成员每天头顶烈日，脚踩烂泥，低头弯腰，这种辛苦不是谁都可以承受的。居里夫人也是经过反复试验才发现“镭”和“钋”的，她成了成功女性的典范人物。

6. 杰出人物通过挑战自我极限创造历史

在体育领域特别是在体育竞技比赛中，这样的例子是很多的。在奥运会、各种世界杯的比赛中，多少名世界冠军在不断地改写着历史、创造着历史，不断地创新世界纪录，这些都是最好的证明。其实，不仅仅是体育领域，其他许多领域都有这种情况发生。

7. 杰出人物通过一技之长创造历史

这和第六点有些类似，但有一技之长的杰出人物绝不仅仅局限于体育领域或体育竞技比赛之中，各个专业都有各自的专门人才，他们通过自己的一技之长不断地改写着历史，这一点完全可以在吉尼斯世界大全的各种记录中得到证实。

总之，杰出人物创造历史的方法和途径是多种多样的，上面提到的内容只是冰山一角而已。但是，杰出人物创造历史和“人民群众是历史的创造者”是否相背离呢？

（四）杰出人物和人民群众的关系

翻开教科书很容易看到：在“谁是历史创造者”的问题上存在着“英雄史观”（也叫唯心史观）和“群众史观”（也叫唯物史观）的对立，前者宣扬少数英雄人物创造历史，后者则主张人民群众是历史的创造者。二者分歧的焦点在于：是谁决定着历史的总方向、总进程、总趋势，即一句话“谁决定着历史的总体过程”。

从这个意义上看，杰出人物创造历史主要是创造他（她）们个人的历史，而整个历史的发展要看包括杰出人物，甚至包括普通个人在内组成的“合力”（人民群众）发生作用的情况，正如恩格斯讲的，“人们总是通过每一个人追求他自己的、自觉预期的目的来创造他们自己的历史，而这许多按不同方向活动的愿望及其对外部世界的各种各样作用的合力，就是历史”①。

其实，“人民群众是历史的创造者”同“杰出人物创造历史”并不矛盾，二者是一般和个别的关系：一方面，个别包含一般，任何杰出人物甚至普通个人都在从各自的角度创造着整体的历史；另一方面，一般存在于个别中并通过个别表现出来，人民群众的历史作用就是通过每一个人（包括杰出人物、普通个人）的具体作用表现出来的，人民群众创造历史就存在于每个人创造自己的历史活动中，并通过这些无数的创造活动表现出来。所以，说杰出人物甚至普通个人都可以创造历史，都是历史的创造者并无不可。相反，如果抽象掉杰出人物和普通个人对历史的创造作用，“人民群众”就成为无源之水、无本之木，成为毫无意义的抽象名词了。

但是，杰出人物毕竟是在一定的领域内非常优秀或出色的人，特别是英雄人物更是人们追求的楷模，任何时代都需要英雄，都呼唤英雄，都以英雄为自豪，都以英雄为榜样，我们这个时代更是如此。历史欢迎英雄，英雄也创造历史，这些丝毫也不影响“人民群众是历史的创造者”。

结束语

马克思主义哲学是一门不断发展、不断进步的学说，马克思、恩格斯等伟大思想家如果还健在的话，其理论和实践必然也会与时俱进的，必然会发生很大的变化，这一点从他们的后继者那里充分地得到表现。所以，固守某些结论是容易的，有时也是必要的，而随着情况的不同而发展则是需要胆量和气魄的，

---

① 马克思恩格斯选集（第4卷）［M］．北京：人民出版社，1995：248.

哲学的本性就是这种气魄的宣扬。“尽信书不如无书”，我们应该辩证对待教科书中的结论。其实，任何一个有积淀的国家，是不可能不积累一些教条成为人们遵守的准则和规范的，后人正是通过这些准则和规范去发展前人的思想文化的，于是，成了不同国家既相互区别又相互联系的绚丽多彩的精神画面。当然，人们也正是通过这些去认识不同国家的思想文化的。

第三章 《论语》中的儒家思想

引言

中国传统的主流文化莫过于儒家的思想文化，儒家的思想文化对中国人乃至亚洲人的影响是非常巨大和突出的，哲学需要扬弃教条，现实更需要扬弃教条，于是，如何对待传统文化必然会摆在人们面前。本章通过对《论语》一书的认识和感悟，通过对《论语》中“仁”和“君子”的探讨，来进一步展示传统文化中所树立的“教条”，从中窥见这些教条是如何被突破和扬弃的。马克思主义始终没有放弃人类历史上任何有价值、有意义的东西，而是在更高的基础上去发展和完善这些东西，当然对其中的糟粕也必然予以剔除。

一、《论语》词汇

一部《论语》对中国人的影响是巨大的。仅就词汇而言，《论语》就流传下来许多用以表达思想的材料。这些材料除反映了中国传统的伦理道德以外，还涉及文化、教育、军事、学习、治国等多方面，难怪成为中国最重要的一部儒家经典之一。

那么，《论语》都涉及哪些主要词汇呢？按出现的顺序大概有近百条，如巧言令色、言而有信、三十而立、不惑之年、见义勇为、是可忍孰不可忍、既往不咎、一以贯之、见贤思齐、温故知新、朽木不可雕也、听其言观其行、不耻下问、三思而后行、斐然成章、半途而废、文质彬彬、推己及人、己欲立而立人、己欲达而达人、举一反三、鸟之将死其鸣也哀、人之将死其言也善、任重道远、死而后已、不在其位不谋其政、循循善诱、待价而沽、后生可畏、匹夫不可夺志、升堂入室、过犹不及、己所不欲勿施于人、四海之内皆兄弟也、死生有命、富贵在天、民无信不立、一言既出驷马难追、成人之美、察言观色、不可则止、以文会友、名正言顺、一言而兴邦、一言而丧邦、欲速则不达、言必信行必果、见利思义、见危授命、言过其实、以直抱怨、以德报德、怨天尤人、杀身成仁、工欲善其事必先利其器、人无远虑必有近忧、小不忍则乱大谋、当仁不让、有教无类、道不同不相为谋、既来之则安之、性相近习相远、割鸡焉用牛刀、色厉内荏、道听途说、患得患失、饱食终日无所用心、往者不可谏、来者犹可追、鸟兽不可以同群、四体不勤、五谷不分、无可无不可、求全责备、文过饰非，等等。可见，《论语》中的语言已经成为我们词汇的一部分，成为我们说话的一个来源，也成为我们思想的一部分，它已经成了我们的文化积淀。所以，如何看待和评价这部著作至关重要。

黑格尔在分析问题时曾经提供过一个很好的方法，这个方法可以用两个字概括就是“扬弃”。“扬弃”既是对待事物的一种态度，又是一种分析问题的方法，它既包含了对合理性的继承、肯定和发扬，又包含了对不合理性的抛弃、否定和批判，我们对待《论语》甚至对待一切传统的、国外的思想文化都应该采取这样的态度，都应该运用这种分析方法。把一部著作或一个人物捧上天是简单的或容易的，但做细致深入地具体分析就复杂了，这种工作才是启迪心灵和理性的钥匙，靠权力和愚昧绝难做到。

二、《论语》语“仁”

一部《论语》，多少心思多少梦，多少研究多少情？仅仅一“仁”就难以探讨清楚。“仁”可谓《论语》中的最高范畴和核心概念，是《论语》中的核心思想和道德理念，然又非道德全能容纳的内容。我们循着《论语》的轨迹，探讨一下“仁”的内涵：“仁”的根本指孝悌，主要方面是克己复礼，进步意义是爱人，在此基础上形成了一整套有关儒家伦理道德学说，这种学说连接了中国奴隶主阶级文化向地主阶级文化的过渡，成为影响中国封建社会最主要的思想文化。

读《论语》不可不知其核心思想，不可不了解其道德理想，这种核心思想和道德理想就是“仁”。这种“仁”的思想对儒家思想的产生和发展，对中国知识分子的影响，对中国传统文化的作用都是至关重要的。曾几何时，中国尚儒之风盛行，“尊孔”势不可挡，许多统治者把这种以“仁”为核心的儒家思想奉为统治法宝，以至于有“半部《论语》治天下”之说。那么，《论语》中这种“仁”的思想究竟魅力何在呢？

尽管《论语》中没有给出一个关于“仁”的确切定义，但是，它又在许多地方论述了有关“仁”的具体内容，从中不难发现这个概念的真正含义。我们顺着《论语》的论述，着重审视一下“仁”的内涵。

（一）“仁”的根本指“孝”和“弟”（或“悌”）

《论语》共20篇，第一篇第二节就讲到了“孝悌”为仁。一般说来，“孝”就是指子女应该顺从父母，晚辈应该顺从长辈；“弟”则是指弟妹应该顺从兄长，平辈人中小的要服从大的，当然也包含了兄弟姐妹之间和睦相处的内容。子曰“三年无改于父之道，可谓孝矣”（《学而》11），这里的三年其实是指长期的意思，长期不破坏父亲定下来的一套规矩，就是所谓“孝”了。从小推大，在家不破坏父辈定下来的规矩，在国不破坏国家的规矩（礼），《论语》记载：“孟懿子问孝，子曰：‘无违。’”（《为政》5）这种以“孝悌”为根本的“仁”的思想，其为统治者服务的政治目的是很明显、很露骨的，“其为人也孝悌，而好犯上者，鲜矣；不好犯上，而好作乱者，未之有也。……孝悌也者，其为仁之本与!”（《学而》2）孔子时刻告诫自己的弟子要“入则孝，出则弟”（《学而》6），亲近有仁德的人。子曰：“事父母几谏。见志不从，又敬不违，劳而无怨。”（《里仁》18）意思是说，侍奉父母要委婉地劝说他们，如果见父母不愿意听从也不要不高兴，还是要不违背他们的意愿，替他们操劳而不怨恨。

“孝悌”不仅指顺从父母兄长，还指对他们要尊敬、关心和照顾。如父母生病要“疾之忧”（《为政》6），特别为他们的病担忧；对父母不仅老有所养，更要孝敬，否则和养牲畜没什么区别了，“不敬，何以别乎”（《为政》7）；对父母的年纪也要牢记，“父母之年，不可不知也。一则以喜，一则以惧”（《里仁》21），既为父母长寿而高兴又为父母渐老而担心；“父母在，不远游，游必有方”（《里仁》19），父母在世时不要远离家乡，如果出游要有确定的地方，一方面要安顿好父母，另一方面要让父母知道自己在哪以免挂念；等等。“孝”还体现在父母去世以后的表现，孔子认为幼儿出生后三年才能离开父母的怀抱，所以，父母去世后应该为父母守孝三年。有一个叫宰我的人，想把三年守孝之期改为一年，被孔子称为“不仁”（《阳货》21）。还有一个人叫原壤，传说他父母死了还大声唱歌，孔子认为这是大逆不道的。子曰：“幼而不孙弟，长而无述焉，老而不死，是为贼。”（《宪问》23）孔子对原壤说：“你幼小时不讲孝悌，长大了又没出息，老了还不死，简直是个贼。”由于原壤叉开两条腿坐着，很傲慢没有规矩，孔子还用自己的拐杖打了原壤。可见，《论语》中讲的以“孝悌”为根本的“仁”是很具体的。

（二）“仁”是指要“克己复礼”

这是《论语》语“仁”的最重要方面，“仁”是通过外在的“礼”表现出来的。《论语》中塑造的“君子”形象无疑就是指具有仁德的人，因为“君子上达，小人下达”（《宪问》23），君子向上通晓仁义，小人向下通达财利。所以，“君子博学于文，约之以礼，亦可以弗畔矣夫”（《雍也》27）。君子广泛学习古代文献，用礼来约束自己，就可以不犯上作乱了。“仁”和“礼”的关系是内容和形式的关系，仁是礼的内容，礼是仁的形式或外在表现。孔子是最重视“礼”的，他说：“克己复礼为仁，一日克己复礼，天下归仁焉。……非礼勿视，非礼勿听，非礼勿言，非礼勿动。”（《颜渊》1）“君使臣以礼，臣事君以忠。”（《八佾》13）一个人“不知礼，无以立也”（《尧日》3），不知礼是站不住脚的。正是由于季氏“八佾舞于庭”僭越了当时的周礼，孔子才说出了这句著名的话：“是可忍也，孰不可忍也！”（《八佾》1）一个不守规矩、僭越了规定的人，是根本不懂得礼和乐的，正所谓“人而不仁，如礼何；人而不仁，如乐何”（《八佾》3），对父母尽孝也不过是“生，事之以礼；死，葬之以礼，祭之以礼”（《为政》5）。“礼”和“让”又是相联系的，懂得“让”也就做到了“礼”，而君子是讲究礼让的。“君子无所争。必也射乎！揖让而升，下而饮。其争也君子。”（《八佾》7）君子没有什么可争的事情，即使有如射箭比赛，也是上场作揖，赛后互相敬酒，这就是“君子之争”。尧、舜、禹就是古代圣贤仁德的君王，他们都知道谦虚礼让，孔子高度歌颂了尧、舜、禹。“能以礼让为国乎？何有？不能以礼让为国，如礼何？”（《里仁》13）能以礼让的原则治理国家，那还有什么困难呢？不能以礼让的原则治理国家，如何能实行礼制呢？“泰伯其可谓至德也已矣，三以天下让，民无得而称焉。”（《泰伯》1）泰伯可以说是品德最高的人了，几次把王位让给季历，老百姓不知道怎样称赞他才好。孔子自己也对“服丧、做官、失明”之人进行了格外的礼让。（《子罕》10）

那么，“礼”又是什么呢？在孔子看来，“礼”不过就是周朝以来所制定的各种规定，特别是长期以来已经形成习惯了的各种风俗或规矩。子曰：“周监于二代，郁郁乎文哉！吾从周！”（《八佾》14）孔子说：“周代的（礼乐）制度是借鉴夏、商两代而建立的，丰富多彩，我拥护周的礼制。”“如有用我者，吾其为东周乎！”（《阳货》4）如果有用我的人，我就要在东方复兴周礼！如前面讲的，宰我想把守丧三年改为一年，孔子就以“夫三年之丧，天下之通丧也”

（《阳货》21）为理由加以反对。孔子“入太庙，每事问”（《八佾》15），表示自己的一举一动都是按照周礼行事，“问”本身就是一种礼。子曰：“事君尽礼，人以为谄也。”（《八佾》18）当子贡要去掉每月初一用活羊祭祖的习惯时，子曰：“赐也！尔爱其羊，我爱其礼。”（《八佾》17）由于管仲像国君一样在自己家的大门口立照壁，像国君一样在堂上有存放空酒杯的设备，孔子气愤地说：“管氏而知礼，孰不知礼?”（《八佾》22）由于士大夫不能步行，一定要坐车子，所以，孔子的儿子孔鲤和弟子颜渊死了，他为了不破坏这一规定，决不卖掉自己的车子为他们买椁。（《先进》8）在孔子的眼里，周代就是一个“以礼治国”的国家，后来就有了中国为“礼仪之邦”的说法。

尽管“礼”是通过各种规定表现出来的，然而，“礼”所要达到的目的是怎样的呢?“礼之用，和为贵。先王之道，斯为美。”（《学而》12）礼以“和谐”为最宝贵的，先王治理国家的方法，好就好在这个地方。但是，又不能为了和谐而和谐，“不以礼节之，亦不可行也”（《学而》12），没有礼的“和谐”也是行不通的。子曰：“恭而无礼则劳，慎而无礼则葸，勇而无礼则乱，直而无礼则绞。”（《泰伯》2）无礼之恭是徒劳，无礼之慎是畏缩，无礼之勇是作乱，无礼之直（直率）是尖刻。可见，一切都应该用礼来节制。由于孔子生活的年代，正是周代礼衰乐败的时期，当时的统治秩序乃至贵族和平民出现了颠倒与混乱不堪的状况，孔子提出“君子笃于亲，则民兴于仁，故旧不遗，则民不偷”（《泰伯》22）。君子如能善待自己的亲族，老百姓就会按仁德来行动，不遗弃旧的贵族则老百姓也就不尖刻了。所以，为了恢复即将被毁灭的周礼，孔子竟然提出“兴灭国，继绝世，举逸民，天下之民归心焉”（《尧曰篇》1）。复兴被灭亡的国家，扶持断掉的贵族爵位，起用没落的士大夫，天下的老百姓就会归心，自觉服从统治了。孔子主张继承夏商周以来所实行的礼制，他认为，这些制度传一百代也是可以知道的（见《为政篇》23）。

（三）“仁”是指“爱人”

《论语》记载：“樊迟问仁。子曰：‘爱人。’”（《颜渊篇》22）孔子教育其弟子要“泛爱众，而亲仁”（《学而》6），即广泛地爱大众，亲近有仁德的人。“仁”是一种博爱的胸怀，能够推己及人：“仲弓问仁。子曰：‘……己所不欲，勿施于人。’”（《颜渊》2）自己不愿意做的事情，也不要强迫别人去做。“夫仁者，己欲立而立人，己欲达而达人。能近取譬，可谓仁之方也。”（《雍也篇》30）仁者是：自己站住脚也让别人站住脚，自己发展也能让别人发展。凡事都能为别人着想，推己及人，这就是所谓“推行仁德”的方法。孟子后来把这个思想表述为“老吾老以及人之老，幼吾幼以及人之幼”。孔子的学生曾参则把这一思想概括为“忠恕之道”（《里仁》15）。为什么要“爱人”或“泛爱众，而亲仁”呢？因为“四海之内，皆兄弟也”（《颜渊》5）。“爱人”也表现为不断向别人去学习，因为“三人行必有我师焉。择其善者而从之，择其不善者而改之”（《述而》22）。

当然，“爱人”也不是爱一切人，爱人主要是指爱本阶级成员中的人，特别是指爱本阶级中那些有仁德的人。在孔子眼里“人”和“民”是有区别的，而人又分为“君子”和“小人”。“唯仁者能好人，能恶人。”（《里仁》3）也只有有仁德的人，才知道爱什么人，恨什么人。子曰：“里仁为美。择不处仁，焉得知？”（《里仁》1）孔子说：“跟有仁德的人住在一起，才是美好的。否则，怎么能说是明智呢？”“见贤思齐焉，见不贤而内省也。”（《里仁》17）见到贤德的人就向他学习，见到不贤的人就反省自身避免和他一样。孔子讲的“爱人”实际上就是指亲君子而远小人，至于“民”（如奴隶）则不属于“爱人”的范围。孔子认为，奴隶主贵族和奴隶是有区别的，君子和小人也是不同的，“唯上智与下愚不移”（《阳货》3）。有智慧的上等人和愚蠢的下等人，是固定不变的。所以，“民可使由之，不可使知之”（《泰伯》9）。对于老百姓（如广大奴隶）只能让他们按照统治者的命令去做，不用让他们知道为什么这样做。在孔子看来，奴隶主和奴隶、上等人和下等人、君子和小人的区别就像“鸟兽不可同群”一样。可见，《论语》中讲的“爱人”是分等级的，不是指爱一切人，爱人是有具体阶级内容的。

（四）“仁”是指道德

“仁”往往和“仁德”“仁道”相联系，它包含了一整套以孔子为代表的儒家知识分子所宣扬的道德思想体系。“苟志于仁矣，无恶也。”（《里仁》4）假如人能立志实行仁德，就不会做坏事了。其实，“孝悌”“复礼”“爱人”都是一些道德要求（但又不限于道德要求），此外，《论语》还谈到了许多其他方面的道德要求。正因为如此，有人把孔子和古希腊同样讲道德的苏格拉底并视为“二圣”，称他们为道德哲学家。那么，《论语》语“仁”中还宣传一些什么道德呢？

1. “巧言令色，鲜矣仁”

“仁”是指多做事，少夸嘴，花言巧语是很少会有仁德的，“巧言乱德”。（《卫灵公》38）司马牛问仁，子曰：“仁者，其言也讱。……为之难，言之无讱乎？”（《颜渊》3）司马牛问什么是仁，孔子说：“有仁德的人不轻易说话。……合乎仁德的事情做起来都很困难，说话时能不慎重吗?”“少说”也是为了多反省，“吾日三省吾身”（《学而》4），“过则勿惮改”（《学而》8），“先行其言而后从之”（《为政》13），先把要说的话兑现，然后再把做到的说出来。“君子耻其言而过其行”（《宪问》27），君子认为说得多做得少是可耻的。子曰：“巧言、令色、足恭，左丘明耻之，丘亦耻之。”（《公冶长》25）所以，在孔子看来“君子欲讷于言，而敏于行”（《里仁》24），“刚、毅、木、讷近仁”（《子路》13），刚强、果断、朴实、慎言（符合）接近于仁。

2. “仁”是指重视精神修养，轻视物质利益

“子罕言利，与命与仁。”（《子罕》1）孔子很少谈物质利益，赞同天命和仁德。子曰：“君子食无求饱，居无求安，敏于事而慎于言，就有道而正焉”（《学而》14），君子不追求吃喝，不追求安逸；做事勤快，说话谨慎；向有道德的人看齐。“君子怀德，小人怀土”（《里仁》11），君子关心道德和教化，小人关心土地和住宅。“博学而笃志，切问而近思，仁在其中矣。”（《子张篇》6）就是说，广泛学习而坚定自己的志向，问自己不明白的问题联系自己身上进行反思，仁就在这里面了。在孔子眼里，颜回就是具有这种修养的人，他说：“贤哉，回也！一箪食，一瓢饮，在陋巷。人不堪其忧，回也不改其乐。贤哉，回也!”（《雍也》11）颜回多么有贤德啊!（用）一个竹筒子吃饭，一个瓢喝水，住在简陋的小巷里，别人都忍受不了这种困苦忧愁，颜回却照样快乐。颜回多么有贤德啊!

3. “仁”是指“为政以德”

这是对统治者所提出的要求，要以德治国。“为政以德，譬如北辰，居其所而众星共之。”（《为政》1）以道德教化进行统治，就像北极星一样，处于自己的位置，群星都环绕在它的周围。“道之以政，齐之以刑，民免而无耻；道之以德，齐之以礼，有耻且格。”（《为政》3）用政令治理百姓，用刑法约束他们，可以避免犯罪，但他们不知道犯罪可耻；用道德治理百姓，用礼来约束他们，他们既知道犯罪可耻，也知道遵守规矩。“仁者安仁，知者利仁”（《里仁》2），有仁德的人安于实行仁，有智慧的人认识到仁对他有利才去实行仁。子贡曰：“如有博施于民而能济众，何如？可谓仁乎?”子曰：“何事于仁，必也圣乎！尧、舜其犹病诸。”（《雍也》30）子贡问孔子：“如果有人能给老百姓许多好处，又能帮助大家，怎么样？这算是仁吗?”孔子说：“这何止是仁啊，简直就是圣人！就连尧、舜也很难做到呢。”

4. “仁”是指以正当的手段获取个人利益

子曰：“富与贵，是人之所欲也，不以其道得之，不处也。贫与贱，是人之

所恶也，不以其道得之，不去也。君子去仁，恶乎成名？君子无终食之间违仁，造次必于是，颠沛必于是。”（《里仁》5）富贵是人人都想要的，而不以正当方法得到它，君子是不接受的；贫贱是人人都厌恶的，而不以正当方法摆脱它，君子是不摆脱的；君子离开仁德，何以成名呢？君子不会有一顿饭的工夫违反仁德，在最紧迫的时候是如此，在颠沛流离的时候也是如此。“先难而后获，可谓仁矣”（《雍也》22），做了艰苦努力以后，才得到收获，这就可以说是仁了。子曰：“富而可求也，虽执鞭之士，吾亦为之。如不可求，从吾所好。”（《述而》12）如果有机会求得富贵，就是拿着鞭子看门、开路的事情我也肯干。如果没有机会求得富贵，我就干我喜欢干的事情。

5. “仁”是指“义”

“君子义以为上”（《阳货》23），君子认为义是最重要的。“见义不为，无勇也”（《为政》24），见正义的事情不去做，就是没有勇气，这里的“勇”指的也是仁，因为“仁者必有勇”（《宪问》4）。“信近于义，言可复也”（《学而》13），讲信用要符合于义，符合义才能实行。“君子之于天下也，无适也，无莫也，义之与比。”（《里仁》10）君子不一定非要干什么，一切服从于义。“君子喻于义，小人喻于利。”（《里仁》16）君子懂得义，小人只知道利。“君子义以为质”（《卫灵公》18），君子以义为根本。“夫达也者，质直而好义”（《颜渊》20），所谓通达，就是品质正直，遵从礼义。“士见危致命，见得思义”（《子张》1），士见有危难要敢于牺牲，见有所得要考虑是否符合义。“不义而富且贵，于我如浮云”（《述而》16），用不义手段得到的富贵，对我好像浮云一样。可见，“义”是仁的一种表现。

6. “仁”是指讲忠信

“主忠信，徙义，崇德也。”（《颜渊》10）“樊迟问仁。子曰：‘居处恭，执事敬，与人忠。虽夷狄，不可弃也。’”（《子路》19）曾子讲的“吾日三省吾身”，就包括“为人谋而不忠乎”和“与朋友交而不信乎”（《学而》4）。孔子多次讲“君使臣以礼，臣事君以忠”（如《八佾》18），这就是他眼中的仁政。“子以四教：文、行、忠、信。”（《述而》25）孔子曾说“吾道一以贯之”，被曾子概括为“忠恕而已”（见《里仁》15）。“言忠信，行笃敬”（《卫灵公》6）是孔子对弟子的教诲，成为弟子的座右铭。“主忠信，毋友不如己者”（《子罕》25），做人要忠诚守信，不要同在道德上不如自己的人交朋友。“忠”包括认真完成君主所交给的工作，“居之无倦，行之以忠”（《颜渊》14），“事君，敬其事而后其食”（《卫灵公》38）；“忠”包括下对上的劝谏，“忠焉，能无诲乎”（《宪问》7）；“忠”还包括“为尊者讳”（如《雍也》31、《子路》18），等等。

关于“信”，孔子认为，治理国家要“敬事而信”（《学而》5），即认真做事，恪守信用。“民无信不立”（《颜渊》7），如果老百姓不信任统治者，国家就站不住脚了。作为一名“士”最起码要做到“言必信，行必果”。仁也包括“与朋友交，言而有信”（《学而》7），说话要讲信用。子曰：“人而无信，不知其可也。大车无輗，小车无軏，其何以行之哉?”（《为政篇》22）在这里“輗”和“軏”都是车子行走的关键部位，人而无信。简直就没有办法行走于天下。当然，这也不是绝对的，当信用和“正道、礼法、仁德、正义”等发生矛盾时，信用也是可以放弃的。“君子贞而不谅”（《卫灵公篇》37），君子坚持正道，而不一定固守信用。

7. “仁”还是指道

子曰：“笃信好学，守死善道……天下有道则见，无道则隐。”（《泰伯》13）坚信并努力学习，誓死保护这个好的道。……天下有道就出来干事，天下无道则隐居起来。孔子曾讲“朝闻道，夕死可也”（《里仁》8），早上能听到或懂得了道，晚上就是死都值了（还有一种解释：现在知道了“道”，那么就让过去做错的事情过去吧，从现在开始就按照“道”来做吧）。“士志于道，而耻于恶衣恶食者，未足与议也。”（《里仁》9）士有志于追求道（仁德），又以吃喝不好为耻辱，同这种人是不值得谈论仁德的。“君子学道则爱人，小人学道则易使也”（《阳货》4），君子学道能知道爱人，小人学道就容易役使了。“天下有道，则礼乐征伐自天子出；天下无道，则礼乐征伐自诸侯出。……天下有道，则政不在大夫。天下有道，则庶人不议。”（《季氏》2）这里讲的“道”实际上就是指仁德。“道不同，不相为谋”（《卫灵公》40），具有不同的道德水准，走不同的道路的人，是不能在一起谋划的。子曰：“何莫由斯道也?”（《雍也》17）为什么没有人走（我指出的）这个道呢?“道不行，乘俘浮于海”（《公冶长》7），如果我的道行不通，就乘木筏子到海外去。“邦有道，谷；邦无道，谷，耻也。”（《宪问》1）国家有道（仁德）可以为官拿俸禄；国家无道还做官拿俸禄，就是可耻的了。所以，“君子谋道不谋食，……忧道不忧贫”（《卫灵公》32）。孔子讲的道无非还是“忠恕之道”，道和孝悌、周礼、爱人是一致的。

8. “仁”是恪守中庸

子曰：“中庸之为德也，其至矣乎！民鲜久矣。”（《雍也》29）中庸作为一种道德，该是最高的了！老百姓缺少这种道德，已经很久了。据说，孔子就具备中庸的美德，“子温而厉，威而不猛，恭而安”（《述而》38），孔子温和而严厉、威严而不凶猛、庄重而又能安详。“子钓而不纲，弋不射宿”（《述而》27），孔子只用有一个鱼钩的鱼竿钓鱼，不射巢中歇宿的鸟，表示行为不走极端。孔子教育自己的学生也采用了中庸之道，“求也退，故进之；由也兼人，故退之”（《先进》11），冉求退缩，故鼓励他行动；仲由好勇过人，故对他进行约束。子曰：“不得中行而与之，必也狂狷乎！”（《子路》21）孔子说：“我找不到奉行中庸之道的人和他交往，只能和狂者（行动冒失）、狷者（过去谨慎）的人来往了。”中庸之道在君子那里就表现为：和而不同、周而不比、矜而不争、群而不党、泰而不骄、以直报怨、以德报德、周急不继富、不以言举人、不以人废言、思不出其位，等等。《论语》中还通过“过犹不及”“不可则止”“欲速则不达”等成语表达了这一思想。

9. “仁”是指“不忧不惧”，即问心无愧

司马牛曾问孔子如何才能做君子，子曰：“不忧不惧，……内省不疚，夫何忧何惧?”（《颜渊》4）君子因为经常内省，问心无愧，还有什么可忧惧的呢?在这里，君子所具备的品德当然就是“仁”，因为“仁者不忧”（《宪问》28），“仁者必有勇”（《宪问》4），故仁者不忧不惧。正因为如此，“知者乐水，仁者乐山。知者动，仁者静。知者乐，仁者寿”（《雍也》23）。智者爱水，仁者爱山。智者活跃，仁者安静。智者快乐，仁者长寿。问心无愧还包括仁者无怨：“人不知而不愠，不亦君子乎！”（《学而》1）人家不了解自己也不怨恨，不也是君子吗?“君子病无能焉，不病人之不己知也。”（《卫灵公》19）君子只怕自己没有才能，不怕别人不知道自己。“求仁而得仁，又何怨?”（《述而》15）求仁而得到了仁，为什么又怨恨呢?正因为问心无愧，才“君子坦荡荡”（《述而》37）、“君子不党”（《里仁》31、《卫灵公》22）、“君子不器”（《为政》12）、“君子不以言举人，不以人废言”（《卫灵公》23），等等。

10. “仁”还包括了许多其他具体的道德训诫

如“慎终，追远，民德归厚矣”（《学而》9），谨慎办理父母的丧事，诚心诚意祭祀祖先，老百姓就会趋向于道德（仁）。“有君子之道四焉：其行也恭，其事上也敬，其养民也惠，其使民也义”（《公冶长》16），君子有四种品德（仁）：自己行为庄重、谦恭；侍奉上级恭敬、尽职；给百姓能带来恩惠；使用百姓合乎于道义。还如“有德者必有言”“见利思义，见危受命，久要不忘平生之言”“以直报怨，以德报德”“不怨天，不尤人”（《宪问》4、12、34、35），等等。仁还包括君子的修养：“修己以敬，修己以安人，修己以安百姓”（《宪问》42），及“志士仁人，无求生以害仁，有杀身以成仁”“躬自厚而薄责于人”“君子疾没世而名不称焉”“君子求诸己，小人求诸人”“当仁不让于师”（《卫灵公》9、15、20、21、36），等等。

孔子往往从正反两个方面说明仁与不仁：“先事后得，非崇德与?”（《颜

渊》21）“子绝四：毋意，毋必，毋固，毋我。”（《子罕》4）“益者三友，损者三友。友直，友谅，友多闻，益矣；友便辟、友善柔，友便佞，损矣。”“益者三乐，损者三乐。乐节礼乐，乐道人之善，乐多贤友，益矣；乐骄乐，乐佚游，乐宴乐，损矣。”“侍于君子有三愆：言未及之而言谓之躁，言及之而不言谓之隐，未见颜色而言谓之瞽。”“君子有三戒：少戒之在色；壮戒之在斗；老戒之在得。”“君子有三畏：畏天命，畏大人，畏圣人之言。”“君子有九思：视思明，听思聪，色思温，貌思恭，言思忠，事思敬，疑思问，忿思难，见得思义。”“见善如不及，见不善如探汤。”（《季氏》4、5、6、7、8、10、11）；等等。“子张问仁于孔子。孔子曰：‘能行五者于天下为仁矣。……恭，宽，信，敏，惠。’”他还谈到六种品德和六种弊病：“好仁不好学，其蔽也愚；好知不好学，其蔽也荡；好信不好学，其蔽也贼；好直不好学，其蔽也绞；好勇不好学，其蔽也乱；好刚不好学，其弊也狂。”他还说：“乡愿，德之贼也”，“道听而途说，德之弃也”。君子有四恶：“恶称人之恶者，恶居下流而讪上者，恶勇而无礼者，恶果敢而窒者。”（见《阳货篇》6、8、13、14、24）子张甚至把“执德不弘，信道不笃”也排斥于仁之外。（《子张篇》2）孔子的仁政观包括“五美”和“四恶”：五美指“君子惠而不费，劳而不怨，欲而不贪，泰而不骄，威而不猛”，四恶指“不教而杀谓之虐；不戒事成谓之暴；慢令致期谓之贼；犹之与人也，出纳之吝谓之有司”。（《尧曰》2）为政应该做到“允执其中”，即要诚实地执守中正之道。“宽则得众，信则民任焉，敏则有功，公则说。”（《尧曰》1）可见，“仁”还包含了许多其他具体的道德训诫。

（五）简单评价

尽管前面论述了许多有关《论语》中“仁”的思想，但并不敢保证这种论述是准确和全面的，正因为如此，它才成为两千多年来一直研究探讨的对象。从上面的论述中，可以看到在《论语》中“仁”无疑是最大的范畴和核心概念，既然《论语》是孔子及其弟子集体创作的产物，里面有一些重复、矛盾、混乱的地方也在所难免。

“仁”有广义和狭义之分，狭义的仁指伦理道德，广义的仁远远超出了这一范围，显然，《论语》中讲的“仁”是非常宽泛的概念，已经超出了伦理道德的范围。首先，“仁”的根本“孝悌”是对宗法等级制度的反映和高度概括。中国古代“家国同构”，家即国，国即家，“孝悌”不仅是一种道德要求，更是一种宗法制度，这种制度虽然来自奴隶社会，但同时也是封建社会制度的基础，适应了统一后的中国社会稳定的需要，经过改造后完全可以为封建制度服务。

汉代以后，“孝悌”成为制度，具有自然法的意义，甚至上升为国家的社会法律，已经是一种不争的事实。其次，“仁”中表现出来的“克己复礼”思想，实质上是一种对既定的社会制度的遵从，可以改造后为任何社会服务。任何社会都有自己的社会制度，都有自己的“礼”，都要求自己的社会成员去遵守和服从，具有普遍的适用性，这就是理解为什么儒家“仁学”思想长盛不衰的一把钥匙。所以，需要破坏旧的社会秩序时，儒家思想或多或少要遭受打击，而当需要稳定新社会秩序时儒家思想就会得到弘扬，这是完全可以理解的。再次，“仁”所宣扬的“爱人”的思想，具有一定的政治进步意义。这也就是许多人强调的“人本思想”“民本思想”或“重民思想”等，有人就认为“仁”是“人的发现”（郭沫若）。“爱人”体现了人道的原则，也体现了理性的原则，还是“情”和“理”的统一。当然，《论语》中的“爱人”是有很大局限性的，并非爱一切人，但这种局限性是历史的局限，是不可能摆脱的，否则就离开了历史主义的原则。此外，“仁”中所宣扬的伦理道德思想，已经远远超出了奴隶主阶级的思想。尽管其主导思想是为奴隶制服务的，尽管孔子极力主张复兴周朝的礼制，但他给旧道德赋予了许多新的内容，这些内容远远超出了奴隶主阶级的思想，是不以人的意志为转移的客观事实。这不能不归功于社会意识的相对独立性，不能不归功于道德的历史继承性及道德之所以为道德所具有的特质或普遍性。孔子或《论语》中论述的道德思想，往往是居于人性的论述，是具有共通性的伦理道德观。例如，道德（仁）中强调个人的修养、忠诚守信、见义勇为、问心无愧、行为适度（恪守中庸）、为政以德等，在许多社会都是适用的。

东西方文化的发展往往有着惊人的相似：在古希腊罗马时期，奴隶主阶级曾经创造出非常辉煌的文化，和中国一样出现了“百家争鸣”的生动局面，后来却被“基督教”和“教父学”取而代之，直接成为封建社会的唯一意识形态，正如儒家思想成为中国封建社会的意识形态一样。究其原因，主要是因为：第一，古希腊罗马文化是奴隶主阶级的文化，随着奴隶制的瓦解，这种文化也必然会走向毁灭；第二，基督教和教父学已超出了奴隶主阶级的范围，基督教和教父学有利于大范围内的国家统一，有利于封建集权制。教父学彻底改变了古希腊罗马哲学的研究方向，使哲学正式走上了宗教神学的轨道，为中世纪经院哲学（地主阶级哲学）的兴起奠定了基础。当然，教父学也吸取了古希腊罗马文化的一些积极成果。所以，在奴隶制向封建制过渡中，古希腊罗马哲学遭到了彻底破坏，相反，基督教和教父学则在教会学院里得到了发扬。这种情况，同中国思想文化的发展是类似的，后来“罢黜百家，独尊儒术”局面的出现，具有不可避免的性质，其原因同西方是大致相同的。儒家思想特别是有关“仁”的思想，出发点是从奴隶制出发的，但已经超出了奴隶制的范围，它吸取了奴隶主思想文化的积极成果，有利于大范围内的国家统一，为地主阶级哲学的兴起奠定了基础。今天，这种思想也没有完全过时，是我们批判地加以继承的精神财富，能够为稳定社会主义社会、建设社会主义精神文明服务。

三、《论语》誉君子

长期以来，儒家在《论语》中所赞誉的“君子”一直为中国人所尊崇，许多人谈起君子津津乐道，即使在今天也被许多人特别是一些学者追捧为做人的楷模。然而，细读《论语》不难发现，儒家所宣传的“君子”形象也应该辩证来看，并非尽善尽美。所以，这里以《论语》为线索，以其论述为根据，试图对“君子”做一些粗浅分析，使我们能在今天更深刻、更全面了解和把握君子形象，吸取其精华克服其糟粕。

《论语》中出现最多的一个概念之一就是“君子”，给了君子以很高的赞誉，这是以孔子为代表的儒家所树立起来的一个理想的人格代表，用弗洛伊德的话说就是“超我”形象。孔子讲的“君子”可以说是中国人从古至今学习的楷模，做人的榜样，深受儒家所追捧，就是今天也没有完全过时。

那么，“君子”是怎样一种理想人格呢?《论语》通过其言行、举止、道德等诸多方面，立体地展现了君子的形象。本文仅从三个方面来简单地谈谈并分析一下君子的风采。

（一）言行方面

第一，君子要善于抓住事物的根本，即最重要的事情去做。孔子说：“君子务本，本立而道生。”（《学而》2）孔子把“孝悌”（仁之本）看成是最根本的事情，君子当然要先做孝悌之事。“君子无终食之间违仁”（《里仁》5），君子连吃一顿饭的时间也不违反仁德。“孝悌”是行为中的“仁”，行为中的“义”也是君子所为，“君子之于天下也，无适也，无莫也，义之与比”（《里仁》10）。君子无亲近疏远之分，只有符合“义”。“君子义以为质，礼以行之，孙以处之，信以成之。君子哉！”（《卫灵公》18）君子以义为根本，用礼来实行，用谦逊的语言来表达，用诚信的态度来完成。这就是君子啊！

第二，君子要少说话多做事。“君子食无求饱，居无求安；敏于事而慎于言”（《学而》14），“君子欲讷于言，而敏于行”（《里仁24》），君子不追求吃喝安逸，说话要小心谨慎，而行动要迅速敏捷。“巧言令色，鲜矣仁”（《学而》3），那些花言巧语、伪装和悦的人，是很少有仁德的。“君子先行其言而后从之”（《为政》13），君子先把要说的事情做出来，然后再把做的事情说出来。“君子耻其言而过其行”（《宪问》27），君子把说多做少看成是可耻的事情。

第三，君子严以律已。孔子的弟子曾子说：“吾日三省吾身”，可谓君子严格要求自己的典范：“为人谋而不忠乎？与朋友交而不信乎？传不习乎？”（《学而》4）孔子说：“君子博学于文，约之以礼，亦可以弗畔矣夫！”（《雍也》27）君子广泛学习文化典籍，用礼来约束自己，这样就可以不犯上作乱了吧！“君子内省不疚，夫何忧何惧？”（《颜渊》4）君子问心无愧，还有什么值得忧虑和惧怕的事情呢？“君子修己以敬”“修己以安人”“修己以安百姓”（《宪问》42），君子修养自己，保持严肃恭敬的态度；修养自己，使别人安乐；修养自己，使老百姓安居乐业。孔子认为，这就连尧舜也很难做到。“君子求诸己，小人求诸人。”（《卫灵公》21）君子严格要求自己，小人苛求别人。

第四，君子的行为有分寸、符合道德。孔子认为“过犹不及”（《先进》16），君子的行为是有分寸的，君子的行为既适度又符合道德。如“君子周而不比”（《为政》14），君子合群而不互相勾结；“君子和而不同”（《子路》23），君子能调和但不同流合污；“君子泰而不骄”（《子路》26），君子坦然安静而不傲慢；“君子周急不继富”（《雍也》4），君子救济急需的人，而不接济富人；“君子上达，小人下达”（《宪问》23），君子上通达仁义，小人下通达财利；“邦有道则士，邦无道则可卷而怀之”（《 卫灵公》7），国家有道就出来做官，国家无道就（辞职）把自己的主张保留在心里；“君子成人之美，不成人之恶”（《颜渊》16），君子成全别人的好事，而不助长别人的错误；“君子矜而不争，群而不党”（《 卫灵公》22），君子庄严而不和别人争执，合群而不结党营私；等等。

（二）举止方面

第一，君子是彬彬有礼的。孔子说：“文质彬彬，然后君子。”（《雍也》18）只有把礼仪和思想感情、内容和形式结合起来，才能成为君子。“君子敬而无失，与人恭而有礼”（《颜渊》5），君子做事认真无过错，待人谦恭有礼貌。“君子义以为质，礼以行之”（《卫灵公》18），君子以义为根本，用礼来实行它。“君子所贵乎道者三：动容貌，正颜色，出辞气。”（《泰伯》4）君子重视三种道德：使容貌谦和严肃，脸色庄重，说话时注意言辞和口气。“人不知而不愠，不亦君子乎!”（《学而》1）别人不了解自己并不怨恨，不也是君子吗？孔子在学生的眼里就是君子的代表，“夫子温、良、恭、俭、让”（《学而》10），“事君尽礼，人以为谄也”（《八佾》18）。

第二，君子重视礼的表现形式。礼如果是内容的话，它必然通过一定的形式表现出来，这些形式君子是要遵守的。例如，孔子和不同的人在一起说话的口气是不一样的，招待外国的使臣完全按照规矩礼仪行事，在朝和回家表现是不一样的。《论语》记载：孔子吃肉“割不正，不食”“食不语，寝不言”“席不正，不坐”“乡人饮酒，仗者出，斯出矣”“乡人傩，朝服而立于阶”“问人于他邦，再拜而送之”“君赐食，必正席先尝之”“疾，君视之，东首加朝服，拖绅”“君命召，不俟驾行矣”“入太庙，每事问”，等等。（均见《乡党》）有一次，“子贡欲去告朔之饩羊。子曰：‘赐也！尔爱其羊，我爱其礼!’”（《八佾》17）子贡想把每月初一祭祖庙的活羊去掉。孔子说：“赐呀！你爱惜那个羊，我却爱惜那个礼啊!”可见，君子非常重视礼的表现形式。

第三，君子更重视礼的内容。“不知礼，无以立也。”（《尧曰》3）不懂得礼是站不住脚的。孔子说：“能以礼让为国乎，何有？不能以礼让为国，如礼何?”（《里仁》13）即能用礼来治理国家，那还有什么困难呢？不能用礼让原则治理国家，怎么能实行礼呢？而什么是礼呢？“礼之用，和为贵”（《学而》12），礼的应用是以和谐为最宝贵的东西。孔子主张继承夏商周以来所实行的礼制，这些制度传一百代也是可以知道的。林放曾经问孔子礼的根本是什么，子曰：“大哉问！礼，与其奢也，宁俭；丧，与其易也，宁戚。”（《八佾》4）你问的问题意义太大了！就礼节仪式说，与其奢侈，不如节俭；就丧事说，与其在仪式上做得很完备，不如心里真正悲哀。“奢则越孙。俭则固。于其不孙也，宁固。”（《述而》36）奢侈就会越礼，节俭就会寒酸。与其越礼，宁可寒酸。礼的内容是服从“仁”的，“礼在仁之后”（《八佾》8）。“人而不仁，如礼何？如乐何?”（《八佾》3）没有仁德的人，怎么会用礼和乐呢？关于什么是“仁”，就涉及对君子的道德要求了。

（三）道德方面

第一，君子看重“仁义”。“君子怀德，小人怀土”（《里仁》11），君子关心道德教化，小人则关心土地住宅。“君子喻于义，小人喻于利”（《里仁》16），君子明白大义，小人只知道小利。子曰：“见贤思齐焉，见不贤而内省也”（《里仁》17），看见贤人就向他学习，看见不贤的人则反省自己，有无同样的过失。这无疑是君子所为。曾子说："士不可以不弘毅，任重而道远。仁以为己任，不亦重乎？死而后已，不亦远乎？"（《泰伯》7）士不可以不心胸宽广，意志坚强，因为他责任重大，道路遥远。他把实现仁看成是自己的责任，不是很重要吗？为了仁而奋斗到死，不是很遥远吗？这里的"士"无疑也是典型的君子形象。

第二，君子有自己的原则。"君子不器"（《为政》12），君子不像容器那样被动地发挥某种作用，君子有自己的处世原则。子曰："君子道者三，我无能焉：仁者不忧，知者不惑，勇者不惧。"（《宪问》14）孔子说，君子所遵循的原则有三个，我都做不到：仁义而不忧虑，聪明而不迷惑，勇敢而无所畏惧。"君子不以言举人，不以人废言"（《卫灵公》23），君子不因为某些人讲好话就提拔他，也不因为某些人有缺点就不采纳其好的建议。"君子之道，焉可诬也"（《子张》12），君子之道怎么可以随意歪曲呢？君子有自己的原则。

第三，君子有自己的品德。孔子认为郑国贤相子产就具备君子的四种品德："其行也恭，其事上也敬，其养民也惠，其使民也义。"（《公冶》16）他的行为谨慎庄重，侍奉君主谦卑恭敬，能给百姓恩惠，役使百姓合乎义理。"君子有三戒：少戒之在色；壮戒之在斗；老戒之在得。"（《季氏》7）君子有三种戒律：少年时不贪恋美色，壮年时不争强好胜，老年时不贪得无厌。"君子有三畏：畏天命，畏大人，畏圣人之言。"（《季氏》8）君子有三种敬畏：敬畏天命，敬畏地位高的人，敬畏圣人的话。君子有四恶："恶称人之恶者，恶居下流而讪上者，恶勇而无礼者，恶果敢而窒者。"（《阳货》24）君子厌恶四种人：厌恶传播别人短处的人，厌恶身居下位而诽谤身居上位的人，厌恶勇敢而无礼的人，厌恶果断而顽固不化的人。"君子有三变：望之俨然，即之也温，听之言也厉。"（《子张篇9》）君子之态有三种变化：远望端庄威严，接近则温和可亲，听他说话感到严厉。"君子尊贤而容众"（《子张篇3》），君子既尊敬贤人又能容纳众人。"君子之德风"（《颜渊篇19》），君子的品德像风一样吹遍大地。

第四，君子善于自我反思、修养。如前述曾子的"吾日三省吾身"就是君子的个人修身养性。孔子曰："君子有九思：视思明，听思聪，色思温，貌思恭，言思忠，事思敬，疑思问，忿思难，见得思义。"（《季氏》10）就是说，君子经常反思九件事：看时是否清楚，听时是否真切，脸色是否温和，态度是否恭敬，说话是否诚实，做事是否认真，有疑难是否该问，发怒是否有后患，有所获是否符合义。自我反思和修养离不开学习，"君子学以致其道"（《子张篇7》），君子通过学习来掌握道。"博学而笃志，切问而近思，仁在其中矣"（《子张篇6》），广泛地学习而坚定自己的志向，恳切提问和反思自己不懂的问题或事情，仁德就在里面了。人都会犯错误，君子也无例外，但君子犯错能改。“君子之过也，人皆见之；更也，人皆仰之”（《子张篇21》），君子的过错人们都能看见，改了就会得到人们的敬仰。“君子以文会友，以友辅仁”（《颜渊篇24》），君子以文化知识来结交朋友，依靠朋友帮助自己培养仁德。可见，君子善于自我反思、修养。

（四）简单分析

《论语》中树立的“君子”形象无疑在长期的封建统治中，对社会的稳定和发展起到了巨大的推动作用。“君子”作为一种理想人格始终成为中国知识分子效法的楷模，《论语》通过树立君子的形象为“如何做人”提供了一整套价值标准。那么，这些标准我们应该如何看待呢？必须具体问题具体分析！

1. 言行方面

第一，君子应该善于抓住事物的根本，这是值得肯定的。用哲学的语言讲就是要善于抓住事物的主要矛盾。然而，今天的“根本”是什么呢？是《论语》所宣扬的“仁义道德”吗？不是！今天事物的根本应该是经济建设，应该是大力发展生产力，并在此基础上促进社会的全面进步与发展。一个袁隆平解决了多少个人的吃饭问题？理应成为当代的“君子”。第二，君子是否一定要“少说多做”？也是不一定的。当代的“君子”不仅会做事，而且还要学会说话，学会推销和包装自己，也就是学会宣传，让人了解自己。能做事固然是好，既能做又能说岂不更好？第三，君子应该严于律己，行为符合道德，这一点是应该肯定的。当然，不同的时代、不同的国家、不同的民族的道德要求是不一样的，今天的君子一定要按今天的道德要求来进行反思和修养，今天的君子的行为要符合今天的道德标准。刘少奇曾写过一篇《论共产党员的修养》，就是要求共产党员严于律己，行为符合道德，其中也引用了《论语》在这方面的许多论述。

2. 举止方面

第一，君子彬彬有礼大概不是一件坏事。君子应该风度翩翩，穿戴自然脱俗，举止得体适度，说话文明礼貌，给人庄严亲切之感。当然，能够做到这些却不一定就是君子，因为这些毕竟只是形式方面，如果有了这些装饰去做坏事，则不仅不是君子，反而是更险恶的小人。第二，君子重视礼的表现形式，这就要看情况了。必要的形式是不可以没有的，但是，繁文缛节却是不足取的。例如，《论语》中讲父亲去世了要守孝三年，什么也不做。“三年无改于父之道，可谓孝矣。”（《里仁》20）孔子吃肉“割不正，不食”“食不语，寝不言”“席不正，不坐”等，后来就演变为一些繁文缛节，这些就成了令人讨厌的东西。第三，君子重视礼的内容是可取的，但孔子讲的礼又是值得怀疑的。他重视的“礼”往往是一些旧时代的礼，他看不到新时代的变革，看不到礼需要有新的变化，具有守旧性质。他把超越旧礼看成是最不能容忍的事情，为了礼即“士大夫应该坐车”，就是自己的亲儿子死了也不肯卖掉自己的车子给他买椁。孔子宣扬的“礼”在生前就到处碰壁，孔子本人也被称为“知其不可为而为之者”（《宪问篇》38）。

3. 道德方面

第一，君子重“仁义”不能全盘否定。中国被称为“礼仪之邦”，这与儒家等所宣传的“仁义道德”有很大关系，我们今天也应该重视仁义道德，建设自己的精神文明。但是，《论语》中把仁义道德和经济生活对立起来，甚至把仁义道德看成是最重要的事情就不足取了。如“君子怀德，小人怀土”：用“德”来否定“土”就不太正确了，其实，“土”是德的基础，君子既应该怀德，也不偏废“土”，用今天时髦的话说就是“物质文明”和“精神文明”一起抓。第二，君子应该有自己的原则，这一点是最值得肯定的。所谓“君子有所为有所不为”，君子不能被外在的东西所异化（即“君子不器”），所有人都需要有这种骨气，也需要有“走自己的路，让别人去说”这种英雄气概。君子所为应该“不以言举人，不以人废言”“坦荡荡”“周而不比”“和而不同”“泰而不骄”“周急不继富”，等等。第三，君子应该有自己的品德，这也是不言而喻的。不具备一定的道德水准是成不了君子的，即使一个人再聪明，再有能力，再有贡献，再懂外在的礼仪，如果缺乏一定的道德水准也是很难成为君子的。当然，有关道德的内容不同时代是不同的，《论语》中所宣扬的东西未必都是可取的。第四，君子善于自我反思、修养，也是值得肯定的。没有反思的人生是无意义的人生，没有修养的个人是不文明的个人。而个人的反思和修养离不开学习，我们应该从《论语》中汲取养分。“君子以文会友，以友辅仁。”“博学而笃志，切问而近思，仁在其中矣。”固然君子是理想的人格代表，是“超我”（追求道德的我）的形象，但人是复杂的，人性也是多方面的，人还应该具有“自我”（追求现实利益的我）和“本我”（追求身体快乐的我），《论语》中讲的“君子”只具有单一性在今天看来也是有局限性的。

总之，《论语》誉君子，但我们应该具体问题具体分析，对孔子的思想亦应如此。当出现“反孔运动”时，往往忽视了孔子思想中好的东西，一股脑全盘否定；当步入“尊孔时代”时，又往往不分好坏囫囵吞枣、兼收并蓄。所以，反孔有反孔的理由，尊孔有尊孔的道理，我们应该保持清醒的头脑，不要被外在的喧嚣所蒙蔽。

结束语

本章通过对《论语》中比较核心的概念进行探索，来进一步认识我国传统文化中所树立的“教条”，这些教条曾经对中国几千年的社会发展产生过巨大的影响。所以，我们通过对《论语》的研究，来了解中国传统价值观是很必要的，也可以通过对比更能充分地认识马克思主义。孔子曾把“仁”和“道”联系起来，并指出“吾道一以贯之”，其实，这种“道”的思想亦是我国传统思想文化的瑰宝，甚至可以说是我国哲学思想的真正起源，这种思想在老子的《道德经》中得到了充分的体现。

第四章 “道”的智慧

引言

中国的传统哲学从某种意义上说始于老子的“道学”，以老子为始祖的“道教”也是中国土生土长的宗教，而道家的经典性著作离不开老子写的《道德经》，《道德经》里也树立了不少“教条”，这些教条同儒家思想文化一起构成了中国传统文化，或者可以说二者有着异曲同工和共生共长之妙。在认识、继承和发展我国传统文化过程中，老子在《道德经》的思想是迈不过去的门槛，不了解《道德经》也很难了解中国的传统文化。老子用“水”来说明道德，得出了“上善若水”的结论，这或许可以被理解为老子道德观中的重要思想，而只有进一步阐发后才能深入理解其内涵，本章进行了这种阐发。同时，对老子的“道”也进行了哲学意义上的探索，并以马克思主义的态度进行了辩证分析和扬弃。最后，对于文化采取的正确态度进行了说明，并以“道吾道以及人之道”为重要的方法论结论。

一、《道德经》词语

老子的《道德经》是我国传统文化的又一瑰宝，也是最有哲学味道的古典名著之一，它还是我国道教的思想来源。《道德经》里面所涉及的词汇是很有哲学味道的，特别体现了我国古代辩证法的思想。

《道德经》里面涉及的词汇或重要语句也有很多，如玄而又玄、有无相生、难易相成、天长地久、上善若水、功成身退、道法自然、物壮则老、反者道之动、弱者道之用、金玉满堂莫之能守、爱民治国、无以为用、宠辱若惊、何患之有、视而不见、充耳不闻、功成事遂、少私寡欲、绝学无忧、无为而治、委曲求全、绝圣弃智民利百倍、知人者智、自知者明、知足者富、自胜者强、将欲取之必先予之、无为而无不为、大器晚成、天下之至柔驰骋天下之至坚、有生于无、甚爱必大费、多藏必厚亡、大巧若拙、知足常乐、出生入死、善剑者不拔、善抱者不脱、知者不言、言者不知、以正治国、以奇用兵、以无事取天下、以百姓之心为心、祸兮福之所倚、福兮祸之所伏、深根固柢、治大国若烹小鲜、以道莅天下其鬼不神、抱怨以德、为无为、事无事、味无味、天下大事必作于细、合抱之木生于毫末、九层之台起于累土、千里之行始于足下、轻诺必寡信、多易必多难、无为固无败、慎终如始、以其不争故天下莫能与之争、祸莫大于轻敌、哀兵必胜、天网恢恢疏而不失、民不畏死奈何以死惧之、强大处下、柔弱处上、弱之胜强、柔之胜刚、小国寡民、信言不美、美言不信、为而不争、民至老死不相往来，等等。

《道德经》开始探索世界的本原问题，探讨万物产生的始因，即进入了西方人所谓的纯粹的哲学思考，老子提出了“道”是万物的始因。他说：“道可道，非常道；名可名，非常名。”（第1章）永恒不变的“道”是很难说出来的，能说出来就不是具有永恒性的道了；当然，“道”也是很难命名的，能够命名就成了具体事物了，也离开了永恒性。万物皆来自“道”，道又不是万物中的任何一物，如同黑格尔讲的“存在”，万物生于“有”（存在），有又是非具体之物，这就开始了老子的哲学思考。对“道”的理解，不同的人有不同的解释，我们不用纠缠于这种玄而又玄的“玄学”（古代意义的形而上学）。

仅就一些成语中的哲学思想来看，确实是很深刻的。如“祸兮福之所倚，福兮祸之所伏”，就很具有辩证法的味道：坏事里面包含了好的因素，未必是绝对的坏事；好事里面有时反而包含了坏事，不一定是绝对的好事。有人就用“塞翁失马，焉知非福”的故事，说明过这个道理，“乐极生悲”也是对这一道理的注解。

再如，“合抱之木生于毫末”“九层之台起于累土”“千里之行始于足下”则反映了辩证法中的“质量互变规律”：具有不同质的事物，都是从量变开始的，只有进行深入细致的量的积累，才会出现质的变化。荀子曾在“劝学篇”中深化了这个道理，他用“积土成山”“积水成渊”“积善成德”“不积跬步无以至千里”“不积小流无以成江海”等形象地表达了这个道理。

再如，“有无相生、难易相成、天长地久、委曲求全、强大处下、柔弱处上、弱之胜强、柔之胜刚、哀兵必胜、金玉满堂莫之能守、将欲取之必先予之、天网恢恢疏而不失等，都反映了天地万物、做人做事、军事战争等的辩证法。当然，老子《道德经》中的“小国寡民”“绝学无忧”的思想，“民至老死不相往来”“绝圣弃智民利百倍”的思想，也是有局限性的，这些和现代文明也是格格不入的，不能毫无保留地加以继承。

二、水有十德

水有十德，可为楷模，人能效法，不失人格。

第一，水育养万物而不居功。有人说，万物生长靠太阳，其实，万物生长也离不开水。如日为父，水则为母，所以，古人曾把水视为万物之源、万物之根。凡有生命的地方怎能没有水的滋养，没有水的培育？然而，水默默地育养万物，并不夸耀，并不居功，心甘情愿地和大自然一起创造出成千上万的生命。

第二，水善助他物而不显能。水不仅育养万物，不失时机地促其成长，还善于帮助他物，促其成功。水能顺风而推舟，水能上涨而使船升高；水能使落水者漂泊于岸边，水能搭建平台而凭鱼跃。没有水许多事就不能成功，没有水许多事就不能完成，但成功者的功劳簿上往往没有水的痕迹，说明水善助他物而不显能。

第三，水回转谦让而不争锋。水在自然流动，从不强求，随遇而安。水遇方则方，遇圆则圆，遇冷则冻，遇热则升，遇需求则供给，遇不需要则不留。水无贪欲，礼让万物，委曲求全。水的流动回转谦让，遇石让石，遇山绕行，身处底层，不与万物争锋。

第四，水意志坚定而不止行。水尽管礼让万物，委曲求全，但水有自己的目标，不达目的决不罢休。水看起来柔弱，看起来没有固定形状，看起来变化多端，但水有意志，有毅力，有信念，有自己的方向。水会沿着自己的方向前进，有时尽管是曲折地向前，而它从不止行。

第五，水去涤污垢而随洁从。水是帮助人们去泥、去污的好手，水清透明亮是干净的代名词。水能使万物去掉自身的污浊而回归自己。当你骑的车脏了要用水来擦，当你开的车污了要用水来清，当你买来的蔬菜想吃时要用水来洗，当你食用过的锅、碗不干净时也要水来冲。水给人以真，它可以去涤污垢而随洁从。

第六，水界限分明与火不容。水虽柔软，但并不是任人宰割，如同一石激起千层浪，抽刀断水水更流。虽说水礼让万物却也不绝对，它也有自己所恶，对自己所恶者会划定界限，从不通融。水给人以善，当火成为灾害时，当火舌侵吞万物时，水会挺身而出、与火不容。

第七，水波荡漾给人以美。水可愉目，美若天仙，使人流连忘返，不知回迁。多少诗人对水咏唱，多少文人寄情于山水之间？小到人工喷泉，大到自然瀑布，哪一些不动人心弦？水之荡漾，水之貌美，与自然界其他事物一起构成了美好的画卷。水给人以美，它可以供人欣赏，使人愉悦。

第八，水流转无形以弱胜强。水蜿蜒流淌，百绕千转，积蓄力量，以柔弱之躯驰骋于天下之至坚。水以表面的柔弱表现着内在的刚毅，它往往以处下而为上，以柔胜强，以柔胜刚。水以不争而争，以不为而为，以辅万物于自然。

第九，水可攻坚而无所不通。普天之下柔弱莫若水，而水却勇往直前，无坚不摧。水可穿玩石，水可淹七军；水可冲堤坝，水可战苍穹。水落石才出，水到渠可成。水若成利器，天下无人敌。水之怒吼，水之咆哮，一泻千里，能泣鬼神，亦惊天地。

第十，水有胸怀容万物汹涌。于是，水以汇百川而为江海，以磅礴之势包容一切。水容渺小于伟大，容卑贱于高贵，容浑浊于澄清，容天地万物于自身。水行之而不怨，进之而不悔，水之胸怀，水之胸襟，有谁堪比？水汇同万物汹涌澎湃。

总之，水有十德，故老子曰“上善若水”。人若如水，几成完人，水之美德，几人能获？愿君互勉，共同鞭策！

三、老子之“道”

老子在《道德经》中提出了“道”这一重要概念，长期以来，在学术界引起讨论，本文慎读《道德经》并分析之。老子“道说”开中国哲学之先河，集中体现了我国古代的哲学智慧，对我国的传统文化发生了重要影响。老子著《道德经》传于后世，开中国文化之传统、哲学之先河，影响颇深。然何为“道”者，也非易解，试慎读并分析之。

第一，“道”为万物之本。老子认为道“似万物之宗”（第 4 章），“有天地混成，先天地生。……吾不知其名，强字之曰：道”（第 25 章）。他还论证说：“道生一，一生二，二生三，三生万物。”（第 42 章）可见，“道”具有万物本原的意义，而探讨万物本原则是哲学诞生的标志。

第二，“道”具有神秘性。“道可道，非常道；名可名，非常名。……玄之又玄，众妙之门。”（第 1 章）“道”说不出来，不可命名，否则就不是永恒的道了；道是非常玄奥的东西，是宇宙万物奥妙的总门。道是“恍惚”，是“无状之状”“无物之象”（第 14 章），道是看不见、听不到、摸不着的东西。道是一种“形而上”的东西，“形而上者谓之道”，道正是传统哲学的研究对象。

第三，道是永恒不变的。老子认为“天地尚不能久，而况人乎”（第 23 章），但“道乃久。”（第 16 章）他说：“夫物芸芸，各复归其根。归根曰静，静曰复命。复命曰常，知常曰明。”（第 16 章）即万事万物最终要回到它们的本原（道），回到本原就叫静，道是静止和永恒的，这种复归也就是回到了生命的起点。这种符合道的运动是永恒的，认识了这种永恒性就叫明智。他还说“静为躁君”（第 26 章），指永恒的静止的东西是急躁的运动的东西的主宰。

第四，道的作用巨大，无穷无尽。“道冲，而用之弗盈也。渊呵！”（第 4 章）大道空虚无形，但它的作用又是无穷无尽的。深远啊！所以，要“执古之道，以御今之有”（第 14 章），即要把握住这早已存在的“道”来驾驭现实存在的具体事物。老子说：“道者，万物之注也。善人之宝也。不善人之所保也。”（第 62 章）意思是说，道是万物之主（注），是善人的珍宝，也是不善人所要保持的，什么人都不能离开道，都被道所决定。

第五，道就是顺其自然。“道大，天大，地大，人亦大。域中有四大，而人居其一焉。人法地，地法天，天法道，道法自然。”（第 25 章）老子既重视天地，又重视人和道，最终认为“道法自然”。他说：“道常无为而无不为。”（第 37 章）道永远是顺其自然而无为的，然而却又成就了所有的事情。“天之道，不争而善胜，不言而善应，不召而自来，绅然而善谋。天网恢恢，疏而不失。”天（自然）的运行是不争夺而取胜，不说话而善于应答，不召唤而自动到来，缓慢而善于谋划。天道就如同一张广大无边的网一样，网孔虽然很稀却从不疏漏。总之，道是顺其自然而行的，不逆自然而走，也不强行。

第六，道是一种周全、和谐与平衡。道运行的宗旨是万物的和谐。“万物并（旁）作，吾以观其复也”（第 16 章），万物都在生长，我已经观察到它们返还的过程。“天之道，损有余而补不足。人之道则不然，损不足以奉有余。”（第 77 章）意思是，天的原则（或运行规律）是减少有余的补给不足的，而人的原则是减损不足的去供奉有余的。他把天道比喻为张弓射箭，弦拉高了就把它压低，低了就把它举高，拉得过满就放松一些，拉得不足就把它补充一些。道是一种和谐，“物壮则老，谓之不道，不道早已”（第 55 章）。事物太强盛了就会衰老，这叫不道（或不符合道），不符合道就会很快灭亡。

第七，道是德的基础，道决定德。老子的道是与德相联系的，《老子》一书就是由“道经”和“德经”两个部分组成的。那么，二者的关系如何呢？他说“孔德之容，惟道是从”（第21章），大德的形态是由道决定的。“前识者，道之华，而愚之首也。”（第38章）即是说，所谓“先知”不过是道的虚华，也是愚昧产生的开始。他还说：“道生之，德蓄之，物形之，势成之。”（第51章）万物由道而生，由德蓄养，由物质给以形状，由环境使之成熟。所以，“道德”是被人们所尊重、所遵守的东西。

第八，道的运动是向对立面转化的过程。这一点集中体现了老子的辩证法思想。他提出了“反者道之动”的著名命题，他说：“反者道之动也，弱者道之用也。天下之物生于有，有生于无。”（第40章）也就是说，向相反的方向转化是道的运动，保持柔弱的地位符合道的运动（弱可变强），万物从有形的物质中产生，但道生万物是从无形的东西中产生万物的。老子在很多地方表达了这一思想，如有无之相生也、难易之相成也（第2章）；五色令人目盲，五音令人耳聋（第12章）；曲则全，枉则直（第22章）；上德不德，是以有德（第38章）；贵以贱为本，高以下为基（第39章）；明道若昧，进道若退（第41章）；为学日益，为道日损（第48章）；见小曰明，守柔曰强（第52章）；祸兮福之所倚，福兮祸之所伏（第58章）；抗兵相若，哀者胜矣（第69章）；强大处下，柔弱处上（第76章）；等等。

第九，道的运动是从量变到质变的过程。老子说：“合抱之木，生于毫末；九层之台，起于累土；千里之行，始于足下。……（圣人）慎终若始，则无败事。……能辅万物之自然，而弗敢为。”（第64章）即，合抱的大树，生于细小的萌芽；九层的高台，由一堆一堆土筑起；千里的远行，是从脚下的第一步走出来的。道的运动又何尝不是如此呢？圣人快做完事情，还像开始一样慎重，所以没有办不成的事情。圣人能按道行事辅助万物生长，而不敢轻举妄动。

第十，道的运动是由弱到强的过程。老子的“道论”是为“德论”服务的，他在德上主张“清静无为”，于是道也是无为的。当然，“无为”不是归宿，“无为”是为了达到“无不为”。他把道比作水，“上善若水。水善利万物而不争，处众人之所恶，故几于道”（第8章）。最善的人如水，滋养万物而不与万物相争夺，处在人们都厌恶的低处，所以水最接近于道了。“譬道之在天下，犹川谷之于江海”（第32章），“道”存在于天下就像江海，一切河川溪流都归于它。“天下莫柔弱于水，而攻坚强者莫之能先也，以其无以易之也。水之胜刚强也，弱之胜强也。”（第80章）所以，“圣人之道，为而不争”（第81章）。可见，道的运动是由弱到强的过程，是由“无为”到“无不为”的过程。

慎观老子的“道说”，其哲学思维已远胜于古希腊哲学，有人言中国古代无真正哲学思考，岂非大谬？首先，在古希腊，当泰利士提出“水是万物本原”（我国管仲也有此论）时，其对本原的认识还只是停留在感性直观的水平，后来虽有“气、火、土”（我国有五行说）的加入，仍未克服此局限。恩培多克勒的“四根说”总结了上述思想，而“根”的思想老子早就提出了。其次，亚里士多德把哲学的研究对象视为“存在之存在”，这种思想或许是从巴曼尼德“存在是唯一的、不动的”思想中产生的，其实，老子在此之前就提出了这一思想，“道”就是永恒的、不动的，成为形而上学的研究对象。为了确定本原的神圣性，阿那克西曼德提出了本原即“无限”的说法，无限是一种无定型、无规定、不生不灭之物，这颇类似于老子讲的道。再次，在古希腊出现了一个被列宁称为“辩证法的奠基人之一”的赫拉克利特，老子的“道说”完全可以与之媲美。“道”与“逻各斯”颇相类似，二人都重视“知识”和“智慧”的不同，二人都有杰出的辩证法思想，所不同的也许仅仅是因为老子的知名度不如古希腊哲学家，这或许也夹杂了西方人的一些偏见。此外，老子的“道说”也不逊色于毕达哥拉斯的“数论”，道生万物的过程类似于数生万物的过程，数重视天体和谐，道也重视天体和谐，可谓英雄所见略同。或许老子的道也可与苏格拉底的“目的论”和“美德论”，与柏拉图的“理念论”相比拼，他的道甚至类似于新柏拉图主义讲的“太一”，就连认识道的方法也有似于认识太一的方法，而老子比“太一说”的提出者早了好几个世纪。老子往往把道与天相联系，重视所谓“天道”的权威性，这就在统治阶级之上又树立了一个衡量是非善恶的客观标准，为以后相对独立的中国（包括儒家）的价值观念的提出、树立和推行，奠定了思想基础，就连后来的农民起义都打出了“替天行道”的旗号。可见，老子的“道说”集中体现了中国人的哲学智慧，是传统哲学思维的典型代表。

顺便谈谈，老子的“道”是精神还是物质呢？不喜欢老子的唯物论者总要把老子的道归结为是一种精神，而喜欢老子的唯物论者则总要把老子的道说成是物质性的东西，甚至于干脆把道说成是自然规律，而有很多唯心论者也尽量从精神的意义上来理解老子说的道。其实，老子并没有对道的“物质”和“精神”属性有一个明确的区分，这也奠定了中国哲学思考问题的传统。在古代这种区分就是在希腊也是不可能的，苏格拉底以前的哲学是很难将其区分为唯物论和唯心论的，老子学说亦如此。所以，老子的道既不是单纯的物质，也非彻底的精神，它既包括物质也包括精神，我们宁愿相信它是物质和精神的统一体。“道”是从道路引申出来的，后亦可扩展为必然性、规律性，还可以理解为道德、规范、原则等，但无论怎样理解，其思想的深刻性也是掩盖不住的。老子之“道”开中国文化之传统、哲学之先河，影响了中国后来思想的进一步发展。

四、道吾道以及人之道

文化交流是一种碰撞，是一种相互作用和相互影响，在这种相互作用和相互影响中，正确的态度应该是“道吾道以及人之道”，即采取欣赏、共融与存异的态度，而不要彼此之间采取仇视、相斥与对抗的态度，只有如此，才能真正实现精神生活的健康发展。

今天，在各种文化的交流、碰撞、冲突和相互作用中，我们应该采取正确的态度来对待。孟子曾说“老吾老以及人之老，幼吾幼以及人之幼”，我们对待“道”又何尝不可以如此呢？对待各种不同文化的正确态度应该是：道吾道以及人之道，即欣赏、共融与存异。

（一）道解

这里所谓“道”是广义上的道，“道”可以与道德、道义、道理、方向、方法、技艺，甚至道教或某种思想体系相联系，指一种文化现象，或可理解为文化现象中最接近传统哲学的部分。“道”又往往被视为“真理”的化身，甚至被视为“绝对真理”的代名词。不同的学派有所谓不同的道，不同的道又未必绝对不同，总有值得欣赏的东西殊途同归，然后各种不同的道进行共融，在共融中搁置争议，即所谓“存异”。

“道吾道以及人之道”是说，在宣传、讲解、坚持自己的“道”时，由己推人去尊重、了解、分析、认可或虚心学习其他人所宣传、讲解、坚持的道。古人论道首推老子，老子“道经”颇为睿智，其中之一就是提出了“道可道，非常道”[①]。也就是说，可以用语言来表达出来的“道”都不是永恒的道，任何人所宣传、讲解、坚持的道都不是永恒的，都是具有相对性的。所以，“道吾道”时理应“及人之道”，只有“及人之道”时才有可能更好地“道吾道”。也只有在“及人之道”的基础之上，自己所坚持的道才更接近于“常道”。也许“常道”恰恰是指能够兼容各种“可道”之道，“可道之道”是无穷的，故“常

---

① 《道德经》第1章。

道”无法言说，好像空虚无形却作用巨大，正所谓“道冲，而用之弗盈也”[①]。

马克思主义当然也是一种“道”，它的产生是在继承和发展了前人各种“道”的基础上产生的，特别是在批判地继承了英国政治经济学、德国古典哲学和英法空想社会主义理论的基础上产生的，也正因为如此，马克思主义才具有了更大的兼容性，也才更加接近于“常道”，也才具有了更大的影响。但是，马克思主义作为一种“道”并没有穷尽真理，而是在实践的基础上不断开辟认识真理的道路，马克思主义也只是具有相对的真理性，正如毛泽东所言：“马克思主义者承认，在绝对的总的宇宙发展过程中，各个具体过程的发展都是相对的，因而在绝对真理的长河中，人们对于在各个一定发展阶段上的具体过程的认识只具有相对的真理性。”[②] 所以，在马克思主义的发展过程中，我们尽管要坚持“吾道一以贯之”[③]，同时还应坚持“道吾道以及人之道”，对其他人的“道”采取欣赏、共融和存异的态度。

（二）欣赏

欣赏本来是指对美好事物的享受，领略其中的趣味，我们这里所谓的“欣赏”则表现为对“非己之道”的一种态度。首先，欣赏是对“他人之道”的一种尊重，任何人都有“释己之道”的权利，正所谓信仰自由；其次，欣赏是一种寻求了解的态度，也许我对“别人之道”缺乏了解，经常陷于误解之中，故通过欣赏详细地去了解；再次，欣赏是一种认可，当我发现别人所长时通过欣赏表示认可，因为“三人行必有我师焉”[④]；此外，欣赏还是一种谦虚和学习，正因为谦虚才容易发现美好的东西，正因为有了美好的东西才去努力学习。

欣赏的反面则是“仇视”，仇视是指对任何“非己之道”都采取否定的态度。首先，仇视是一种蔑视，表现为对“他人之道”的无尊，甚至侮辱，听不得任何不同的声音；其次，仇视是一种无知，表现为对他人的毫无了解和没有自知之明；再次，仇视是一种霸道，表现为唯我独尊、舍我其谁的一种狂傲，似乎自己就是真理的化身；最后，仇视还是一种自负与傲慢，好为人师，不见他人所长。

当然，欣赏也不是对一切“非己之道”都采取赞赏和接受的态度，“道”有正道和偏道、主道和次道、宏道和渺道、宽道和狭道之分，故在欣赏“他人之道”时要注意区分、对比和挑选，尽量达到与正道、主道、宏道和宽道的

---

① 《道德经》第4章。

② 毛泽东选集（第一卷）［M］. 北京：人民出版社，1991：295.

③ 《论语·里仁篇》15。

④ 《论语·述而篇》22。

"共融"。

（三）共融

"共融"是指把自己的"道"和他人的"道"具有共性的东西，有机地结合与统一起来，使之能够发扬光大。在各种文化的交流、碰撞、冲突和相互作用中，只有达到"共融"才能产生出影响巨大的"道"。例如，在古希腊罗马哲学中，亚里士多德的哲学就达到了最广泛的共融，因此，他的"道"在古代也产生了最大的影响，他被马克思、恩格斯称之为古代"最博学的人"。也正因为马克思主义同整个19世纪资产阶级所创造的精神文明达到了最广泛的共融，才使之产生了无法消退的影响，乃至今天仍被广泛重视。共融是文化发展的必然趋势，即使是两种对立甚至相反的东西，也未必不可以共融。例如，我们通常讲的唯物主义和唯心主义、辩证法和形而上学也是可以共融的。①

共融的反面是"相斥"，即排斥任何"与己之道"所不同的东西，千方百计地把别人的"道"纳入自己所认可或认同的范围，似乎凡与己不同者皆为妖魔鬼怪，必欲铲除之而后快。相斥的思维是一种"非此即彼"的线性思维，相斥的态度是一种界限分明、决不相融的主观倾向，其带来的危害往往是人为所造成的伤害。

世界人民由于文化交流与融合而团结起来，而由于彼此隔阂、相斥出现分裂；世界人民由于团结统一起来，而由于分裂发生战争；世界人民由于统一成为大的家庭，而由于战争各不相让、成为仇敌。所以，共融才是世界文化发展的方向，共融是各种文化间相互作用的必然结果，共融也是不以任何人的意志为转移的客观必然趋势。然而，文化共融也非一切都可以相互融合，共融并非一切趋于同一，共融的深度和广度取决于实践需要的深度和广度，共融与否往往还是由经济利益所决定的。所以，共融应该是"和而不同"②，决不能变成单一文化，这就是"存异"。

（四）存异

"存异"是指各种文化在相互交融、相互作用中所表现出来的个性特征，存异还可以被理解为在文化共融中保留分歧、搁置争议。正因为存异才有了文化

① 林诚．谈谈"唯物论"和"唯心论"的联系［J］．天津师范大学学报2003年增刊．林诚．浅析"辩证法"和"形而上学"［J］．天津师范大学学报，2002年增刊．

② 《论语·子路》23。

的多样性，正因为存异才有了精神生活的丰富性，正因为存异也才有了绚丽多彩的画面，所谓“百家争鸣、百花齐放”无非是这种存异的生动写照。存异的原因是多方面的：有历史的原因、有经济的原因、有陌生的原因、有话语体系的原因、有文化交流中出现的误解等，这些都需要通过存异来面对。其实，存异也是由矛盾特殊性所决定的，正如德国哲学家莱布尼茨早就看到的那样，世界上没有两片完全相同的树叶。

存异不能被理解为“对抗”，即对不同文化采取敌视、彻底否定、坚决排斥的态度，对抗双方往往成为对头，成为对立起来相持不下的冤家，成为你死我活的、不共戴天的仇敌。由于对抗所采取的解决问题的方法是“消除、铲除或消灭”，有时由文化方面引起的对抗会导致对文化的毁灭（如秦始皇的烧书）、对人类文明的摧残（如资产阶级近代文明对古代文明的摧残），甚至导致对人们肉体的焚毁（如意大利人布鲁诺的悲剧）。

可见，对抗是不足取的，存异才是当今时代赋予我们的正确姿态，只有存异才能消除唯我独尊的幻想，只有存异才能体现自由和平等的进步，只有存异才能造就丰富多彩和灿烂无比的文化，正如胡锦涛所言：“亚欧双方应该弘扬平等、开放、包容的精神，提倡不同文明和谐共处、互相学习、彼此借鉴，共同为促进人类文明繁荣进步做出贡献。”①

马克思主义为之奋斗的目标是共产主义社会，共产主义社会的目的就是实现每个人全面、自由、充分的发展，这种发展当然也离不开思想文化的发展，离不开精神生活的发展，即离不开各种“道”的发展，只有“道吾道以及人之道”，即对“他人之道”采取欣赏、共融与存异的态度，才能真正实现这种发展。

结束语

毋庸置疑，道家思想是我国传统文化不可缺少的组成部分，《道德经》也是传统文化中的经典著作之一，认识、理解、挖掘《道德经》中的思想并为社会主义精神文明建设服务，是我们的重要任务之一。对传统文化采取“扬弃”的态度，运用正确的分析方法，从中探寻有意义、有价值的瑰宝，是一项非常艰巨而神圣的工作。同时，在继承和发扬古代思想文化中优良传统的同时，剔除和抛弃其中所包含的消极因素，认清其危害性，清除其不良影响，与时俱进适应新时代的发展，也是我们的光荣使命。

---

① 胡锦涛．亚欧携手　合作共赢——在第七届亚欧首脑会议开幕式上的讲话［EB/OL］．中国政府网，2008－10－24.

第五章 对中国历史的反思

引言

中国传统思想文化是有着各种“教条”的，但在各种教条中基本倾向是为了维护统治阶级的统治。其实，物质决定意识，经济基础决定上层建筑，这一点通过“井的意义”得到说明。于是，旧教条被扬弃了，代之以新的原理，新的原理逐渐成了人们新的认识问题的方法。即使是“商鞅变法”也应该辩证对待，否则，将走向“教条化”或把问题“绝对化”，也会让人质疑。人生是丰富多彩的，人生是不以任何教条为转移的，但人生也必然以这样或那样的人生态度来展现人生的画面，如何对待人生、对人生采取什么态度是因人而异的。

一、愚民策略

在我国的传统文化中，“儒、释、道”可谓三足鼎立，成为影响我国文化的重要线索，“释”是一种外来的东西，“儒”和“道”都是我国土生土长的思想和教派，它们虽然是有区别的，但在统治策略上却有一个共同点，那就是“愚民策略”。

“愚”可以理解为蠢笨、无知的意思，就是说为了更好地进行统治，让人民群众或一般老百姓处于蠢笨和无知状态，让他们没有思想和智慧，这样，你说什么就是什么，你说什么他们就信任什么，他们没有自己判断是非的能力，当然就容易进行统治了。“愚”还可以理解为说假话、进行欺骗的意思，即为了很好地进行统治，你可以编一些假话或对人民群众进行欺骗宣传，让他们相信统治阶级进行统治的合理性，让他们信以为真，不产生怀疑，不进行反抗。这样，社会就容易平静和稳定，统治者就可以为所欲为了。“策略”在这里指进行统治的计谋、谋略、方法或主张。“愚民策略”是我国统治者长期以来奉行的统治术，而这种统治方法最早就是由传统的“儒家”和“道家”等思想所提供和推行的。

《论语》中孔子提道“民可使由之，不可使知之”（《泰伯篇第八》），就是说，对于老百姓和人民群众，只能让他们按照统治者的命令去做，不要让他们知道或了解为什么这样做。他一方面主张“使民以时”（《学而篇第一》），不要让老百姓耽误了农时，该种地的时候一定要让他们去种地；另一方面又主张“耕也，馁在其中矣；学也，禄在其中矣”（《卫灵公篇第十五》），就是说，种地和耕田是免不了要饿肚子的，只有读书学习才能升官发财，“禄”指做官的俸禄。他认为，统治者是有智慧的，人民群众或老百姓则是愚蠢的，对他们进行愚弄是应该的，还论证说：“唯上知与下愚不移”（《阳货篇第十七》），即有智慧的上层统治者和下层那些卑贱愚蠢的人，是由先天决定的，是不可改变的。当他的弟子樊迟向他请教务农的知识时，他很轻蔑地说：“小人哉，樊须也!”（《子路篇第十三》）因为在他的眼里种地、种菜那些农活，是愚蠢的老百姓做的事情，想成为统治者是不应该去做那些没出息的农活的。孔子极力推行“礼”，重要的目的之一就是“上好礼则民易使也”（《宪问篇第十四》），就是说统治者推行“礼”，老百姓就容易被使唤了。难怪鲁迅在《且介亭杂文二集·在现代中国的孔夫子》中曾经评论说：“孔夫子曾经计划过出色的治国的方法，但那都是为了治民众者，即权势者设想的方法，为民众本身的，却一点也没有。”

再看看《道德经》：老子说“不尚贤，使民不争。……是以圣人之治：虚其心，实其腹，弱其志，强其骨。常使民无知无欲，使夫智者不敢为也。”（第三章）意思是说，不尊崇贤能之人，不要让老百姓争名夺利。……因此圣人进行统治的方法是：让老百姓的思想成为空白，填饱他们的肚子，削弱他们的志向，使他们的身体健壮。要经常使老百姓没有知识或智慧，没有各种欲望，以至于使那些有才智的人也不敢随意妄为。老子甚至主张“绝圣弃智，民利百倍”，（第十九章）就是说，抛弃聪明才智，老百姓会得到百倍的利益或好处。具体的的办法是：“见素抱扑，少私寡欲，绝学无忧。”（第十九章）即指保持纯洁朴素的本性，减少私欲杂念，抛弃各种学问不进行思考，于是就没有什么忧患了。老子还说：“古之善为道者，非以明民，将以愚之。民之难治，以其智多。故以智治国，国之贼；不以智治国，国之福。”（第六十五章）也就是说，古来善于按“道”进行统治的人，并不是让老百姓有聪明才智，而是使他们变得愚蠢。老百姓难以治理，就是因为他们的智慧太多造成的。所以，用智慧治理国家，是国家的灾难；不用智慧治理国家，才是国家的幸福。

可见，我国传统的“儒家”和“道家”思想，在鼓吹“愚民策略”这个问题上是有共同点的，我们在批判地继承这些传统思想的同时，必须看到其局限性，否则就会重蹈历史的覆辙，被这些思想表面的光环所欺骗、所愚弄。

二、孔子的“八不吃”

在《论语·乡党篇第十》中有一段话，描写了孔子的“八不吃”，从中我们可以窥视孔子：孔子在吃上是“食不厌精，脍不厌细”。

第一，“食饐而饲，鱼馁而肉败，不食”：食物放久了变味了，鱼和肉不新鲜了，不吃。

第二，“色恶，不食”：食物的颜色变坏了，不吃。

第三，“臭恶，不食”：有馊臭味的食物，不吃。

第四，“失饪，不食”：烹调不当，不吃。

第五，“不时，不食”：不是新鲜的食物，不吃。

第六，“割不正，不食”：食物（如肉类）切得不方正，不吃。

第七，“不得其酱，不食”：作料放得不适当，不吃。

第八，“沽酒市脯，不食”：从市上买来的酒和肉，不吃。

这段描写可谓非常详细，现在分析起来这些习惯既不能完全接受，也不能全盘否定，应该具体问题具体分析。

前“三不吃”是很有道理的，食物放久了会腐烂的，有馊臭味的鱼和肉是不能吃的，这符合养生学。孔子曾说“肉虽多，不使胜食气；唯酒无量，不及乱；不撤姜食，不多食”，是说席上的肉虽多，但吃得不超过米面的量；只有酒没有限制，但不喝醉；每餐必有姜，但不多吃。这些都是我们后人应该加以借鉴的。

第四、第五、第七、第八种“不吃”就有点“过”了。“过”是指过于挑剔的意思，当然，这也应根据条件而定，有条件的时候是可以这样做的，孔子就具备这样的条件，特别是他在鲁国做官的时候，完全具备这样的条件。但大家如果都学着孔子的样子，像一个官老爷一样，这也不吃，那也不吃，挑三拣四的，就有“臭讲究”之嫌了。即使有条件的人，去人家做客，也应尽量“客随主便”，不是原则问题，尽量减少挑剔。当然，一个人如果连饭都吃不饱时，就更没有条件这样讲究了。

最有意思的就是“第六不吃”：肉切得不方正不吃，这一点集中反映了孔子“礼”的思想，吃的时候也是要讲“礼”的。其实，重“礼”是孔子的一贯做法，如“食不语，寝不言”“席不正，不坐”“乡人饮酒，仗者出，斯出矣”，等等。对孔子“礼”的思想，要做具体分析，他宣传的一套“礼教”在后人的演化下成为封建社会束缚人的枷锁，许多人成了这种礼教的牺牲品。其实，孔子想恢复的是奴隶社会的“礼制”，他要“兴灭国，继绝世，举逸民”（《尧曰篇第二十》），主张恢复被消灭了的国家，扶持断掉的贵族爵位，起用没落的士大夫。他认为“克己复礼为仁”，让人们“非礼勿视，非礼勿听，非礼勿言，非礼勿动”（《颜渊篇第十二》），指责管仲“不知礼”，指责鲁国当时新兴地主阶级代表孟孙氏、叔孙氏、季孙氏“越礼”，并愤慨地喊道“是可忍也，孰不可忍也”（《八佾篇第三》）。可见，他把这件事看得何等重要。

这“第六不吃”是最应该反对和批判的，因为它已经超出了营养学的范畴，是和身体健康无关的东西。至于他所标榜的“礼”也不一定都是正确的，但凡事又都是讲究规矩的。俗话说“无规矩不成方圆”，孔子的“礼”也不是一无是处，如他的“乡人饮酒，仗者出，斯出矣”就符合我们现在“尊老爱幼”的美德，所以，如何挖掘其中好的东西为今天所用，找到古今美德传承的契合点，又是我们的使命。

三、井的意义

据说古代社会有个漫长的氏族部落时期，人们改造自然的能力低下，只好尽可能地利用自然条件过群居生活。当时的人们为了饮水只能沿河而居，并随着自然条件的改变而不断迁徙。

自从发明了“井”，人们才渐渐定居下来，并利用井来灌溉土地进行播种，于是出现了“井田制”。有了井，人们才过上了定居和稳定的生活，后来，居民按区域划分代替了血缘关系，出现了国家。有了国家，才有了国家的军队、制度、文化、道德等，也就有了井井有条的国家秩序。

不同地区的人们守井定居，各不相扰，自己生活在自己的国家，于是，又出现了各个国家“井水不犯河水”的国家利益。然而，相邻国家的竞争是激烈的，看不到别国的发展、看不到别国的改革、看不到别国的进步，就会成为落后挨打的“井”底之蛙，最终被别国吞并。

但是，统一是历史的趋势，井的发展和延伸就成了渠，有了渠的国家才具备了统一天下的条件。统一以后的国家，又出现了更高级的权力机构、社会制度、文化传承、道德规范等。

可见，一口井的发明和使用，远胜于古代所有的道德说教。从历史上看，火的问世、电的出现、计算机使用不都取得过如此巨大的作用吗？所以，我们在社会发展中，应该更多地重视什么呢？

四、商鞅变法是秦朝灭亡的重要原因之一

过去是现在的财富，读史可以鉴今，战国时期的商鞅变法使秦国走上了强盛之路，这大概是公认的史实。然而，以哲学思维来分析，商鞅变法又何尝不是秦朝灭亡的原因之一呢？

（一）

公元前476年我国进入了战国时期。战国初期的秦国封建领主的势力非常强大，当时“君臣废法而服私，是以国乱，兵弱而主卑”。尽管秦国也实行了“初租禾”（公元前408年），使实物地租取代了力役地租，商业交换也开始活跃（公元前378年“初行为市”），但是，秦国和其他国家相比仍然非常落后，往往被各国以“夷狄遇之”，外交地位低下，并经常受到楚国、魏国的侵扰。当齐威王称霸中原之时，各国纷纷朝贺，只有秦国被视为“西戎”蛮国而少有往来。

公元前361年，秦孝公即位，他下令求贤，奋发图强，不吝重赏，决心改变旧貌。于是，引来了卫人公孙鞅，实行变法，因公孙鞅变法有功被封于商，故又叫商鞅。商鞅变法的主要内容包括以下几个方面。

第一，确保社会安定，实行连坐法。公元前356年，商鞅“令民为什伍而相收司连坐，不告奸者腰斩”“匿奸者与降敌同罚”。后来，又禁止家人“同室内息”，使父子、男女有别。此外，还“平斗甬、权衡、丈尺”，统一度量衡。商鞅将全国的小都、乡、邑集合成四十一县，县置令、丞，破坏了旧贵族的封邑，加强了国家的集权。

第二，鼓励农业生产。商鞅之法规定：农民“致粟帛多者”可免除徭役或租税，不努力耕作或弃本逐末者，全家被罚为奴隶。而且，凡有二子以上不分家者“倍其赋”。后来，又废井田，开阡陌，允许土地买卖，承认土地私有权，为封建经济的发展铺平道路。

第三，避私斗，奖励战功。按军功大小取得贵族爵位，按贵族爵位高低分配田宅，无军功者不可得爵，私斗者受罚。有了军功即使是奴隶也可以得到解放，没有军功即使是过去的贵族也只能享受平民待遇。这就为提高军队的战斗力、扫灭六国奠定了军事基础。

商鞅变法以后，秦国很快就社会稳定，生产力发展，军队强盛，秦民“勇于公战，怯于私斗，乡邑大治”。在对外战争中，秦国多次打败魏国，甚至攻占了魏国的都城，名声大振。不久，周天王送礼给秦孝公，封为“方伯”（一方诸侯领袖），各国纷纷前来祝贺，秦国成为当时最强大的国家。尽管秦惠王即位以后除掉了商鞅，但变法的成果被沿袭下来，成为后来秦朝建立第一个封建集权国家政治制度的基础。

（二）

经过不到150年的征伐、兼并，秦国于公元前221年统一了中国，建立了中国历史上第一个高度集权的封建专制国家。秦朝封建专制制度的产生，是在商鞅变法的基础上出现的，实际上是商鞅变法后所形成的政治制度的延续、扩大、巩固和发展。具体表现如下。

第一，废分封，推行郡县制度。公元前221年，秦始皇接受了李斯的建议全面推行郡县制度，建立了一整套与之相适应的行政机构，中央有丞相、太尉、御史大夫、诸卿等，郡县设守、尉、监、令或长等进行管理或统治。

第二，加强了“户籍相伍”制度。这是以“告奸”为目的的连坐法的延续。公元前231年“初令男子书年”，公元前216年“使黔首自实田”。（《史记·秦始皇本纪》）这样，农民户籍中多了年纪和土地占有情况，既便于政治统治又便于征发赋税兵徭。后来，户籍制度成为封建国家“庶事之所自出”（徐乾《中论·名数篇》）的一项重要制度。

第三，统一度量衡、货币和文字。秦始皇用商鞅时制定的度量衡标准器，统一了全国的度量衡；他还废止各国旧币，改以黄金为上币，以铜钱为下币，把全国的货币统一起来。李斯则受命统一文字，以秦国文字为基础制定小篆，并写成范本在全国推行。

第四，焚书坑儒，加强思想控制。公元前213年，秦始皇接受了李斯的建议并下令："史官非《秦纪》皆烧之；非博士官职所职，天下敢有藏《诗》、《书》、百家语者，悉诣守、尉杂烧之；有敢偶语《诗》《书》者弃市；吏见知不举者同罪；令下三十日不烧，黥为城旦；所不去者医药卜筮种树之书；若欲有学法令者，以吏为师。"第二年，秦始皇坑杀儒士476人，杜绝了言论自由。

第五，大兴土木徭役，暴敛田租赋税，不断扩大战争。在秦统一后的十几年中，秦始皇为了维持一个庞大的官僚机构，大大增加了租赋力役的征发力度。据《汉书·食货志》记载：当时"力役三十倍于古，田租口赋盐铁之利二十倍于古"，服兵役者占壮年三分之一以上，出现了"男子力耕，不足粮饷，女子纺绩，不足衣服，竭天下之资财以奉其政"的严重局面。

从以上情况不难发现，商鞅变法以后所形成的政治制度在秦朝建立的过程中，得到了充分体现并发展到极端。商鞅变法的基本精神之一是奖励耕战，这在秦国统一六国的过程中起到了积极作用。但是，秦朝建立以后战争仍然没有结束，秦始皇派大将蒙恬抗击匈奴，甚至把自己的长子也派去戍边。"耕"应该养"战"，"战"应该促"耕"，最后难以完成这一任务，只好以横征暴敛和暴虐统治取而代之。商鞅变法的基本精神之二，是加强中央集权和进行思想控制。当时的商鞅之法只可遵从，不可妄议，妄议者罪罚。为了进行集权统治，商鞅制定了连坐法，还采取了禁止"同室内息"、统一度量衡，以及设小都、乡、邑、县等办法。这些在秦朝建立以后几乎都被继承，而且，有所加强乃至走向更极端的道路。秦朝建立以后筑长城、盖宫殿、焚书坑儒、实行户籍相伍制度、迁徙六国贵族、统一度量衡、货币和文字等，都是围绕这一目的展开的。商鞅变法的基本精神之三是残酷的刑罚。商鞅之法视人为草芥，动辄砍头，违即斩首，还制造了各种恐怖的死法，至于刺面、挖鼻、消足等就更不在话下。秦朝建立以后则有过之而无不及。秦二世统治时期，农民的生活是"衣牛马之衣，食犬彘之食"，秦二世则以"税民深者为明吏，杀人众者为忠臣"。(《史记·李斯列传》)其实，"秦皇帝身在之时天下已坏矣，而弗自知也"(《汉书·贾山传》)。

这样的秦朝岂能不灭，这样的国家岂能不亡？商鞅自己的死大概就是秦朝灭亡的缩影，创盖世之功，自己却倾刻灰飞烟灭。秦国兴于法，而秦朝灭于法，这就是历史的辩证法。由此可见，得于所失，失于所得，古今中外，几成定律。故于所得窥其所失，于所失汲取所得，乃是至理。

（三）

那么，我们从“商鞅变法”中能够吸取什么样的经验教训呢？我们从秦朝的灭亡中又能够得到什么样的启示呢？

首先，“法治”必须与“德治”相结合。汉朝政治家贾谊写过一篇著名的《过秦论》，认为秦朝灭亡是“仁义不施”的结果，这是有道理的。商鞅变法之时就有“礼法”之争，商鞅不循旧礼而使变法成功。他说：“治世不一道，便国不法古”，“汤武之王也，不循古而兴；殷夏之灭也，不易礼而亡”（《商君书·变法》）。这在当时适应了小国寡民、偏安一隅的秦国的发展趋势，因为内有豪族，外有强敌，社会动荡，百姓求安。但是，随着秦朝的建立，这种重法而轻礼、重霸道而轻王道、重强力而轻德政、“仁义不施”的思想和作为，又为秦朝的灭亡创造了条件。商鞅之法重刑罚而轻仁政，到了秦始皇则发展成暴政，以残暴的刑罚来辅佐个人的集权、专制，天下人皆为奴隶。暴政猛于虎也，恐怖的统治必然会被推翻，这是历史的教训。孔子主张复礼，当时不合时宜，却成了后世统治之基；汉朝通过“无为而治”而走向“尊孔、尊儒”的道路绝不是偶然的，这是吸取了秦朝灭亡的经验教训以后所做出的必然选择。当然，汉朝并没有完全抛弃商鞅变法以来在秦朝所形成的个人集权的专制制度，而是对这种制度进行“扬弃”。今天我们讲的“依法治国”和“以德治国”也要结合，但是，它们已经有了与封建社会根本不同的内容。

其次，“法治”必须与“民主”相结合。民主是一种与专制相对立的政治制度，主要是公民一起参与政治活动，在阶级社会则表现为统治阶级内部各个成员的政治参与。但是，中国古代“族同国体”“家国同构”，根本谈不上公民的政治参与，即没有“民主”；于是，中国不可能有真正意义上的“法治”。在这种条件下，“商鞅变法”无非是为最高统治者提供了一套用“法”来治理国家的办法；而“德治”又无非是另一些人为最高统治者提供的另一套以“德”来治理国家的办法而已。两者都服务于封建皇权和个人专制，其实没有本质的区别。在这种制度下，真正的立法者和执法人实际上只有国王或皇帝一人，他可以凭借自己的喜怒哀乐进行统治。商鞅变法的成功得益于这种制度，而他自己的死又是这种制度的牺牲品。所以，无民主亦无法治，无法治则“法制”就缺乏了合理性、合法性和现代性。目前我国所提出的“依法治国”，必须建立在民主的基础上，否则与封建社会的所谓“法治”无异。民主既是现代世界发展的趋势，也是社会主义的本质要求，缺乏民主就不可能有法治，民主必须制度化、法律化。让封建社会的“法治”或“德治”见鬼去吧！我们拥抱的是社会主义民主。

再次，“法治”要顺势而为，与时俱进。所谓“顺势而为”是指，法治要适应时代的发展需要，特别是适应生产力的发展要求；所谓“与时俱进”则是指，法治还要随着时代的发展而发展。商鞅变法在当时适应了秦国的发展需要，也适应了以小农经济为基础的发展要求，因此，能够取得成功。但是，秦朝建立以后的暴政，却不能再适应时代的需要，特别是阻碍了生产的发展，因此走向了灭亡。当社会需要“去旧礼”而“立新法”的时候，商鞅顺势而为取得了成功；而当社会需要“仁政、爱民、德辅”的时候，秦朝不能与时俱进则自取灭亡。目前，“依法治国”被写入《宪法》并成为我国一项基本国策，我们要建立和不断完善适应社会主义市场经济发展的法律体系，建设有中国特色的社会主义民主和法制。因为社会主义民主和法制没有统一的模式，它是一种全新的事业，是与封建社会的专制制度根本对立的，所以，我们要坚持人民民主专政和中国共产党领导的前提下，从中国社会主义初级阶段的实际出发，充分发挥人民群众的主体作用，有秩序、有步骤地推进我国的社会主义法制建设，尽快把我国建设成为社会主义的法治国家。

五、人生三种态度

在人的一生中，不同的人经历同样的事情会出现三种不同的态度，当然，也会造成三种不同的结果。这三种态度可以叫做“消极人生”“积极人生”“中和人生”。我们姑且举例说明：甲、乙、丙三个人同时遇上一些事情后的反应。

（一）丢钱

他们身上带有100元钱，不小心丢了50元钱。

1. 甲：“真倒霉，我今天见鬼了。早知道丢钱我就不出门了。”然后，在家里动不动就同妻子发脾气，看孩子也不顺眼找茬呵斥，晚上用酒浇愁，唉声叹气。

2. 乙：“哈哈，我今天带了100元钱，才丢了一半，没全报销，谢谢老天爷！”于是，一切照旧很快忘记了丢钱的事情，回到家里像往常一样同妻子调笑，与孩子亲热，并用剩下的50元买了零食，一家三口一边吃一边一起看电视好快乐。

3. 丙："可惜，今天不小心丢了钱，还好没全丢，下次出门要小心点。"回家后向妻子坦白了丢钱的事情，一方面是埋怨和自责，另一方面是安慰和反省。这一天，就在既忧愁又庆幸中度过。

（二）脱靶

他们在射击比赛中稳稳地超过对手，到最后一枪时领先第二名5环，就在射最后一发子弹时脱靶，使唾手可得的金牌旁落他人，自己连第三名都没有得到。

1. 甲："老天对我太不公了，这样的结果真无法接受，凭什么遇到这样的事情?"于是，整天唉声叹气，忧愁、无奈、沮丧，自那以后躲进了自己的堡垒中，不愿意见人，怕人嘲笑，性格越来越内向，发誓再也不参加可恶的射击比赛了。

2. 乙："奇怪，怎么会脱靶？没什么了不起的，不过是一场比赛而已，下次再来。"于是，主动拥抱了成绩好的对手，并向妻子幽默地说："早知道脱靶后你这样关心我，下次我还愿意脱靶。"这件事不但没有影响他的情绪，反而更使他享受了家人的关怀。下次比赛照样参加，照样脱靶，照样乐观地准备第三次比赛。

3. 丙："怎么会这样呢？看来我还有欠缺的地方，以后要好好总结经验教训。"比赛结束后，认真总结经验教训，而且接受了别人的建议，去看心理医生，锻炼自己在大赛期间如何来调整自己的心情，应对来自各个方面的心理压力，盼望着下一次取得好的成绩。丙就这样在既有遗憾又有不甘、既有失落又有信心和自我激励中迎来了下一次的比赛。

（三）婚变

由于长期以来夫妻双方不和，出现矛盾，进而离婚。

1. 甲："我怎么会遇上这么没良心的人，坏事为什么都让我赶上了?"于是，天天怨天尤人，把仇恨当成了自己的生活内容，天天生活在过去的影子中。一方面想着自己曾经的付出，另一方面又愤恨着对方的丑恶，并想方设法找机会进行报复，至少让对方名誉扫地。

2. 乙："感谢伤害我的人使我成熟，也庆幸我的生活有了新的开始。"于是，他把曾经的经历当成财富，很大度地宽容了对方的伤害，并在分割财产时尽量照顾到对方的利益。在以后同他人的交往中，他知道了自己需要什么样的人，也明白了如何经营自己的家庭，很快寻找了新的生活伴侣。

3. 丙："婚姻失败，说明我总有不成功的地方。"于是，进行不断反思，如果主要是自己的过错就尽可能去弥补，尽可能让对方原谅，争取复婚，做到"浪子回头金不换。"如果主要是对方的过错，就考察还有没有可能去宽恕或原谅，没有可能就好离好散，不失为朋友，并祝福对方过得更好。

我们可以把甲称为"消极人生者"，把乙称为"积极人生者"，把丙称为"中和人生者"。在甲的眼中，世界是黑暗的，简直暗无天日；在乙的眼中，世界是光明的，到处充满阳光；在丙的眼中，世界是双重的，既有黑暗又有阳光，一切都很复杂。前两种人或许感情色彩更浓厚一些，而最后一种人或许理性成分更多一些。这就是我们经常会遇到的三种不同的人生态度，它会给我们的生活带来三种不同甚至是截然相反的结果。不知道你想做一个什么样的人呢？

六、学会说谎

说谎是一门艺术，生活的艺术。尽管生活是不幸的，但我们仍然可以把它"说"成是美好的；尽管事实是残酷的，我们仍然可以通过谎言去面对和平息。人类的美好、个人的幸福有多少不是建立在谎言的基础上呢？

人类需要说谎，使生活充满了光明和希望，于是，我们创造出"圣人、神仙、上帝"，让他们给我们生活的启示；个人也需要说谎，给自己的生活带来慰藉和动力，于是，我们暂时忘记了不幸、烦恼和痛苦，使自己走向浪漫、美好和乐趣。

文学家、艺术家就是最善于说谎的人，但他们给我们带来了欢乐，给我们带来了美好和善良。不要把生活看透，给自己留点梦想，适当骗骗自己，使人生充满意义。人生也许是不幸的，而我们一定要带着期望离去！

当然，说谎也要有个限度，善良的谎言不是欺骗，而恶意的谎言则成罪恶，恶意的谎言不仅为道德所不耻，而且充满着人间的虚伪和丑陋。两种谎言的区别要从动机和效果来确定，要从出发点和发挥的作用来考察。

总之，我们要学会说谎，说谎是一门艺术，生活的艺术。

结束语

传统思想文化树立了一定"教条"，但教条随着社会发展是被不断打破的，代之以新的更合理的教条，这就是所谓"扬弃"。扬弃的过程也是思想文化发展的过程，思想文化的发展过程也是对生活进行折射的过程，生活本身既遵循一定的教条，又不断扬弃教条，既树立一定的规则，又随着时代的变化不断打破一定的规则，这就是现实的本性，也是思想文化的本性，当然也是哲学的本性。中国的思想文化和西方的思想文化都属于人类精神生活的结果，在结果中找出优秀的东西加以发扬光大，就会成为思想文化的结晶。我们在考察了中国传统文化以后，不妨对比一下西方文化特别是西方哲学给我们提供了哪些“教益”，哲学是反映时代精神的，任何真正的哲学都是时代精神的精华，西方哲学也应该成为西方思想文化的精华。

第六章　西方哲学的教益

引言

中国的思想和现实是不断树立并遵循一定教条的，尽管它也不断地打破一定的教条。西方哲学也不例外，西方哲学本身也是不断地树立各种教条的，这些教条留给了人们很大的教益。也许各个时代、各个流派的基本观点是不尽相同，甚至是矛盾的，但无论什么思想或流派，只要能流传下来，能够被某些人接受，总是有一些道理和合理性的。本章对西方哲学中比较重要的人物或流派进行介绍，进一步了解其是如何树立教条的，并从中具体感受给我们带来的启发和教益。这些教条今天看来，有些确是过时了，有些正在被扬弃，但其历史意义不容忽视。对现代西方哲学影响比较大的古代哲学家中，普罗泰戈拉无疑是重要的一位，他所树立的教条是不可以不了解的；古代的“原子论”以自身的“思维方式”的变化，给我们展现了教条被“扬弃”的过程；18 世纪法国哲学对唯物主义的贡献，至今还在影响着我们，教条变成教益，教益成为方法；而叔本华以自己独特的视角影响了整个现代西方哲学的发展。最彻底的教条无异于对宗教的信仰，而信仰宗教也是有深刻原因的。尽管还有许多重要人物或流派没有得到揭示和说明，能够一定程度说明问题也就作罢了，毕竟时间、空间有限。

一、略谈“人是万物的尺度”

古希腊、罗马哲学的发展，有一个转折时期，即由从侧重研究自然界，到侧重研究人和人类社会的转变。促使完成这种转变的是“智者学派”，其中，智者学派的首领普罗泰戈拉是一个关键人物。本文通过对普罗泰戈拉一个哲学命题的分析，来进一步说明他在这一哲学转变中所起的重要作用和意义。

古希腊是欧洲文明的发祥地，仅就哲学而论，也是欧洲哲学发展的源泉。古希腊哲学发展经历了一个从侧重研究自然界，到侧重研究人和人类社会的转变时期。处在这个转变时期，并且促进了这个转变时期早日实现的，有一位著名的哲学家，他就是普罗泰戈拉。普罗泰戈拉是公元前5世纪，在古希腊出现的“智者派”的首领。长期以来，人们对“智者运动”没有给以足够的重视，没有认识到这一运动在上述哲学转变时期所发挥的巨大作用。当然，对智者运动的首领普罗泰戈拉哲学思想的认识，也就估计不足了。本文仅就普罗泰戈拉的一个哲学命题，进行一番粗浅的解释。

“人是万物的尺度，是存在的事物存在的尺度，也是不存在的事物不存在的尺度。”① 这是普罗泰戈拉的一句名言，这个命题总结了他的哲学、政治、法律、伦理等各种思想，是他一生中全部理论和实践的最高概括。所以，了解这一命题，并且加以历史地评价，对我们理解古希腊哲学的发展有着重大的意义。

（一）命题的含义

认识这一命题，我们必须弄清楚“人、万物、尺度”这几个概念的含义，而要弄清这几个概念，我们还要分析一下古希腊哲学家对一般和个别关系的认识。

“一般”和“个别”的关系问题，是哲学史上的一个重要问题。在普罗泰戈拉以前，人们往往把“个别—特殊——一般”相混同，甚至把他们看成是一个东西。例如，古希腊最早的哲学家泰利士，就把“水”作为一般原则来说明一切事物；赫拉克利特则把“火”的运动规律，看成是事物的一般运动规律；尽管毕泰戈拉的“数”是抽象的，但有时“数”又指具体事物；尽管巴门尼德把“存在”看成是唯一的抽象原则，但又说存在是球体；等等。以后的“种子论”和“原子论”，又把物质世界的特殊性质——结构性，看成是万物存在的一般性质。在这里，他们都试图用具体说明抽象，以个别代替一般，从根本上混淆了一般和个别的区别。

从普罗泰戈拉以后，人们才开始对个别和一般的关系做认真的研究，但是，这种研究是很不够的。例如，苏格拉底、柏拉图开始区分“个体”和“种属”的关系；亚里士多德虽然深入探讨了这个问题，但还是没有正确解决二者的关系，他说：“‘一人’与‘人’是同一物……‘一现存的人’实际于‘现存的

① 北大哲学系编译．古希腊罗马哲学［M］．北京：商务印书馆，1961：138.

人’并未增益任何事物。”① 可见，从总体上看，古希腊哲学家并没有正确理解一般和个别的关系问题。

普罗泰戈拉生长在这样的时代，他是不可能认识到个别和一般的区别的。所以，“人是万物的尺度”中讲的“人”可以有三种解释，即“个人”“群体”“人类”。作为认识的主体的“个人”可以理解为个人的感觉；“群体”可以理解为某派人的观点；“人类”则可以看成是人类的普遍思维。所以，把“人”仅仅理解为“个人”，仅仅理解为个人的“感觉”，是很不全面的。同样，“万物”也绝不仅仅指“具体事物”，包括事物的抽象本质和各种属性，如善恶、好坏、美丑等，有些性质只靠感觉是不能认识的。“尺度”也有同样的问题，尺度既可以看成是“具体标准”，又可以看成是“规律”或“真理”，即认识的普遍标准。总之，“人是万物的尺度”是一个很含混、不确定的命题，但这并不妨碍它表达了深刻的思想。这一命题对当时古希腊哲学的发展，起到了积极的作用。

（二）命题的积极意义

这个命题包含了丰富的思想，它的积极意义是多方面的，我们重点分析三个方面。

首先，从思维方法上看，这个命题第一次改变了早期自然哲学的研究方向，为人们提供了新的思维方法。

所谓早期自然哲学，就是指他们把自然界作为自己的主要研究对象，重视对“客体”的研究。早期自然哲学家有一个重要的特点，就是他们都重视对世界“本原”的探讨，重视万事万物产生的最高原因。简言之，就是重视哲学上所讲的“本体论”。他们都认为自己找到了这个“本原”和“最高原因”，都试图把自己的理论说成是对自然界的正确认识，然而，事实证明哪一种说法都是不全面的，它们都是建立在直观和猜测的基础上，缺乏严密的科学性。所以，都不能真正解决所谓世界的本原问题。

“人是万物的尺度”这一命题看到了这样一个事实，即无论哪种观点都是“某个人”或“某派人”的观点，无论哪种“本原”都是“某个人”或“某派人”用来说明万物的“标准”。如果脱离认识的主体去单纯地研究认识的客体，或脱离人去单纯地研究自然界，是很难说明问题的。普罗泰戈拉说：“事物对于你就是它向你呈现的样子，对于我就是向我呈现的样子，而你和我都是人。”②

---

① 亚里士多德．形而上学［M］．吴寿彭，译．北京：商务印书馆，1959：57－58.

② 北大哲学系编译．古希腊罗马哲学［M］．北京：商务印书馆，1961：133.

可见，哲学的重点不仅仅在于研究自然界，更重要的应该是研究人和人类社会，这个命题标志着古希腊早期自然哲学的终结。

"人是万物的尺度"这个命题，为人们提供了这样一个新的思维方法，即研究客体应该联系主体去研究，认识自然界应该联系人和人类社会去认识。黑格尔说："普罗泰戈拉宣称'人是万物的尺度'，就其真正意义说，这是一句伟大的话"，"主体是能动的，是规定者……这是一个伟大的命题"①。尽管黑格尔是从唯心主义立场出发来评价普罗泰戈拉的，但这种评价基本上是正确的。这个命题为古希腊哲学的发展开辟了新的领域，后来苏格拉底、柏拉图和亚里士多德正是沿着这个领域走下去的，这个命题在古希腊哲学的转变过程中起到了积极的作用。

其次，从认识论上看，这个命题正确地揭示了感觉、认识及事物本身的相对性和条件性，打击了绝对主义和独断论。

所谓绝对主义，就是片面地夸大事物的相对静止，否认运动的存在。什么是独断论呢？黑格尔说："独断论哲学是这样一种哲学，他树立一个特定的原则，一个标准，并且只树立这样一个原则。"② 早期的自然哲学往往是独断论的哲学，他们只树立"自己的"原则，反对其他任何原则。例如，赫拉克利特只强调"变"的原则，看不到事物相对静止的方面，他说："善与恶是一回事"，"上升的路和下降的路是同一条路"，"不死的是有死的，有死的是不死的"③等，他的学生克拉底鲁甚至拒绝给事物起名称。巴门尼德则只强调事物的"静止"原则，根本否定了事物的运动，他认为："'存在'是一，并且自己包含着自己，并无运动的余地"④，他的学生芝诺甚至论证了"飞失"是不动的。看起来两种哲学各持一端，各自强调一个方面，但实际上都是一种独断的哲学，后者又是绝对主义的。

"人是万物的尺度"这一命题，击中了独断论哲学的要害，否定了绝对不变的唯一标准。普罗泰戈拉不仅论述了感觉、认识的相对性，如"事物对于你就是它向你呈现的样子，于我就是它向我呈现的样子"，而且，还论述了事物本身的相对性，他说："我知道许多东西——肉、酒、药物和上万种别的事物，有的

---

① 黑格尔．哲学史讲演录（第2卷）［M］．贺麟，王太庆，翻译．北京：商务印书馆，1960：27—28.

② 黑格尔．哲学史讲演录（第3卷）［M］．贺麟，王太庆，翻译．北京：商务印书馆，1960：6—7.

③ 北大哲学系编译．古希腊罗马哲学［M］．北京：商务印书馆，1961：24.

④ 北大哲学系编译．古希腊罗马哲学［M］．北京：商务印书馆，1961：49.

对人有利；有的对人既无利亦无不利，只对马有利；有的只对牛有利，有的仅对狗有利；有的对动物无利，仅对树木有利；有的（例如肥料）有利于树根，却无利于树枝，……”① 这样的例子还能举出很多。这些虽然不是普罗泰戈拉的著作残篇，但多少说明他已经对事物本身的相对性有了相当深刻的认识。据记载，“普罗泰戈拉第一个主张每一个问题都有两个相互对立的方面，甚至用这种方式进行论证。……他也是第一个采取所谓苏格拉底的讨论方法的人”②。

“人是万物的尺度”这一命题，体现了一个基本精神，即它不承认任何神圣的和绝对不变的东西，不承认任何神圣的标准。普罗泰戈拉说：“我认为不管什么只有当其为一个国家所接受的时候才对那个国家来说是对的和可取的，只有当这些东西在特殊情形下对这个国家不好了，智者才用别的好东西来代替它们。”③ 这个命题对辩证法的产生和发展，起到了不可忽视的作用，在人类认识史上是有一定地位的。

再次，从历史观上看，这个命题第一次突出了人的地位，包含了“人本主义”的思想萌芽，打击了“唯神史观”。

早期的自然哲学往往把自己的理论同“神”联系起来，用“神”来解释整个世界的发展。例如，泰利士就把“水”说成神；赫拉克利特有时把“逻各斯”比喻为神；恩培多克勒的“爱恨说”和阿那克萨戈拉的“奴斯说”也有很强烈的神秘色彩；至于具有唯心主义倾向的“数”的理论和关于“存在”的理论就更不用说了。人们往往把“神”看成是一切事物的决定者，这也反映了哲学刚刚从神话传说中脱离出来的不彻底性。

“人是万物的尺度”这一命题，第一次公开抬高人的地位，把“神”降低到人以下的次要地位上。普罗泰戈拉说：“至于神，我既不知道他们是否存在，也不知道他们像什么东西，有许多东西是我们认识不到的；问题是晦涩的，人生是短促的。”④ 传说，他正是因为在《论神》中宣读了上面的一段话，而被逐出雅典的。普罗泰戈拉虽然还不是一个无神论者，但他的话在当时起到了“解放思想”的重大作用，事实上沉重地打击了“唯神史观”。

这个命题不仅体现着对“神”的否定，而且还体现着它把国家、法律、道德等理解为“人为约定”的产物。普罗泰戈拉说：“所谓正义与非正义，荣誉与

---

① 柏拉图．普罗泰戈拉：334A—C［M］．北京：商务印书馆．

② 北大哲学系编译．古希腊罗马哲学［M］．北京：商务印书馆，1961：125.

③ 柏拉图．泰阿泰德：167C［M］．北京：商务印书馆．

④ 北大哲学系编译．古希腊罗马哲学［M］．北京：商务印书馆，1961：138.

可耻，虔诚与亵渎，事实上是法律使然的，是各个城邦自己这样看的”①，“凡一国视为公平正义者，只要它信以为然，那就是公平正义的”②。这种观点后来在伊壁鸠鲁、卢克莱修等人那里得到了进一步的发展，对近代资产阶级哲学的产生起到了深远的影响。可见，“人是万物的尺度”这一命题，在打击了“唯神史观”的同时，还包含着“人本主义”的思想萌芽，这在当时是一个了不起的进步。

（三）命题的局限性

“人是万物的尺度”这一命题虽然是含混不清的，但从普罗泰戈拉的叙述来看，他往往把“人”理解为“个人”，理解为个人的“感觉”，他说：“知识就是感觉”③；而他所说的“尺度”也往往指“具体标准”，如前面举过的例子，“事物对于你就是它向你呈现的样子，对于我就是它向我呈现的样子”。所以，这个命题的主要局限性就在于：它有强烈的“感觉主义”“相对主义”“怀疑主义”等主观唯心主义倾向。

所以，对这个命题的批判，从苏格拉底和柏拉图就开始了，柏拉图借苏格拉底的口分析了这个命题。他说：“在这个论证里，一切都被说成是相对的；你不能够正确地用任何名称来称呼任何事物，比方大或小，轻或重，因大的会是小的，重的会是轻的。”④ 亚里士多德站在自发的唯物主义立场上，进一步批判了这一命题的主观唯心主义倾向，他说：“如果只有感觉的东西存在，那么，假如生物没有了，一切也就没有了，因为感觉的能力没有了。……感觉不是对自身的感觉，必定存在着感觉以外的东西，它必定先于感觉，因为制动者必定先于被动者而存在。”⑤ 近代学者格恩里在《希腊哲学史》中指出：“普罗泰戈拉采取极端的主观主义立场。按照这种主张，表象背后不存在任何独立的实体，知觉和存在也没有什么区别。”（见该书第三卷186页）著名哲学家罗素也正确指出：“智者们总是追随着论证，走到论证所引出的结论上去。而这往往就把他们带到了怀疑主义。”⑥

按照普罗泰戈拉的观点，就无所谓真理和谬误了，因为你认为是“对的”

---

① 柏拉图．泰阿泰德：172A［M］．北京：商务印书馆．
② 柏拉图．泰阿泰德：167C［M］．北京：商务印书馆．
③ 北大哲学系编译．古希腊罗马哲学［M］．北京：商务印书馆，1961：133.
④ 北大哲学系编译．古希腊罗马哲学［M］．北京：商务印书馆，1961：134.
⑤ 亚里士多德．形而上学［M］．吴寿彭，译．北京：商务印书馆，1959：76－77.
⑥ 罗素．西方哲学史（上卷）［M］．何兆武，李约瑟，译．北京：商务印书馆，1963：113.

我可以认为是“错的”；你认为“风冷”我可以说“风热”，这就取消了一切客观的标准。这一命题的错误就在于夸大了感觉的作用，为后来主观唯心主义的产生和发展开辟了道路。主观唯心主义的近代始祖贝克莱认为，物是感觉的集合，他就公开说物是感觉的集合“存在就是被感知”①，后来的实用主义也是这样主张的，罗素说：“实用主义的三位创始人之一，费·坎·斯·席勒就习惯于自称是普罗泰戈拉的弟子。”②（《西方哲学史》上卷112页）可见，这一命题对以后哲学起到的消极作用，也是不容忽视的。

“人是万物的尺度”虽然是一个很含混的命题，但他表达了深刻的思想。无论在思维方法上，还是认识论和历史观上，都为人们提供了新的东西。这一命题加速了古希腊哲学思想的转变时期早日到来，在当时解放了人们的思想，起到了重大的启蒙作用。

正如一切事物都有正反两个方面一样，这一命题也包含着不可避免的局限性。但这种局限性同当时的积极意义相比，是微不足道的。“人是万物的尺度”这一命题，是哲学发展到一定阶段的必然产物，它在哲学发展史上占据着自己应有的地位。

二、从古希腊“原子论”的产生看思维方式的变化与理论创新

古希腊“原子论”的产生，使早期的自然哲学发展到最高峰，对近代唯物论和自然科学的发展起到了推动作用。“原子论”的产生是由思维方式的变化引起的，原子论产生以后又“扬弃”了旧的思维方式，推动了新的思维方式的产生和发展。

（一）思维方式的变化是理论创新的基础

古希腊早期的哲学总体上属于自然哲学，以自然界为主要的研究对象，重视世界的本原问题（史称“本体论”）。在“原子论”产生以前，对世界本原的

① 冒从虎、王勤田、张庆荣．欧洲哲学通史（上卷）［M］．天津：南开大学出版社，1986：455.

② 罗素．西方哲学史（上卷）［M］．何兆武，李约瑟，译．北京：商务印书馆，1963：112.

思考有两种方式。一种是以伊奥尼亚地区的米利都学派和爱菲索（有的书上翻成“爱非斯”）学派为标志，他们把能看得见、摸得着或能感觉到的东西，如水、气、火作为万物的本原。“这一学派的创始人泰利士就把水看成本原。他得到这个看法，也许是由于观察到万物都以湿的东西为养料，热本身就是从湿气里产生、靠湿气维持的。”① 赫拉克利特则把火看成是万物的本原，认为“一切转为火，火又转为一切，有如黄金换成货物，货物又换成黄金”②。这种思维方式是把感性的具体事物作为万物的本原，带有直观、猜测和感官确认的性质。也正因为如此，这种思维方式还不是真正的哲学思维，还没有真正达到理论思维抽象的水平。

另一种是以南意大利地区的毕泰戈拉学派和爱利亚学派为标志，他们把看不见、摸不着或只有思维才能把握的东西，如数理、存在等作为万物的本原，把本原尽可能地进行了抽象化的理解。例如，毕泰戈拉（即毕达哥拉斯）“认为数学的本原就是万物的本原”③，而巴曼尼德则提出“存在是唯一的、不动的”，柏拉图解释说“只有‘存在’始终不动，这是用来称呼一切的名称”④。但是，这种思维方式把在事物中存在的东西（数量关系或本质），从事物中割裂、抽象出来变成了产生万物的本原，背离了事物的真实情况。

一种是感性思维，一种是背离了真实情况的抽象思维，能否既符合实际又能抽象思维呢？两种思维方式出现了冲突、碰撞和最后的融合，这种融合改变了旧的思维方式，变成了新的思维。起初，进行这种尝试的是阿那克萨戈拉，他把看不见、摸不着的物质性的“种子”作为万物的本原，提出了著名的“种子说”。

真正实现并完成新的思维方式转变的是“原子论”的诞生。一方面，原子论继承了伊奥尼亚地区的理论传统，从物质世界本身出发寻找事物变化发展的原因，而不是从精神出发解释一切现象；另一方面，原子论还继承南意大利地区的理论传统，把具有普遍性和抽象性的东西作为万物的本原，用具有普遍性和抽象性的原子来解释一切。这种思维方式的变化，成了理论创新的基础，于是，一种唯物主义新的理论——“原子论”诞生了。原子论之所以是一种理论创新，主要是因为它使古希腊早期的朴素唯物主义理论从“元素论”向“结构

---

① 北京大学哲学系外国哲学史教研室．西方哲学原著选读（上卷）［M］．北京：商务印书馆，1981：15.

② 北京大学哲学系外国哲学史教研室．西方哲学原著选读（上卷）［M］．北京：商务印书馆，1981：21.

③ 北京大学哲学系外国哲学史教研室．西方哲学原著选读（上卷）［M］．北京：商务印书馆，1981：22.

④ 北大哲学系编译．古希腊罗马哲学［M］．北京：商务印书馆，1961：49.

论”过渡，对近代唯物主义的产生和发展产生了深远的影响，同时，也促进了近代自然科学的产生和发展。正如罗素所言：“他们的观点极其有似于近代科学的观点，并且避免了大部分希腊的瞑想所常犯的错误。① ……原子论者的理论要比古代所曾提出过的任何其他理论都更近于近代科学的理论”②，可见，思维方式的变化是理论创新的基础。

我们不妨通过这种观点去推论其他问题。比如，在对待资本主义和社会主义的关系问题上，过去的思维方式是注意差别，强调对立和斗争，所以，在理论上就把两种社会形态看成是绝对不能相容的，出现了一整套的你死我活的阶级斗争的学说。后来，思维方式变了，看到了联系和同一、互相作用及互相影响，于是，理论上出现了苏联的“互相竞赛”理论，中国也提出了“一国两制”的理论并且被大多数人所接受。如果有一天思维方式再发生变化，必然又会产生更新的理论。再比如，在教育的问题上，过去的思维方式是教师起主导作用，学生是从属的，甚至是被动的，于是，针对教师的主导作用出现了一整套以教师的“教”为主导的教育理论。现在，思维方式正在改变：以教师为主导向以学生为主导转变，于是，逐渐有了以学生的“学”为主导的新的教育理念。据说，国外早就有了“个性化教学”。如果思维方式再出现变化，以教学手段为主导，那么，会不会出现一整套以“教学手段为主导”的新的教育学呢？总之，思维方式的变化是理论创新的基础。

（二）理论创新是对旧思维方式的“扬弃”

“原子论”诞生以后，并没有抛弃旧的思维方式，而是“扬弃”了旧的思维方式。所谓思维方式，无非是一定时代的人们对事物进行理性认识的方式，是一定时期相对稳定的思维模式。在古希腊，唯物主义哲学刚刚产生的时候，人们用感性思维去思考抽象问题，用人们的感觉器官可以理解的方式去思考世界的本原问题。其结果，必然使理论本身带有感性直观的性质，使哲学思维（即理性思维）肤浅化、表面化，这在哲学刚刚产生的时候是难以避免的。后来，出现了另一种思维方式，即直接从人们的理性思维出发，用纯粹逻辑的力量来论证世界本原的存在（如爱利亚学派）。但是，由于这种思维无视感性世界的存在，甚至把感性世界看成是虚假的、不真实的存在，于是，陷入了唯心主义的泥潭。

---

① 罗素．西方哲学史（上卷）［M］．何兆武，李约瑟，译．北京：商务印书馆，1963：97.

② 罗素．西方哲学史（上卷）［M］．何兆武，李约瑟，译．北京：商务印书馆，1963：99.

“原子论”的诞生使朴素的唯物主义理论得到了发展：一方面，它遵循了传统的朴素唯物主义路线，把物质性的“原子”看成是万物的本原；另一方面，它又克服了早期朴素唯物主义的直观性和可感性，把万物的本原建立在抽象性、普遍性和超感性的基础上。

这种理论创新实际上就是对旧的思维方式的扬弃：一方面，扬弃了伊奥尼亚地区传统的朴素唯物主义的思维方式，即扬弃了用感性直观的认识方式去理解世界的思维方式，相对于传统的朴素唯物主义来说，它的本体论已经突破了感性直观的水平，达到了理论上的思维抽象；另一方面，也扬弃了南意大利地区的朴素唯心主义的思维方式，即扬弃了脱离了客观世界而去理解世界的思维方式，相对于南意大利地区的朴素唯心主义来说，它的本体论也突破了纯粹精神的领域，向物质世界的本来面貌复归。“扬弃”一词最早是黑格尔使用的，它主要应该包含三层意思：首先，抛弃旧事物中消极的、不合理的成分；其次，保留旧事物中积极的、合理的成分；再次，还增添了旧事物中所容纳不了的新的内容。从“原子论”的产生看，它恰恰抛弃了旧的思维方式中的消极因素，保留了积极因素，还增添了新的内容。所以，它是对旧的思维方式的扬弃。

我们用这种观点同样可以推论其他问题。比如，“一国两制”的理论，不是废弃了社会主义和资本主义的对立和斗争的思维方式，而是“扬弃”了这种思维方式。其实，“一国两制”的概念本身，就包含了以社会主义为主体，社会主义与资本主义有矛盾、斗争并以社会主义制度包容资本主义的含义。

同样，现在的所谓“素质教育”理论，旨在培养学生全面发展，“扬弃”了过去单纯地为考试、为拿一张文凭的思维方式。但是，素质教育没有也不应该放弃“考试”和“文凭”这种思维方式，通过考试和文凭也能培养学生的全面发展。总之，理论创新是对旧思维方式的“扬弃”（非抛弃）。

（三）思维方式的变化和理论创新是相互作用、相互影响的

“原子论”产生以前，一种是唯物主义式的感性思维，一种是唯心主义式的抽象思维，两种思维方式互相冲突、碰撞和融合，于是，出现了另一种新的理论——“原子论”。这说明思维方式的变化引起了理论上的创新，没有前两种思维方式的冲突、碰撞和融合，就不会有理论上的创新。“原子论”产生以后，一种新的唯物主义的思维方式同时产生了，原子论推动了这种新的唯物主义思维方式的发展，这种推动一直影响到近代，近代唯物主义的思维方式深受原子论的影响。这说明理论创新又推动了思维方式的发展，没有理论上的创新就不会有新的思维方式的产生和发展。

当然，理论创新和思维方式的变化是对立统一的关系。首先，二者是不同的：所谓理论创新就是指，在一定的思维方式的指导下，对旧的理论有所发展和突破；而思维方式是人们进行思维（理性认识）的一定模式，是按一定结构、方法和程序把思维各个要素结合起来的相对稳定的思维样式。其次，二者又是统一的：一方面，思维方式的变化从某种意义上讲就是理论模式的变化，思维方式也是一种理论，它是社会实践活动方式在人脑中长期以来的积淀和内化，是客观的感性物质活动意识化、理论化的结果；另一方面，理论创新也包含着思维方式的创新，一些重大的理论突破往往伴随着新的思维方式的产生，或者说理论创新从某种意义上讲就是思维方式的创新。从认识发展史来看，理论创新可以是多方面、多层次、多角度的，思维方式的变化也是多种多样的。思维方式和创新理论都具有对客观世界的认识功能、解释功能和规范功能等，它们之间是互相作用、互相影响的。

掌握思维方式的变化和理论创新之间的辩证关系，对社会主义物质文明建设和精神文明建设有重大的指导意义。一方面，我们要学会非线性的思维方式，即多方面、多层次、多角度、多方位进行思维；而尽量避免线性的思维方式，即避免单方面、单层次、单角度、单方位的简单化思维。前者实际上是一种辩证思维，而后者是同形而上学的思维方式相联系的。另一方面，我们还要利用思维方式的变化，去推动理论上的创新，从非线性思维中找出理论突破的契机，许多重大发明和理论创新都是思维方式变化的结果。此外，我们还要善于利用理论创新去推动新的思维方式的产生和发展，运用新理论贯彻新思维，在新的理论指导下用新的思维方式去认识、思考和解决新的问题，从而推动社会主义现代化建设的顺利发展。

思维方式的变化和教育理论创新之间，也是互相作用、互相制约、互相影响的。它们的变化和发展往往同实践的需要密切相关，实践的需要推动着思维方式的变化和理论的不断创新。那么，我们现在需要什么样的思维方式和教育理论呢？我们需要同社会主义市场经济相适应的思维方式和教育理论，离开这个前提就会陷于空谈。

三、18 世纪法国唯物主义自然观的贡献

所谓 18 世纪法国唯物主义自然观，主要是指以拉美特利、狄德罗、爱尔维

修和霍尔巴赫等人为代表的唯物主义自然观。长期以来，提起18世纪法国哲学，很容易使人联想起机械性、形而上学性和不彻底性等许多局限性，但大家对它在哲学发展中的意义和作用明显重视不足。本文仅从自然观的角度，分析一下18世纪法国唯物主义在哲学史上的贡献。

（一）

18世纪法国哲学又称为“战斗的唯物主义和无神论”，在反对宗教神学和封建专制主义的斗争中，法国唯物主义者继承和发展了前人的唯物主义思想，并把批判宗教神学的斗争推向了最高峰，在哲学史上谱写了新的篇章。这具体表现：

首先，自觉站在唯物主义立场上，揭示自然界的本来面貌。唯物主义在它的发展史上经历了三个阶段（或称三种形态），即朴素唯物主义、机械唯物主义（形而上学唯物主义）和辩证唯物主义。18世纪法国唯物主义者继承和发展了古希腊罗马哲学中德谟克利特、伊壁鸠鲁和卢克莱修的朴素唯物主义，以及英国资产阶级上升时期培根、霍布斯和洛克的机械唯物主义，属于唯物主义发展史上的第二个阶段。他们清楚地看到哲学史上存在着两大阵营的对立，并且自觉地站在了唯物主义的立场上。他们明确提出，哲学应该以“自然界”为研究对象，哲学的任务是揭示自然界的本来面貌。

其次，彻底批判宗教神学，坚持了无神论的观点。18世纪法国唯物主义者，一方面继承了古代朴素唯物主义特别是卢克莱修的无神论思想，另一方面又发展了近代机械唯物主义中的“自然神论”观点，把对宗教神学的批判推向了最高峰。他们批判了宗教神学所散布的种种谬论，揭穿了宗教神学的实质和危害性，分析了宗教神学产生的各种根源，还正确地指出了克服宗教的途径，从而坚持了最彻底的无神论观点。他们指出宗教是“神圣的瘟疫”，是“欺骗和无知”的产物；宗教神学的本质是迷信、盲从、无知，是在宣扬“蒙昧主义”。因此，消灭宗教要靠教育，靠宣传无神论，即靠正确地认识自然界。

再次，18世纪法国唯物主义者，把对宗教神学的批判与封建专制主义联系起来，勇敢地进行了反对封建统治的斗争。例如，以狄德罗为首的“百科全书派”，编写《百科全书》的目的就是为了反对宗教神学和封建专制主义。他们的哲学是用鲜血和生命写成的，他们“本身都是非常革命的”“正像在18世纪的法国一样，……哲学革命也作了政治变革的前导”①。

---

① 马克思恩格斯选集（第4卷）［M］．北京：人民出版社，1972：210.

（二）

18 世纪法国唯物主义哲学，从唯物主义一元论出发，丰富和发展了物质统一性原理，提供了自欧洲哲学史以来最为完备的唯物主义自然观，从而为马克思主义哲学的创立奠定了坚实的基础。它坚持了以下几个基本观点。

第一，世界是物质的。他们都把物质的东西看成是“唯一的实体”或“万物的基础”，从多方面、多角度论证了世界的物质统一性原理。值得一提的是，霍尔巴赫还从物质和意识的关系出发给物质概念下了一个一般性的定义，从而使唯物主义“物质”概念达到了最高水平。

第二，物质是运动的。他们一般都认为运动是物质的固有属性，试图把物质和运动、绝对运动和相对静止统一起来，批判了 17 世纪唯物主义者把物质和运动、运动和静止割裂起来的错误观点，即批判了“自然神论”中物质惰性论的观点，否定了“第一推动力”的存在，从而把唯物主义的“运动观”发展到一个新的水平，为彻底的唯物主义运动观的产生创造了前提。

第三，物质的运动是有规律的。他们认为物质的运动是有规律的，一切受自身必然性的支配。他们强调了物质运动的规律性，批判了唯心主义目的论，为后人进一步探讨物质运动的规律性提供了研究课题，推动了哲学的发展。

第四，物质的运动是在空间和时间内进行的。他们把空间和时间同物质的运动紧密地联系起来，既反对脱离物质运动的“时空”，又反对离开“时空”的物质运动。这种观点为辩证唯物主义时空观的建立奠定了基础。

第五，意识是物质的派生物。在欧洲哲学发展史上，以狄德罗为代表的法国唯物主义者，深入地探讨了意识的起源问题；明确提出人脑是思维的器官，思维是人脑的机能，并做了论证；而且，还坚持了“反映论”的观点，强调了认识是对外界事物的反映。这些观点有了辩证唯物主义意识观的雏形。

（三）

一般说来，18 世纪法国唯物主义属于机械唯物主义。但是，作为“百科全书派”领军人物和法国唯物主义领袖人物的狄德罗，在他的思想中已突破了机械论的局限性，生长出辩证法的萌芽。狄德罗的辩证法思想，使 18 世纪法国哲学达到了近代唯物主义哲学的最高水平。这具体表现在以下六个方面。

第一，肯定了物质具有质的多样性。他强调了物质的异质性，从而提出了“异质分子说”。他认为，自然界是由不同性质的“异质元素”组成的，这些元素不仅在数量上不同，而且还有性质上的区别，由此产生了千差万别的事物，形成了自然界的全部丰富性和多样性。

第二，初步形成了事物普遍联系的思想。他既重视现象间的普遍联系，又重视各门科学之间的普遍联系，认为只有把各门科学之间的相互联系揭示出来，才能实现对自然界比较全面的认识。他主编的《百科全书》，就是其“普遍联系”思想在行动中的光辉体现。

第三，明确提出了事物运动变化的思想。他认为，在物质的海洋里一切都在变，都在过渡，只有全体不变。他还明确论述了绝对运动和相对静止的统一。他论述的“分子”比赫拉克利特的“水流”，更具有哲学的一般意义。

第四，强调了事物转化和发展的思想。他认为事物是不断转化和发展的，批判了“天底下无新事”的错误观点，突破了古代“循环论”的局限性。他甚至把事物的发展上升到规律的高度，从而把古代唯物辩证法思想向前推进了一大步，达到了当时唯物论和辩证法相结合的最高水平。

第五，坚持了“内因论”的思想。他把事物的运动、变化和发展，都看成是自然界本身的原因（分子运动）造成的。他有时还看到了矛盾（内因）是事物的本质，认为人是有力与软弱、开明与盲目、渺小与伟大的组合物。这种观点不仅是辩证的，而且是深刻的，说明他超出了法国其他唯物论者，推动了形而上学思维方式向辩证思维方式的转变。

第六，猜测到量变引起质变的规律。他认为，事物是通过极其细微的差别一点一点发生变化的，从而看到了量变可以引起质变的规律。他用这种规律解释了动植物的发展变化，甚至先于拉马克而初步提出了“进化论”的原则。

总之，18 世纪法国唯物主义自然观为马克思主义哲学，特别是辩证唯物主义的创立，奠定了坚实的思想理论基础，在欧洲哲学发展史上占有重要的地位。

四、叔本华铸造了四个世界及其对现代文学的影响

叔本华（1788—1860 年）是现代西方哲学的开拓者，被许多教科书认为是现代西方哲学的第一人，也是现代人本主义思潮的开辟者和唯意志主义的创始人。究其原因，主要是因为他铸造了四个世界，即从表象出发的、被意志所决定的关系世界；由“生存意志”所支配的非理性世界；由“生存意志”的活动所造成的悲观世界和“生存意志”的归途——虚无世界。叔本华开创了融唯意志主义、非理性主义、悲观主义和虚无主义等为一体的现代人本主义思潮，这

种思潮必将影响到现代文学思想的产生和发展。他的主要代表作是《作为意志和表象的世界》，他于1819年发表并构造了自己的哲学体系。正是由于这部著作，标志了“唯意志主义”理论的正式诞生。那么，这位和黑格尔几乎处于同一时代的德国哲学家，为什么对现代西方哲学产生了如此之大的影响呢？主要就是因为他铸造了四个世界。

一是从表象出发的、被意志所决定的关系世界。“世界是我的表象”是叔本华哲学的出发点，这个命题表现着他对传统哲学的批判：传统唯物论认为，有一个不依赖于精神的物质世界存在；传统唯心论则认为，有一个不依赖于物质的精神世界存在。叔本华认为二者都是片面的，都脱离了主体和客体的关系，“世界（认识的主体）是我（认识的客体）的表象（二者的统一）”就是从主、客体的关系出发的。所以，精神和物质、主体和客体从时间上看哪个先出现并不重要，重要的是谁是本质，谁更具有决定性，人就是后出现的，人是万物的主宰。显然，主体和客体相比较，主体更重要、更具有决定性，没有主体的世界就不成其为世界，没有主体看世界则世界就不会真正产生，“世界是随着第一只眼睛的张开而出现的”。于是，叔本华顺理成章地推出了“世界是我的意志”这一更核心的主观唯心主义命题，认为意志才是世界的真正本质。例如，一朵花是什么？当我把它送给父母时，表示孝顺；当我送给一般朋友时，它象征着友谊；当我送给心爱之人时，它代表了爱情；当我送给晚辈时，它又表明了慈爱。一切取决于意志所指向的目标，而具体的花的植物成分是微不足道的。在这里，他引入了“关系性”的理念，把精神和物质、主体和客体看成是处于不可分割的关系之中，再从这种关系出发找出哪个东西更重要，更应该成为哲学逻辑的起点。这种“关系世界”对传统“本体论”的冲击、轰炸和颠覆是不可小视的，在日趋瓦解着传统的“实体性”观念，即承认一切现象背后都有一个统一的基础、本质或支撑物这样一种观念，成为现代西方哲学的重要特征之一，特别是在当代人本主义哲学思潮中，在后继者的各个流派中发生了深远的影响。在文学上，这种观念直接颠覆着传统价值观——追求真、善、美，并把这些东西当作纯粹客观的因素来描述的价值观，其实，真、善、美也可以是主观的，是可以创造的，是由人们的主观思想、主观意志所决定的，人们往往是根据自己的需要，根据自己的选择赋予客观事物以价值。没有真、善、美的眼睛，就没有真、善、美本身。

二是由“生存意志”所支配的非理性世界。叔本华所理解的“意志”是所有生命都具有的本能活动，是永远也不能满足的欲求、挣扎和向上冲动，这种意志其实就是生存意志，整个世界就是这种生存意志的活动。万事万物都是生存意志“客体化”（或活动）的结果，都是相对于生存意志而存在，并且为生存意志服务的，整个世界就是这种生存意志的活动，这是世界最本质的活动。叔本华所讲的“生存意志”并非是人的理性所特有的，相反，是非理性的存在物，理性则是第二位的，是生存意志的副产品，是认识生存意志的工具。哲学要研究的不应该是传统理性主义所研究的对象，相反，应该是这些非理性的存在物，即这些不用学习也能认识、凭着直观也能感受的本能活动，因为只有这些活动才构成了世界的真正本质。人也不例外，“欲求和挣扎是人的全部本质”。在这里，叔本华引入了“意义性”的理念。

世界万物只有相对于生命才有存在的意义，只是对生命而言的存在，离开生命活动是没有任何价值的。这种理念冲击着传统的“物自身”的观念，即从“物”出发，重点研究物本身“是什么”、有哪些“性质、规律”等，他批判了离开生存意志谈论存在的任何企图；另外，他还为后继者开辟了一个哲学研究的更广泛的领域，这就是由生存意志所支配的非理性世界。在这个世界中，有许多没有被开垦的土壤，需要人们去认识、理解和把握，需要哲学家去研究，而这在传统哲学中是被忽视的，是一块空白之地。叔本华所重视、所强调的“意义性”理念，成为后来现代西方哲学中占统治地位的一个主导观念；他所铸造的“非理性”世界，也成为现代西方哲学特别是现代人本主义思潮所研究的重要领域，叔本华也因此奠定了自己在现代西方哲学中的历史地位。在传统的文学思想中，尽管不乏对人的非理性、人的潜意识、人的各种丰富情感的描述，但这些描述的合法性是受到质疑的，最后占统治地位的思想仍然是“理性”，对非理性的描述往往是为了衬托理性的伟大。但是，叔本华给了“情感、非理性、潜意识”等以合法的地位，对传统理性主义的狂傲进行了抨击，他把理性主义的代表黑格尔、费希特等人称为“江湖骗子”，他的非理性主义思想是建立在哲学基础上的，这就使反传统理性主义的现代文学有了独特的相对厚重的理论基础。

三是由“生存意志”的活动所造成的悲观世界。生存意志的活动表现为各类生命现象之间的矛盾、对立和斗争，表现为高级现象和低级现象之间以及高级现象或低级现象本身之间的互相冲突、倾轧和伤害，在这里，“蛇不吃蛇，不能成龙”这一规律起着支配的作用。“生存意志”是一种无止境的欲求，如同不能解除的口渴，也是一种不满足或匮乏感，这就决定了人生必然是痛苦的。因为人的追求是不断升级的，幸福即人的欲望得到满足是暂时的、相对的，而痛苦即人的欲望得不到满足则是永恒的、绝对的，每个人无论人生多么辉煌灿烂也难免一死，他总是在“痛苦”和“无聊”之中度过。其实，一个人得到的满足越多也许就越痛苦，因为他还有更大的追求，所以，天才人物是最痛苦的。“痛苦”来自生命本能，来自人的生存意志，没有痛苦就没有生命，没有痛苦就没有人生，没有痛苦就没有世界。叔本华把基督教中所宣扬的“原罪说”视为真理，主张自己的哲学和宗教精神是一致的。在这里，叔本华得出了“人生就是痛苦”的悲观主义结论，这种“悲观世界”的情结就好像流行病一样传染到现代人本主义思潮中的各个流派，甚至也影响到科学主义思潮和其他社会思潮。尽管如此，我们还是体验到哲学家叔本华对人生问题有着深刻的思考，这种思考影响了哲学史的发展，当代哲学谁还能回避对人生重大问题的思考和研究呢？叔本华结束了近代哲学，开辟了一个新的时代，即把哲学和人生紧密结合的时代，你可以不同意他提出的观点，但你不可以不进入这个时代，否则你将被淘汰。在文学发展史上，从来也不乏悲观主义情节，悲观主义思想从人有了情感那天起就存在了，文学中的“悲观情节”几乎是无所不在的，人们正是从悲观情节中体验着快乐的感受。但是，“悲观情节”的合理性论证，人生为什么本质上是一场悲剧？从来也没有人像叔本华那样洞悉得如此深刻，说明得如此详尽和具体，而且最关键的是给予了哲学层面的解答。叔本华非常重视对“悲剧”的研究，他认为悲剧给予我们的快感并不属于我们对优美的感觉，而应该属于感受崇高、壮美时的愉悦。在现代文学史上，叔本华大胆挑战近代以来一直占统治地位的“乐观主义”文学，把人的悲痛情感、人的非理性、人的潜意识，等等，当作重点表达和体验的对象，对现代文学的产生和发展产生了极其深远的影响。

四是“生存意志”的归途——虚无世界。生存意志是轰轰烈烈地来，却是灰溜溜地去，世界最终要走向虚无，正所谓“粪土当年万户侯”。叔本华认为，生存意志既是世间一切不幸的原因，也是人生一切罪恶的根源，“人的最大过错就是他诞生了”。所以，人的道德不在于肯定自己的生存意志，而在于超越自己的生存意志，一个伟大人物不是能征服世界的人，而是能超脱世界的人。在世界大的宗教中有许多这样的圣者出现，他们的伟大之处就在于善于否定自己的生存意志。人类的祖先因为生存意志而犯罪，耶稣则以自己的死为人类赎去了罪恶，这就是基督教中所蕴含的巨大真理。那么，如何超越自己的生存意志呢？叔本华提出：首先要放弃性欲，因为它是生存意志最强烈的表现；其次是甘愿受苦，承担痛苦本身就意味着对生存意志的超越；再次就是通过认识的升华作用，使生存意志通过升华作用“自失于”对象中；最后也是最彻底的办法就是“绝食而死”。叔本华认为，世界本来就是从无中来的，再回到无中去，这是很自然的，他以“绝食而死”为最高潮唱完了自己人生哲学的死亡之歌。在这里，叔本华为我们提出了一个人生哲学的重大课题，这就是“存在”与“虚无”的关系问题。或许人的一生是建立在虚无基础上的一切（存在），或许每个人以自己的死造就了人类的生？这个问题在后来的哲学特别是存在主义哲学中进行了广泛而深入的探讨和研究，其中不乏睿智和对后人的启迪。例如，法国存在主义者萨特最主要的哲学代表作《存在与虚无》，就是以对这一问题的研究来命名的，从这里也可以折射出叔本华身上的某些荧光。叔本华的思想无疑对现代文学发生了一定影响，他为现代文学思想的产生和发展提供了理论基础。

总之，叔本华作为现代西方哲学的第一人，作为现代西方哲学特别是当代人本主义思潮的开拓者，他对后人的影响无论是积极的还是消极的，主要都是源于他所铸造的四个世界。叔本华从唯意志论出发，经过非理性主义和悲观主义，而最终走向虚无主义，这似乎存在着一种逻辑上的必然性。但是，即便如此也不能完全否定这种观点的真实性，世界本来就是从“虚无”中产生的，最终会走向“虚无”，文学所探讨的不过是“虚无中的有”，只不过叔本华的思想太使人沉闷、太消极、太悲观罢了。其实，与叔本华同时代的好朋友歌德早就警告过他：“你若爱你自己的价值，那你就给世界以价值吧！”也正是因为这一点，叔本华的直接后继者对这种思想进行了改造，尼采就主张“艺术人生”，尽管世界是悲惨的、尽管一切都会走向虚无，但我们仍然可以把世界描绘成美好的画面，文学家就是通过谎言而建立自己理想王国的。存在主义者萨特也极力主张人给世界以价值，尽管人生是不幸的，但人们完全可以通过自己的努力，通过自己的奋斗抒写辉煌的篇章，人们应该充满希望地离开这个世界。所有这一切，无论是从正面还是从反面都可以看出叔本华对现代文学的巨大影响。

五、谈谈现代社会中“宗教”存在的原因——以基督教为例

有些人对现代社会，为什么许多人还信教不太理解，表示奇怪，我们就来分析一下这个问题。现代社会不断进步，为什么许多人甚至是很多知识分子还信仰宗教呢？我们可以从自然原因、社会原因、认识原因、心理原因、阶级根源和宗教理论本身的原因等六个方面去认识这个问题。

（一）自然原因

宗教产生于人们对自然界的无知，这是一个非常古老的观念，早在古罗马

时期的卢克莱修就深深地认识到了这一点，他因《物性论》一书而使自己名留青史。这位古代“原子论”的最后完成者，揭示了由于人们对自然界的产生一无所知，故产生了对各种自然物的盲目崇拜；由于对自然界的灾变一无所知，故产生了对各种威胁的恐惧。于是，他号召人们要努力了解自然界的本性，追求科学知识，“静心地观看万物”。

宗教产生的自然原因有很多。首先，人们在改造自然过程中软弱无力，这是宗教产生的重要原因。当人们软弱无力时就希望有超自然的力量来帮助自己，征服自然界，古代的许多宗教就是这样产生的。其次，自然界给人们带来的灾变，也是宗教产生的重要原因。例如，意大利就经常发生地震，宗教迷信盛行。人们面对突然的打击、突然的灾变束手无策，于是，就产生了“神”的观念。再次，人们对自己生活命运无法把握时，往往会产生信教思想。当人们感到受外在一种强大的力量（必然性）支配时，也会出现“神”的观念，出现天命、命运的思想。这一点也延续到现代社会，当今的人们对自己的命运无法把控或捉摸不定时，就出现了被神所决定的观念。此外，只要偶然性存在，就会有宗教产生的土壤。也就是说，当人们受外在力量的主宰又找不出原因时，就会归因于上帝，只要有解释不了的原因就有用上帝来说明的需要。在现代社会中，人们在适应或改造自然时，总有无法解释的问题，故总有宗教产生的根据。

总之，宗教产生有自然方面的原因，这一点在古代表现很明显。过去很多人就认识到宗教产生于人们对自然界的无知，或产生于自然界对人的伤害，宗教是自然压迫的产物。

（二）社会原因

宗教产生于人们对社会压迫的不满和反抗，这是宗教产生的社会原因。在欧洲，基督教的产生直接就来源于各个阶层的人们对社会压迫的不满和反抗，来源于被压迫者要求改变自身残酷处境和地位的抗争。凡是影响比较大的世界性宗教，无不伴随着巨大的社会运动而产生和发展壮大的，即使是文艺复兴时期的“宗教改革”运动也是由于反动统治者的社会压迫所造成的。

宗教产生的社会原因也有很多。首先，从宗教产生看，它是由于人们直接不满当时现状所引起的。宗教一般不与社会制度或暴力相联系（中世纪是例外），只要人们有对现实的不满，就有信教的要求，这是一种对现实压力的消极反抗。其次，从现代社会的特点看，宗教也产生于社会制度给人们带来的压力。无论什么社会，只要有冷酷的现实给人们带来的各种束缚，只要有烦恼、困惑、不幸、灾难及缺乏温暖等，都会使人们趋向于宗教。再次，统治者（当权者）

的为所欲为，更是人们憎恨现实，趋于宗教的动力。例如，在中国有人就说“共产党员不如基督徒”，就是看到少数党员或领导干部以权谋私的行为引起的，尽管这些人不代表所有党员。西方也是如此，人们在“强权”面前不愿意屈服，只好逃向宗教。此外，宗教组织、仪式等使人感到并非孤立无援。人们在这里得到安慰，看到没有被社会抛弃，得到温暖。人们通过各种宗教活动得到满足和充实，这是人群所需要的。

总之，宗教产生有社会方面的原因，宗教产生从某种意义上讲是社会压迫造成的，是社会制度的冷酷无情造成的。尽管我们要建立社会主义法治国家，也要使这种制度有着温情的面纱。

（三）心理原因

宗教产生有着深刻的心理原因，这一点19世纪德国哲学家费尔巴哈谈得很深刻，他认为上帝产生于人的依赖感，人们对自己所依赖的对象产生的“畏惧”和“感激”心理都会产生宗教，宗教的主要工具是“想象力”，人们出于利己主义的原因正是借助于想象力而产生出上帝观念。

宗教产生的心理原因主要包括以下几方面。首先，宗教产生于人的依赖感。这一点费尔巴哈进行了充分论证，人们在对抗自然、社会等活动中，往往会产生出各种“依赖感”，即希望借助于“超自然、超社会”的力量来帮助自己。人们往往把同自己的生活非常密切的东西看成“恐惧”和“感激”的对象，古代的“图腾崇拜”就是这样产生的。其次，宗教往往是为了调和人们心中的“不平衡性”而产生的。任何社会，特别是在社会动荡不安、新旧更替、变化莫测时期，人们往往会产生“不平衡性”心理，出现理想和现实的种种矛盾。人们为了摆脱这些矛盾的困扰，坚强地生活下去，就会产生宗教。这时宗教能起到“鸦片”作用，能使人麻痹，同时给人以极大的慰藉，造成心理上的平衡，否则就难以生活下去。再次，宗教有时还是人们“好奇心”的产物。人们总想找到对世界万物的最后解释，寻找最根本的原因，这种“好奇”心理无法满足，于是，就用“上帝”来解释。此外，宗教还能满足人们的心理寄托。有人认为，人和动物的不同就在于人有“信仰”，人心中有“上帝”，动物就没有。“信仰”是人的一种很重要的心理需要，离开信仰人就感到渺茫无措、失去目标。所以，有人就选择宗教作为自己信仰的目标。

总之，宗教产生还有心理根源，宗教能够在一定程度上满足人们的心理需要。它产生于人们的“依赖感”，能调和人们心中的“不平衡性”心理，也是人们“好奇心”和“精神寄托”的产物。

（四）认识原因

这一点哲学史讲得最多，可以有许多表现，我们只是谈几种主要的具有代表性的原因。

第一，它从精神推出物质，颠倒了物质和意识的关系。人们自古就有“灵魂不死”观念，许多人把“灵魂”看成实体性的存在，并认为灵魂决定肉体，这实际上颠倒了精神和物质的关系。例如，中世纪安瑟伦关于“上帝存在的本体论证明”，就是从上帝的观念推论出上帝的真实存在，颠倒了物质和意识的关系。

第二，不理解一般和个别的关系。人不仅作为个体而存在，还是“类”存在物，个人有生有灭“类”则永存下去，个人能力有限而“类”能力趋于无限，个人智慧是相对的而“类”的智慧是绝对的，于是，人们就把“类”客观化为一个崇拜的对象就产生了宗教，正如费尔巴哈所分析的那样“上帝是类概念的客观化”。

第三，从相对推出绝对，不了解相对和绝对的关系。奥古斯丁就从每个人都占有真善美的部分推论出真善美全部即上帝的存在，托马斯·阿奎那就通过事物相对性的等级推论出最高等级（上帝）的存在，他们不懂得相对和绝对的辩证关系。

第四，从偶然性推出必然性，不了解偶然性和必然性的关系。任何事物的出现都是偶然的，也是必然的；是存在的又会走向不存在，这种现象持续下去世界就会变成虚无，而世界并没有走向虚无。这说明必然有一个“永恒的存在”，一切事物的必然性都从它那里获得，这种“永恒的存在”就是上帝。

第五，从运动变化的原因推论上帝的存在，不理解事物的因果关系。任何事物运动变化都是有原因的，原因背后还有原因，事物运动是“潜在”变“现实”的过程，事物运动的背后都有推动者，推动者后面还有推动者，必然有一个“第一推动者”，这就是神或上帝。亚里士多德、托马斯·阿奎那都进行过这样的推论。

第六，对自然、社会的无知等，也会产生宗教和对神的崇拜。如前所述，人们对自然界各种对象的出现，缺乏合理的解释；对社会现象特别是对人产生重大影响的社会现象缺乏了解，都会产生宗教。费尔巴哈就曾提出“上帝是人的本质的异化”，人们把自己的本质外化或客观化到一个客观对象上去，上帝就出现了，这显然是由于人们没有认识到这种原因造成的。

总之，宗教的产生还有许多认识论方面的原因，以上这些都是宗教产生的认识论根源，宗教的产生和唯心主义世界观有关。

（五）阶级根源

宗教产生还离不开特定阶级的支持，不同社会的统治阶级往往会利用宗教进行精神统治，达到为统治阶级服务的目的。他们利用国家机器大力扶持宗教的发展。宗教往往在维护社会稳定、凝聚人心、树立精神信仰、规范道德生活等方面起着一定的作用，所以，往往被统治者所青睐和利用进行精神统治。

首先，统治阶级往往利用宗教为自己服务。所以，他们往往自觉地促进宗教的传播和发展。其次，特定社会中，统治者使宗教有自己的组织、机构和仪式，使它有一定的经济实力，使之长久不衰。再次，现代中国的宗教也为社会主义建设服务。因此，我国政府有时也扶持、援助它们。在宗教内部也宣传让宗教为社会主义经济建设服务，其阶级性质发生改变。所以，宗教不一定都代表反动阶级的利益，要具体问题具体分析，宗教对稳定社会，团结人心能起积极作用，关键是看为谁服务。

总之，宗教产生还有自己是阶级根源，在阶级社会宗教是为不同阶级服务的，特别是能够成为统治阶级进行精神统治的工具，故宗教得以在现代社会长久存在下去。

（六）宗教理论本身的原因

宗教产生和长期存在还与“宗教理论”本身有关，任何宗教理论都同人的伦理道德相联系，它往往是作为一种道德观而存在的。

第一，宗教往往是一种人们的道德生活，所以，不少人信教是为了使自己有道德，不信教反而是不可思议的。这一点在有些西方国家的家庭中很普遍，有人从小就信教，受到家庭的影响，宗教规范了人们的行为，如不杀生、不偷盗、不奸淫、孝敬父母、诚实不说谎等，宗教主张伦理道德决定社会发展，重视道德生活。

第二，在西方“上帝”本身就被视为“真善美”的化身。正因如此，它是人们追求的最高境界，追求上帝就是追求真善美，去掉假恶丑，可见，宗教抓住了人们的心理。

第三，宗教宣扬在上帝面前人人平等、自由、博爱，甚至主张财产共有。这些特别符合下层人们的思想愿望和心理。当然，从另一方面也限制了人们的斗争意识。

第四，宗教生活有着丰富的内容，满足了人们的各种需要。以基督教为例，从小孩子出生到成年、结婚、生育、离婚、死去几乎都有宗教仪式相伴随，宗教已经渗透到人们日常生活的各个方面，已经成为人们具体的生活方式，宗教使人们的心灵有了一种归属感。

第五，宗教本身不断改变其理论，以适应社会发展的需要。这也是当代为什么有这么多人信仰宗教的重要原因。例如，基督教就发生过多次改变，现在也肯定科学、理性，宣扬人道主义，主张自由、平等、多元化政治，很有迷惑性。

总之，宗教的产生还同宗教理论本身有密切的关系，宗教理论往往适应了社会的需要，适应了人们社会心理的需要，适应了伦理道德规范的需要，所以，能够长久存在下去。

综上所述，宗教是一种社会现象，也是一种文化现象，它的产生、存在和发展有着复杂的原因，对其社会作用应该具体问题具体分析，不能简单地进行肯定或否定。就是今天，许多年轻人信教也不一定是坏事，简单地说其“愚昧无知”是不足取的。宗教现象的存在是很复杂的，由自然、社会、心理、认识、阶级性质和宗教理论本身等很多原因造成，不能对它进行粗浅的理解和认识。

结束语

在古希腊，真正作为影响比较大的主流思想当属苏格拉底、柏拉图和亚里士多德的哲学，他们开创的理性主义思想长期以来被西方人遵守着，他们制定的教义、教条成为守则，但是，其教条被确立是扬弃的产物，其教条被突破也是扬弃造成的。前面有智者学派、原子论被他们突破，后面他们又被唯物主义、当代人本主义（如叔本华）所突破，这就是西方哲学发展的轨迹，也是现实的轨迹。当然，最彻底的教条无异于对宗教的信仰，这种信仰也是可以理解的。哲学与现实都在扬弃着教条，哲学思考的本性又是什么？现代西方哲学给了我们什么样的教益？这些必然引起对人生的思考。什么是幸福？幸福和痛苦的关系是怎样的？人为什么活着？这些都是这种思考的必然结果。

第七章 哲学与生活的思考

引言

哲学和生活都是有一定规律的，任何哲学体系都有一定的逻辑结构，逻辑结构是把握哲学体系的钥匙，把握哲学体系的逻辑结构可以帮助人们理解哲学的本性，深入认识哲学发展的规律性。哲学课教学，也要求教师必须正确地把握哲学体系的逻辑结构，只有这样，才能使学生准确地把握哲学知识。同样，生活有生活的规律，人们生活在一定的社会阶段上，自觉或不自觉地会思考一些生活的难题和规律。什么是幸福？如何理解幸福和痛苦的辩证关系？人为什么活着？这些问题必然是带有世界观和方法论的大问题，也涉及对人生的本质和过程的深刻思考，思考的结论对他人、对自己都是不无教益的。本章试图从这些抽象的问题入手，投石问路，做一番浅显的探索与读者分享。探索的结论具有“教条”的性质，而哲学和生活会不断扬弃教条，但这并非是我们否定任何教条的理由。最后，通过对“主观幸福感”的分析与批判，揭示了错误教条的产生和使用也是有原因的，人们正是在突破中去前进和发展的。

一、要正确把握哲学体系的逻辑结构

任何哲学体系都有一定的逻辑结构，“逻辑”是指必然性、有规律之意，“结构”讲的是一种内在关系。我们可以从哲学体系的内在联系（即规律性）的角度，把哲学体系的逻辑结构分为范畴、命题、原理和体系四个基本层次。

（一）范畴

什么是范畴？范畴指基本概念，它是人的思维对客观事物的普遍本质或关系的反映和说明。尽管范畴和概念都是人的思维对客观事物本质的概括，都揭示了事物的某些共同特征（或一般特征）；但它们还是有区别的。首先，二者对事物概括的程度和范围不同。可以说范畴是大概念，而概念是小范畴，从概括的程度和运用的范围上看范畴都大于概念。例如，感性认识是范畴，感觉、知觉和表象就是概念。其次，范畴和概念在哲学体系中的地位和作用不同。范畴在哲学体系中有突出的地位和作用，离开范畴哲学体系将不复存在；而概念则同哲学体系的联系并不紧密，离开某些概念哲学体系仍然存在。所以，无论从哪个角度看，都说明范畴比概念更为重要。当然，二者的区别是相对的，在不同的哲学体系中可以相互转化。如“感觉”在贝克莱的哲学体系中就是重要范畴，而在马克思主义哲学中就是一般概念。

那么，范畴在哲学体系中居何地位、有何作用呢？它在哲学体系中处于基础性地位，是哲学体系的“细胞”，起着组成或构成哲学生命的作用。范畴是哲学体系中最基本的思维形式，是认识事物的工具。尽管范畴是对客观事物的反映，但它一旦形成又会成为认识事物的工具，成为基本的思维形式。我们认识事物是通过范畴去认识的，范畴的正确性直接关系到哲学体系的科学性。同时，哲学体系正是通过各种范畴不断深化着对客观世界的认识，范畴是组成体系的小过程、小阶段。正如列宁所说：“在人面前是自然现象之网。本能的人，即野蛮人没有把自己同自然界区别开来，自觉的人则区别开来了。范畴是区分过程中的一些小阶段，是帮助我们认识和掌握自然现象之网的网上纽结”①。可见，认识的发展往往表现为范畴的发展，而范畴的发展又体现着思维的进展，哲学发展史从某种意义上讲就是范畴发展史。

如何把握范畴？首先，应该把握范畴所反映的客观事物的本质，逻辑学称之为“内涵”。如物质的本质是客观实在、运动的本质是物质存在方式、静止的本质是运动特殊状态等。其次，把握范畴所适用的范围，逻辑学称之为“外延”。如物质包括意识以外的一切能被认识的东西、运动包括一切变化和过程、静止又有两种情形等。再次，要把握范畴所反映的事物的特殊性。对事物的认识往往有许多角度，范畴在表现事物的本质（内涵）和范围（外延）以外，还有某些特殊表现（或规定），认识这些特殊性是全面地、准确地把握范畴的基础。此外，必要时还要把握范畴的历史变迁。有些范畴经过历史演变，其真实含义同字面意义（或词源）距离较大，如辩证法、形而上学等，这就有必要了解其历史变迁。总之，对范畴的把握要准确、完整、全面和深刻。

① 列宁全集（第38卷）[M]．北京：人民出版社，1984：90.

（二）命题

什么是命题？命题是人的思维对事物本质属性或事物与事物相互关系的断定，它是表达判断的句子。命题与范畴有着密切的联系：一方面，范畴是命题的基础，命题离不开范畴；另一方面，命题又是范畴的展开，是对范畴所做的肯定或否定的说明。命题和判断是统一的，它们都是对客观事物的性质或关系所作的某种说明。但二者也有区别。首先，命题具有更大的概括性，它不同于一般的判断。如“世界是物质的”是命题，而“自然是物质的、社会是物质的、人是物质的”就是判断。其次，命题同体系的联系更加密切，而判断可以不受体系的制约。当然，命题和判断之间的区别也是相对的，正如范畴和概念的关系一样。

那么，命题在哲学体系中居何地位、有何作用呢？它在哲学体系中处于辅助性地位，是哲学体系的“血肉”，起着维持哲学生命的作用。也就是说，尽管哲学体系没有命题不行，但命题毕竟在哲学体系中起着“连接”“桥梁”的从属作用。因为一方面，命题以范畴为基础，起着连接范畴之间相互关系的作用，命题离不开范畴；另一方面，命题是原理的组成部分，受原理的支配和制约，它是为原理服务的。所以，命题本身缺乏独立性，命题的作用具有“辅助”的性质。

如何把握命题？把握命题就是要尽量把不同的命题区别开来。第一，应该区分相反命题（矛盾命题）。相反命题表达了两种判断之间的“不相容性”，一种判断正确地反映了事物的内在联系，而另一种判断是错误的。区分相反命题的意义在于，它可以使人们对知识的把握有一种“明确性”。第二，区分相近命题（易混命题）。相近命题反映了不同判断之间的“相似性”，有的命题可能“一字之差，谬之千里”。区分相近命题的意义在于，它可以使人们对知识的把握有一种“准确性”。第三，区分相关命题（逻辑关系）。相关命题表现了各种判断之间的逻辑关联，如许多哲学原理都是由一些相关命题组成的。区分相关命题的意义在于，它能使我们对知识的把握有一种“完整性”。第四，区分不同命题（前面的综合）。不同命题体现着各种判断所代表的不同观点，区别不同命题能使我们把握知识的整体。区别不同命题的意义在于，它能使我们对知识的把握有一种“全面性”。总之，把握命题要明确、准确、完整和全面。

（三）原理

什么是原理？原理是从复杂的事物和现象中总结出来的共同法则，是对客观事物最一般的本质和规律的高度概括和理论说明。原理是由命题组成的，原理表现着命题和命题之间的内在联系，或者可以把原理理解为由具有各种内在联系的命题所组成的基本观点。原理和推理是有区别的：推理是由已知判断得出未知判断的一种思维形式，而原理均属于已知判断。尽管原理不等于推理，原理更类似于推理的前提，但原理必然包含着推理，是推理的结果。原理和原理之间具有相对独立性，它们可以独立地对事物的普遍本质或关系进行说明，也可以独立地认识和分析事物，具有世界观和方法论的意义。例如，马克思主义哲学就有辩证唯物主义原理、唯物辩证法原理、辩证唯物主义认识论原理、历史唯物主义原理，等等。

那么，原理在哲学体系中居何地位、有何作用呢？原理在哲学体系中处于“主导”地位，是哲学体系的“骨架”，起着支撑哲学生命的作用。首先，原理是各种范畴的深化、扩展和运用，范畴失去原理则无意义；其次，原理对命题有统帅作用，它是命题和命题之间的内在联系，无原理命题亦不存在；再次，原理是世界观和方法论的理论化，它可以在哲学体系中独立地发生作用；最后，原理还是哲学体系中的必要的、有机的、不可缺少的组成部分，无原理哲学体系也将化为灰烬。所以，原理是哲学体系中的“灵魂”或“精髓”，哲学体系的科学性往往取决于基本原理的正确性。

如何把握原理？第一，要把握命题和命题之间的内在关系。因为原理是由命题之间的内在关系组成的，命题之间的逻辑关联是原理的体现。例如，马克思主义哲学原理就是由命题之间的内在关系来说明的，如物质和意识的辩证关系原理、运动和静止的辩证关系原理等。第二，要把握原理的意义和局限性。任何原理都是一定的社会历史条件的产物，都有一定的意义和局限性，全面把握其意义和局限对掌握原理至关重要。第三，要把握与原理相对立的观点。相对立的观点反映了不同原理之间的碰撞，哲学的发展就是在这种碰撞中进步的：有时人们通过碰撞来坚持真理、修正错误；有时通过碰撞互相补充、共同发展；有时则在碰撞中发现新的道路、互相融合；等等。第四，要运用原理去分析和解决现实问题。把握原理本身不是目的，把握原理的目的在于去认识、分析和解决现实问题。不同的原理有不同的角度，解决问题也有不同的方法，有些是互补的。

当然，原理有正确和错误之分，马克思主义哲学原理是正确的世界观和方法论，我们要用马克思主义哲学原理去分析和解决现实问题。这就要做到：把握马克思主义哲学原理中的各种辩证关系、把握马克思主义哲学原理对客观世界的普遍指导意义、树立既要坚持又要发展马克思主义哲学原理的科学态度、批判各种错误观点、运用马克思主义哲学原理去分析和解决现实问题，等等。总之，马克思主义哲学原理（或基本原理），在马克思主义哲学体系中具有突出重要的作用。

（四）体系

什么是体系？体系是由各个基本原理所组成的统一整体，它既体现着哲学结构的内在统一，又表现着外部整体特征。哲学刚刚产生的时候是没有体系的，后来出现了体系，欧洲的哲学家们从近代开始才特别注重构造哲学体系。马克思主义哲学也是有体系的，是由各个基本原理所组成的有机整体。当然，对原理的理解和运用不同，体系也不同，即使是同一种哲学，其体系也可能是不同的，体系还要随着哲学原理的发展而发展，不能发展的哲学体系必然会失去其生命力。哲学的发展体现着不同体系之间的互相碰撞、消融、影响和作用，体现着新的体系对旧的体系的不断继承和发展，即“扬弃”。正是彼此的相互作用，促进了理论思维（哲学思维）的不断发展。

那么，体系在哲学中起什么作用呢？体系是哲学的整体结构，也可以理解为是哲学的“身躯”，它既是各个原理内在的、有机的统一，又起到了整体形象的作用。一方面，体系是哲学各个原理的内在的、有机的统一。尽管各个哲学原理具有相对独立性，但它们又是统一的，这种统一就是体系，体系是把各个原理贯穿在一起的联系与统一。另一方面，体系使哲学成为一种系统理论，起到了整体形象的作用。前者讲体系的内在性，后者讲体系的外在性。哲学正是因为体系才有了“整体形象”，才成为可以认识、学习、理解和把握的对象。当然，体系也有局限性，不能夸大体系的作用。可以说，任何体系都是不完善的，都只具有相对的意义。首先，体系容易导致教条化、公式化倾向。体系的积极意义在于，能使各个哲学原理在逻辑上有一种一致性，对解决问题有普遍的指导作用；但是，如果夸大这一点就会适得其反，走向空洞、抽象的教条主义。其次，体系容易忽视对新问题的研究。体系一旦形成定式，就会产生某种排外性，就会故步自封造成思想僵化，就会使人们停止不前而忽视对新问题的研究。再次，体系对其他体系具有排斥性。任何哲学体系都有自己的逻辑起点和解决问题的方法，这就成为各个体系之间彼此排斥的基础，发展到一定程度必然会采取互相否定的态度，哲学史的发展就是一个充分的证明。所以，辩证认识和分析体系在哲学中的作用是非常必要的。

如何把握体系？首先，要把握体系借以统一各个原理的逻辑起点或出发点。因为逻辑起点或出发点不同，直接导致许多问题上的观点对立，它是贯穿各个原理的中心线索和理解各个原理的钥匙。例如，马克思主义哲学的逻辑起点就是唯物论和辩证法的统一，这种统一贯穿于马克思主义哲学的各个领域。其次，要把握体系分析问题的基本方法。因为任何体系都具有哲学方法论的作用，有时这种方法论更能体现体系的精神实质，如“实事求是”“具体问题具体分析”就是马克思主义哲学的“精髓”或“活的灵魂”。再次，要从结构上把握体系中所存在的各个原理之间的从属关系。前面是从内容的角度把握体系，这一点则是从形式方面去把握。把握体系的具体方法是多种多样的，如网络式的方法、列表式的方法、问题式的方法，等等，但无论是什么方法都是要把握体系中所存在的各个原理之间的从属关系。当然，把握体系还要注意体系中所存在的、固有的局限性，采取辩证分析和历史主义的态度。

综上所述，哲学体系的逻辑结构是由范畴、命题、原理和体系四个基本层次构成的，只有对这四个层次进行深刻的认识和全面的了解，才能把握各种哲学知识，不断提高理论思维的能力。

二、什么是幸福

（一）问题的提出

有一天，到一位已退休的老教授家里做客，谈到了关于幸福的话题。什么是幸福呢？我个人的理解是：“幸福是人们在幸福观的指导下，对自身存在状况的一种充悦和满足。”有一位同来做客的老教授，热衷于弄清楚幸福的客观标准、幸福的统一性、幸福的基本条件等，据说他想写一本关于人生方面的专著，里面涉及关于幸福的话题。

这个问题一提出，就出现了非常激烈的争论。其实，这一问题是历来争论不休的问题，每个人的价值观不同，对幸福的理解不同，于是就必然出现不同的幸福感受，为什么非要去寻找一种幸福的统一标准呢？但是，既然要写书，既然写出来的东西要有普遍的指导意义，这种探寻又是无法避免的，尽管我并没有写这种书的欲求，但对思考这样的问题还是很感兴趣的。

什么是幸福呢？幸福是一种主观的个人感受。一个人主观的满足感越强烈，自身的存在状况对他而言就越幸福，相反，一个人的满足感越微弱，自身的存在状况对他而言就越痛苦。痛苦是人们在痛苦观的指导下，对自身存在状况的一种缺憾和难过。痛苦和幸福一样也是没有统一说法的，想寻求一种统一的答案是很痛苦的。有人指责我把幸福理解为纯粹主观的东西，是唯心主义！这种指责是毫无意义的，幸福的内容当然是客观的，然而，对幸福的感受确实是主观的，是非常个性化的东西，这是无论什么“主义”都改变不了的现实。

顺着这样的思路，我们有进一步探讨的必要。

（二）幸福是人的主观感受，还是一种客观事实

前人提出过各种各样的幸福观，如幸福是获得智慧（赫拉克利特）、幸福存在于人的灵魂之中（德谟克利特）、幸福是身体健康和灵魂的宁静（伊壁鸠鲁）、幸福是获得了的善和美德（亚里士多德）、幸福是自愿顺从命运的安排（斯多葛学派）、幸福是人死以后灵魂得救升入天堂（基督教）、幸福是人的欲望得到了满足（叔本华）、幸福存在于生命和肉体中（费尔巴哈），等等。在现实生活中，对幸福的理解更是多种多样的，概括起来：有的人把对物质方面的某些追求并得到满足，看成是幸福的；有的人把对精神方面的某些追求并得到满足看成是幸福的；更多的人则是把物质和精神两个方面的追求都得到满足看成是幸福的。但是，无论是哪种幸福观，其对幸福的最终感受都是通过人的主观获得的，对一个丧失了幸福感受能力的人来说（如植物人、精神病患者），幸福和痛苦都是不存在的，也是毫无意义的。因为这些人已经丧失了理智、丧失了感觉、丧失了感受幸福的能力，他们的存在状况再好对他们自身而言，也难以认定就是幸福的。

所以，幸福的前提是人的感觉、人的理性、人的幸福观，甚至同人的追求都有密切的关系。一个人也许（在多数情况下）客观上追求得越多，得到的满足越多，他在主观上感觉到的幸福也许就越多。但是，并不能因此得出结论说，那些客观上得到满足少的人就一定是不幸的。恰恰相反，往往是得到东西越多的人感觉自己越痛苦，因为他们还有更多、更大的追求，这种追求得不到满足的时候痛苦必将伴随而至，而事实上人的追求是无止境的，由于这种追求所带来的痛苦也是无止境的，在这种情况下幸福只具有相对的和暂时的性质，甚至幸福成为改变了形式的痛苦，正如叔本华所认识到的那样。所以，老子哲学中“知足恒乐”的思想，往往就成为指导我们认识幸福的重要指针。

有人总想把幸福看成是统一的，寻找一些有关幸福的统一指标，如健康的身体、灵魂的安宁、成家立业、事业有成、儿孙满堂、助人为乐、舍己为人，等等，殊不知这种寻找是徒劳无益的，也是不可能有统一结论的。因为我们总能找到一些不同的甚至是相反的例证，总能破坏这种人为造成的统一性或统一

的标准。有人以满足私欲为幸福，有人以满足他欲为幸福；有人以满足物质方面的追求为幸福，有人以满足精神方面的追求为幸福；虐待狂以虐待他人为幸福，受虐狂以被别人虐待为幸福；异性恋者对男女关系感到幸福，同性恋者对同性关系感到幸福；一个身体健康的人感觉不到健康给自己带来的幸福，相反，一个身患重病的人，对社会、他人、家人的嘘寒问暖感到无比的幸福；一个饿肚子的人，得到温饱感到很幸福，而衣食无忧的人就不会感到这种幸福。幸福怎么能有统一的标准呢？事实是一样的，能否感觉幸福却是不同的，自我感觉才是幸福的源泉，而自我感觉是千差万别的。

（三）幸福是具体的，还是抽象的

如前所述，既然幸福是个人的自我感受，而每个人所处的地位不同、经历不同，感受到的幸福也不同，幸福不是靠几项抽象的指标可以确定的。例如，就自身的存在状况而言，什么样的条件算是幸福呢？从时代发展来看，后面的时代往往比前面的时代进步得多，那因此就说前面时代的人就都是痛苦的吗？原始人就没有幸福吗？再过一千年，我们不也成了对那个时代而言的原始人了吗？所以，照这样进行推论幸福是根本不存在的。

有人说幸福是有条件的，这是对的，不同的幸福观对幸福的理解不同，其实就是对幸福的条件的理解不同，但不能因此就说幸福是客观的，甚至说人人都具有统一抽象的幸福，人们对幸福条件的感受仍然是主观的，是在幸福观的指导下出现的。不同时代的人们有不同的幸福观，不同国家的人们有不同国家的幸福观，不同地区的人们有不同地区人们的幸福观，不同性别的人有不同性别人的幸福观，就是相同的时代、国家、地区、性别的人，由于个人对幸福的理解不同幸福感受也不同。所以，试图抽象出一种人人都能接受的、客观的幸福是不可能的。

但是，这并不妨碍我们去探寻，在一个时代、一个国家、一个地区、一种群体大多数人所共有的幸福观。所谓幸福的基础、幸福的条件、幸福的标准、幸福的统一性，等等，只有在这种意义上才是有一定价值的，也是对他人有一定指导意义的，必须明确这种幸福观是相对的、有条件的。当我们介绍某个人的幸福观和幸福感受时，一定要注意这是他“个人”的幸福；当我们抽象出某些人的幸福观、幸福感受时，这是“某些人”的幸福；当我们谈论大多数人共同的幸福观和幸福感受时，这是“大多数人”的幸福，只要有“个案”存在，这种标准就永远不具有普遍性，绝对性、客观性，这种统一的幸福是没有的。因为幸福是具体的而不是抽象的，正如人的本质是具体的而不是抽象的一样。

即便是在一个人那里，幸福也不是抽象的，弗洛伊德就曾论述过“本我、自我、超我”各有自己的幸福标准，幸福在一个人身上往往都是不统一的，何况不同的人呢？

（四）“幸福”和“真正的幸福”是一个概念吗

有的人喜欢谈论“什么是真正的幸福？”这其实离开了什么是幸福的话题，而是进入了一种道德的领域。“幸福”作为人的一种主观感受，是肉体和灵魂的统一，是非理性与感性和理性的统一，应该说幸福包含了所谓真正的幸福，但真正的幸福并不是幸福的全部。

幸福分为真正幸福和虚假幸福、高尚幸福和低劣幸福、物质幸福和精神幸福、感性幸福和理性幸福、现实幸福和理想幸福、个人幸福和人类幸福、生理幸福和心理幸福、国家幸福和公民幸福、主流幸福和非主流幸福、男人的幸福和女人的幸福，等等，我们可以从不同的角度对幸福进行分类。

就“真正的幸福”而言，可能更多的是偏重于“高尚的”“理性的”“理想的”“人类的”“国家的”“主流的”幸福，但也不是绝对的，这个问题一提出来就会出现各种分歧，不同时代、不同国家、不同的人对这个问题的理解会是很不同的。所以，写关于什么是幸福的书的人必然有所选择，选择的结果带有很强的价值取向性。但无论对幸福如何分类，无论对“真正的幸福”如何理解，“幸福是人们在幸福观的指导下，对自身存在状况的一种充悦和满足”这一定义是无法推翻的。

所以，“什么是幸福”和“什么是真正的幸福”这是两个不同的问题，“什么是幸福”的问题同幸福者的幸福感受相联系，有的人享受幸福的感性成分可能多一些，有些人享受幸福的理性成分多一些；有的人享受现实的幸福成分多一些，有些人享受理想的幸福成分多一些；有的人享受真正幸福的成分多一些，有的人享受虚假幸福的成分多一些（不能否认，虚假幸福也是可以享受的，如“乐极生悲”在生悲以前感觉到的是幸福）；有的人享受到高尚的幸福成分多一些，有的人享受到低劣的幸福成分多一些，如此等等。当然，大多数人享受到的幸福是复杂多样的，不是单一的，而且，这种幸福也不是固定不变的，随着得到满足的不同，随着追求的不同，对幸福的认识和理解也不同，正如马斯洛关于人的需要理论所揭示的那样。

总之，幸福是人的一种主观感受，它感受的内容固然是客观的，幸福同一定的客观条件有密切的联系，但幸福本身是主观的，幸福是具体而不是抽象的，“幸福是人们在幸福观的指导下，对自身存在状况的一种充悦和满足”。这种充悦和满足同自身的客观环境、同自身存在的物质条件有密切的关系，但也不一定同外在的物质条件成正比。有感觉幸福能力的人，善于享受幸福生活的人，永远是幸福的！（也许在别人看来是不幸的，然而，幸福不是别人的看法，而是自己的感受。）

三、幸福和痛苦的辩证法

幸福、痛苦及二者的关系，是人生哲学所面临的一个重大课题，也是历来争论不休的问题。本文试图运用辩证思维方法，从二者的对立统一中阐述二者的含义及辩证关系，从而为人们认识和理解这一问题提供一个简明扼要的视角，概述地表达了笔者对这一问题的感悟。

（一）

幸福和痛苦如孪生兄弟并存，幸福的终点是痛苦的起点，痛苦的结果又会走向幸福。幸福中孕育着痛苦，痛苦中也包含着幸福，幸福和痛苦作为两种相反的主观感受，往往交织于人的情感之中。追求纯粹的幸福同遭遇纯粹的痛苦一样，都是很少见的，“我幸福”和“我痛苦”像一枚硬币的两面，成为点缀人生情感世界的作料，丰富着人们的精神内容。

如前所述，幸福是人们在幸福观的指导下，对自身存在状况的一种充悦和满足，痛苦则是人们在痛苦观的指导下，对自身存在状况的一种缺憾和难过。在这里，由于充实和愉悦而得到满足，由于满足使人感到幸福；同理，由于缺失和遗憾而难过，由于难过使人感到痛苦。人们的幸福观不同，感受到的幸福就不同；同样，人们的痛苦观不同，感受到的痛苦也不同。相同的一件事（客观事实），有人感到幸福，有人感到痛苦，有人则没有感觉，有的人却能既感到幸福又感到痛苦。幸福观和痛苦观不同，直接表现着人们追求的差别，追求得到满足，幸福油然而生，反之则陷入痛苦。

有人说幸福是客观的，如“身体健康”，谁不喜欢有一个健康的身体呢？其实，身体健康本身并不是幸福，对身体健康感到满足才是幸福的，一个由于身体健康而遭遇灾难的人，不仅把身体健康看成是痛苦的，而且，想方设法以破坏身体健康为代价去避免更大的痛苦。同样，遭遇到灾难也不一定是痛苦，只有对这种灾难感到缺憾、难过才是痛苦的，一个“因祸得福”或因灾难而获得巨大利益的人，也许会感到难以名状的幸福。

所以，“我满足，故我幸福；我难过，故我痛苦。”这就是幸福和痛苦的公式。对大多数人而言，既有幸福又有痛苦，或幸福与痛苦并存，其公式就是：“我既满足又难过，故我既幸福又痛苦。”还有一种人丧失了感受幸福和痛苦的能力，有的人虽然有这种能力却心如死灰，其公式是“我麻木，故我既不幸福也不痛苦。”

（二）

幸福和痛苦是对立统一的：幸福不是痛苦，痛苦也不等于幸福，二者是两种根本不同的心理体验和感受，是界限分明、不能混淆的。

但是，二者相比较而存在，相互依存、相互联系，并在一定条件下相互转化。

根据马斯洛关于人的需要层次理论，人们的需求是分层次的，他把人的需求分为生理需求、安全需求、社交需求、尊重需求和自我实现需求五类。有的人则把人的需求分为生存需求、享受需求、发展需求等。既然人的需求是分等级（或层次）的，人们对需求的追求并得到满足也是分等级（层次）的，那么，毫无疑问人的幸福和痛苦也是分等级（层次）的。

一个饿肚子的人或许以得食温饱为幸福；衣食无忧的人或许以安定的生存环境、和谐的人际关系为满足；追求再高一点的人，可能以获得别人的尊重，具有一定的金钱、地位和荣誉为欢悦；有更高追求的人，可能以自我发展和自我实现为充悦。当低级层次的幸福实现以后，高一级的幸福追求立即提上日程，而这种追求遇到阻碍或难以实现时，人们就会陷入痛苦之中。马斯洛的错误在于，把人的需求看成走台阶一样，是一级一级走上去的，殊不知人的需求是可以兼有和跳跃的，饿肚子的人也爱美女，也有自我实现的需要。

马斯洛给我们的启示是：幸福有低级的幸福，痛苦有高贵的痛苦。低级幸福的实现，等待你的是高贵的痛苦，高贵痛苦的扬弃，又进入了高级的幸福。痛苦包含着幸福，因为在痛苦的追求中有着对幸福的憧憬和展望，而且高贵的痛苦本身就优越于低级的幸福（这种幸福在高贵的痛苦者那里已经不再是幸福）。同样，幸福也孕育着痛苦，低级幸福的实现是高贵痛苦的起点，除非人们放弃对更高幸福的追求，人们无限的追求必将伴随着永恒的痛苦。

（三）

我们再来看一下弗洛伊德的精神人格学说，他把人的精神世界分为“本我”

“自我”“超我”三个层次，就一个人的精神世界来讲是由“三个我”组成的，只有同时具备了“三个我”的人才是健全的精神人格。“本我”按照快乐原则行事，它的幸福是追求本能的、肉体的、潜意识的满足；“自我”按照现实原则行事，它的幸福是追求现实的、世俗的、理性的满足；“超我”则按照理想原则行事，它的幸福是追求理想的、高尚的、道德的满足。弗洛伊德的错误被很多人认为，是夸大了“本我”的作用，他把“本我”看成是人的全部精神活动的基础。但是，弗洛伊德的这种划分还是很有道理的，它为我们研究幸福和痛苦的复杂关系提供了有益的线索。

根据弗洛伊德的学说，我们不难发现：幸福和痛苦往往是互相渗透和相互交织的，幸福和痛苦往往共存于一个人的精神世界中。例如，有的人以得到了肉体快乐为幸福，同时，又感到由于精神空虚给自己所带来的痛苦；有的人以获得财富和金钱为满足，同时，又以失去了温暖的家庭和亲人为痛苦；有的人以实现了自我价值、自我发展为快乐，却以物质匮乏、地位低下为痛苦；有的人幸福于自己的道德高尚、完美的人品，却同时痛苦于自己的能力还不足以使别人都能达到幸福；如此等等。这时“我既满足又难过，故我既幸福又痛苦”的公式存在于很多人的精神世界中。可见，即便是在同一个人身上，幸福和痛苦也是相互交织、互相渗透的，幸福和痛苦是具体的而不是抽象的，是主观的而不是客观的，想探寻一种所有人都共有的幸福或痛苦几乎是不可能的，这种探寻本身或许是出于一种把人的幸福和痛苦抽象化、客观化的企图。

当然，更科学的表述或许可以是这样：幸福和痛苦是主观感受和客观内容的统一，没有客观内容、没有被感受的对象、没有感受者主体的存在，幸福和痛苦的感受就成为了无源之水、无本之木。但是，在这种主、客观的关系中，无论是幸福也好，还是痛苦也罢，从追求的企图到实现的满足，起决定作用的还是人的主观感受、人的自我感觉。所以，“我满足，故我幸福；我难过，故我痛苦”，这一公式无疑地是对幸福和痛苦的最高概括。尽管大多数人是“我既满足又难过，故我既幸福又痛苦”。

（四）

上述论述、上述公式，对我们的人生有什么现实的指导意义呢？首先，它告诉我们幸福和痛苦同个人追求的目标相联系，人们追求的目标应该合理、适度。幸福和痛苦作为个人的主观感受，取决于自己追求的目标和目标的实现，当我们把目标定得低一些、合理一些、符合实际一些，则摆脱痛苦和获得幸福的速度就快一些；同样，当我们把目标定得过高、远远脱离实际甚至不可能实现，那么，获得幸福和摆脱痛苦就成为可望而不可即的幻想。其次，它告诉我们幸福和痛苦是相互依存的，要辩证地看待这两种不同的感受。也就是说，当我们得到幸福时可能会有痛苦相伴随，满足也许是包含了无奈和难过的满足，满足本身就意味着某些不如意，或者说是以某些缺憾为代价获得的；同样，当我们遭遇痛苦时可能会有幸福相伴随，难过是包含了幸福追求的难过，难过本身就意味着某些欢乐和充悦，或者说是以某些欢乐和充悦为前提产生的。我们要辩证地看待幸福和痛苦的关系，不要把二者绝对地对立起来，拒绝一切痛苦和抛弃一切幸福一样，都是不可能的。再次，幸福和痛苦作为两种不同的个人感受，是每个人都可以驾驭和调节的。当我们认识到幸福和痛苦都是人的主观感受时，当我们了解了幸福和痛苦取决于自己的追求和追求的实现时，我们就认识到幸福和痛苦主要存在于我们的感受之中，其实与外在的东西没有太多的关联，或者说主要不是取决于外在的条件，或者说这种外在的条件是完全可以忽略不计的。所以，幸福往往属于那些有感受幸福能力的人，而痛苦也往往被感受痛苦的人所拥有，感受幸福和痛苦是感受者的权力，与别人、与外在的东西是无关的。所以，幸福和痛苦是每个人都可以调节和驾驭的。

当我们说“实现幸福”的时候，实际上是把幸福权推给了外部世界；当我们说“他很痛苦”的时候，实际上是用自己的标准代替了他的感受；当我们试图探寻一种绝对的、抽象的、客观的幸福或痛苦的时候，我们实际上是用教条主义的方式，抹杀了具体的、生动的、丰富的、活生生的、千差万别的关于幸福和痛苦的人生内容。所以，幸福和痛苦就像磁石的两极，尽管以自身之外某种物质的、精神的满足为内容，但这种感受是纯粹个性化的、具体的、个人的。有人说，幸福的家庭大致都是相同的，不幸的家庭各有各的不幸，其实，幸福的家庭也是千差万别的，没有千篇一律的幸福，在追求个性化发展的今天尤为如此。有人说，幸福是暂时的、相对的、有条件的，痛苦才是永恒的、绝对的、无条件的，但是，对于知足常乐的人来说，这种说法又有什么意义呢？同样，乐观主义者想说服悲观主义者，想用大量的事实来证明幸福的存在，这对于善于感受痛苦的人来说也是毫无意义的。可见，幸福和痛苦的决定权掌握在自己手里，掌握在感受者的手里，对于无感受能力的人来说，幸福和痛苦都是毫无意义的。

四、“人活之谜”探析与思考

人为什么活着？这是一个并不陌生的问句，也是许多人苦苦追寻并试图回答的话题。对这一问题的回答，是人生哲学不可回避的重要内容。笔者凑趣，亦想探寻一二，投石问路，浅析这难解之谜。笔者从本原的意义上，从自然界和人类社会关系的角度，从人的责任和自主的角度，从利己和利他相互关系的角度，初步探寻了“人活之谜”。

若谈人为何而活，就要了解人因何而生，人只有生才能活，生是活的前提与前因，人因何而生又可以从本原意义上去追索。

（一）命赐于天，活为自然

从本原意义上看，命赐于天，天乃自然，人类是自然界的产物。所谓自然不仅是我们居住的地球，所有对人的生命发生作用和影响的因素皆属自然。天赐七情人有七情，天赐六欲人有六欲，天赐理性人有理性，虽然这些属人的特性与人的劳动、人的社会性有关，但毕竟人类社会源于自然，亦属于自然，人类社会的产生和发展是自然界对象化的结果。社会的发展证明着自然的发展，社会的进步证明着自然的进步，人类社会是自然界本质力量的对象化。马克思就曾经把共产主义看成是完成了的自然主义，马克思说：“这种共产主义，作为完成了的自然主义，等于人道主义，而作为完成了的人道主义，等于自然主义，它是人和自然之间、人和人之间的矛盾的真正解决，是存在和本质、对象化和自我确证、自由和必然、个体和类之间的斗争的真正解决。它是历史之谜的解答，而且知道自己就是这种解答”①。

人的产生、意识的产生，至今还属于假说的范畴，很难被实践直接证实，但是，“人是自然界的产物”已成为许多人的共识，也被许多具体科学不断地证实着。既然如此，人活着当属于自然之安排，人的能力、人的寿命、人的活动范围，等等都受制于自然，被自然的规律所左右，故人“活为自然”，只不过很多人处于无意识状态罢了。有人说：“人为活而活”“人为生存而活”“人为繁衍后代而活”等，其实就是为自然而活。人与自然是统一的，因为人来源于自

① 马克思恩格斯全集（第 42 卷）［M］．北京：人民出版社，1979：120.

然，是自然的一部分，故“天人相应”“天人合一”不是无稽之谈（只不过有人从主观上任意去理解）；同时，人与自然又是对立的，人类社会区别于自然，人要从自然中获取自己所需之物，自然变成了“人化自然”，但这种对立就整个宇宙来说是微不足道的。可见，“我为自然，自然为我”应当成为人们最高的主观价值取向，因为它真实地反映了人与自然的关系，正所谓“道法自然”。所以，儒家讲的“仁者爱人”只是小爱，何况儒家讲的人还是分等级的；其实，“仁者爱自然”才是大爱，是宇宙之爱、自然之爱，佛家讲的“梵我同一”接近于这种爱。所以，人生于自然、活于自然，因自然而生、因自然而活，只要没有死的理由，人就一定要活着。

那么，自然又是通过什么方式（中间环节）使人得以降生的呢?

（二）命赐于父母，活为尊亲

从直接原因看，人的生命受赐于父母，是通过父母相结合的方式得以降生的，故“人为什么活着”要从父母因何而生（孩子）谈起。父母为何而生，直接把活的原因遗传给下一代，尽管后辈有变异，原始的基因还是存在的，正所谓“龙生龙，凤生凤，老鼠的孩子会打洞”。有的人因爱而生，后代就获得了因爱而活的基因；有的人因恨而生，后代就获得了因恨而活的基因；有的人因报复而生，后代就获得了因报复而活的基因；有的人因纵欲而生，后代就获得了因纵欲而活的基因；有的人为尽义务而生，后代就获得了因尽义务而活的基因；如此等等，不一而足。当然，这也不是绝对的，由于后天的变异，由于“近朱者赤、近墨者黑”等环境的影响，“人活之谜”呈现出复杂的、非线性的因果关系图式。但是，更多的人还是因自然而生、生于自然，故因自然而活，活于自然，繁衍生息，永不停歇。总之，有多少种生的理由，就有多少种活的原因，这种因果关系大致是趋于无限的。

为人子女，命赐于父母，大多数人被父母养大，必感于父母的养育之恩，故很多人自觉或不自觉地、自然或不自然地、或迟或早地出现了“活为双亲”的人生之念。即使不为双亲或无机会报答双亲，也会把这一情念向下承传，转移到自己的子女身上，如果再加上特定时期、特定社会的极力宣传，这种人生之念就会在人的意识中生根发芽，成为活着的重要缘由。中国古代的“孝道”大概正是源于此因，也是论证其合理性的重要根据。然而，命虽受赐于父母，对孩子的抚养未必都是父母亲自所养，由于各种原因孩子的养育问题，在一些特殊的家庭会是非常不同的。有的人被单亲养大，有的人被亲戚养大，有的人从小被别人收养，有的人被福利院养大，有的人甚至吃百家饭而成长，故又会使受养者把“知恩图报”当作活着的一个重要理由。这样，“命赐于父母，活为双亲”就有失于片面，而代之以“命赐于父母，活为尊亲”才显全面些，凡是对自己有养育之恩者皆可为尊亲。在这里，为双亲活，为亲戚活，为尊长活，为子女活，甚至为回报社会活等，都可以被称为“活为尊亲”。这种生活方式几乎成了人的本能（甚至是所有生命的本能），成为人们活着的不自觉的原因（自然的原因）。当然，也有人自觉地认识到了这个原因，并按照这个理由去生活，甚至还有人把它向外进行扩展，把“活为尊亲”延伸到其他人，“老吾老以及人之老，幼吾幼以及人之幼”就是这种扩展的光辉写照。这样，“我为尊亲，尊亲为我”（及向外扩展）成为人们一种重要的价值取向，也是孝悌、仁爱之道的重要依据。

“我为尊亲，尊亲为我”既合自然之道，又合人伦之理。因为从本原意义上讲“命赐于天”，但天把生育权又赐予了父母，人就个体而言既是子女又是将来的父母，自然就是通过这种生活方式而完成了人的繁衍后代的运动。同样，人类社会出现以后，处理人和人的关系成为人类社会的重要方面，而家庭是人类社会的细胞，“活为尊亲”是稳定家庭关系的重要手段，于是它也成了伦理道德的重要内容。

（三）人有责任，活为承担

天赐生命的同时，也赐予了我们责任，这种责任首先就是通过父母养育后代、子女珍惜生命并茁壮成长实现的。“人为活而活”“人为生存而活”“人为繁衍后代而活”等都成了我们推卸不掉的责任；由于父母、亲朋或尊长把我们养大，由于受养者也会成为父母、亲朋或尊长，于是，善待父母、亲朋、尊长，为父母养老送终等，也成为我们推卸不掉的责任。这些责任是自然的，是自然所赋予我们的。同时，由于人类的生存，我们还有责任处理好生态平衡问题，有责任爱护我们的生存环境，处理好人和自然的关系，人活着就是为了承担，上述责任就体现着人类对宇宙的承担。

随着人类社会的产生和发展，随着人类的进步与文明的提高，在自然责任之外，人身上的社会责任也越来越多。社会的进步，往往体现着社会责任的增加，体现着人们承担的东西越来越多；社会的文明，也往往体现着社会责任的扩大与发展，体现着人类对社会的各种承担。人是有承担的，人活着就逃脱不掉各种承担，人活着或多或少地就是为了这些承担，区别也许仅仅体现在自觉和盲目的不同。有时自然责任和社会责任会出现矛盾：自然责任要求延续生命、繁衍后代；社会责任则为了人类社会某种特殊的目的而造成对生命的伤害甚至毁灭。由于社会的责任压得人喘不过气来，人们往往忽视了对自然的承担。又由于人不仅与自然斗争，还与人斗争，与自己斗争，在斗争中完成自己的社会责任，实现自己所承担社会义务。这就给人生、给人类社会披上了凄凉的面纱。

存在主义从自由和责任的角度论述过人的各种承担，人要对自己负责、对社会负责，甚至对整个宇宙负责，所以，人生是很劳累的。正因如此，许多人不得不悲观地理解人生，把人生看成是痛苦的学校，柏拉图就曾把哲学看成是“习死之学”。基督教更是以寓言的形式，通过“原罪说”给人们展示了一个痛苦的人生画面。叔本华甚至把痛苦的人生进行了理论化、系统化的论证。由于天赐生命，自然制约着人的能力、寿命、活动范围，等等，这些都给人的生存制造了许多难以想象的困难。人所承担的东西是多种多样的，在每个人身上的表现也是千差万别的，每个人所进行的主观价值取舍又是错综复杂的，故“人为什么活着”就出现了各种答案。

当然，人的承担也是由于人的自由、自主造成的，面对看似悲惨的人生，揭开凄凉的面纱，并不排除人也是可以追求幸福的。

（四）人可自主，活为己福

如果说前面更多的是从客观性的角度，论述了人为什么活着的问题，那么，在这里则更多的是从主观性的角度来谈这个问题，尽管这种主观性同样是以客观性为基础和前提的。

人之所以为人，很重要的一点就是人可以通过自己的劳动，把自身和动物区别开来。人正是通过劳动可以自由、自主，进行自我选择，追求个人的乃至整个人类的幸福。马克思说：“劳动这种生命活动、这种生产生活本身对人说来不过是满足他的需要即维持肉体生存的需要的手段。而生产生活本身就是类生活。这是产生生命的生活。一个种的全部特性、种的类特性就在于生命活动的性质，而人的类特性恰恰就是自由的自觉的活动。”① 不可否认，人降生以后作为人类的个体在一定的生活范围内是可以自主的，存在主义者萨特曾论述说“人是绝对自由的”，也正因如此，人一投入世界，就对自己所做的一切都要负责任，人是没有任何托辞的。尽管他夸大了个人的自由，但其主旨是为了说明人的责任，这种“自由承担责任”的思想构成了存在主义思想的核心内容。

既然人是自由的，人是可以选择的，几乎每个人都会追求自己的幸福，所以，“追求幸福”又成为许多人活着的重要理由，人活着不仅有自然责任、社会

---

① 马克思恩格斯全集（第42卷）［M］．北京：人民出版社，1979：96.

责任，还应该对自己负责。那么，什么是幸福呢？我在前面有所界定，“幸福是人们在幸福观的指导下，对自身存在状况的一种充悦和满足”。这里涉及每个人的人生观、价值观和幸福观的问题，而这样的问题也是没有统一答案的。幸福是个人的主观感受，不同的人感受到的幸福是不同的，这也或多或少地决定着人们为何而活的主观价值取向，尽管如此，人们在不幸福（或痛苦）的时候也不一定都会结束自己的生命。何况，幸福和痛苦又是相对的，二者相互渗透、相互贯通，在一定条件下可以相互转化。所以，“人为何而活”作为主观的价值取向，是一个不断变化和发展的问题，只有到了人死时才能得到最终的解决，而死又是必然的。马克思说：“死似乎是类对特定的个体的冷酷无情的胜利，并且似乎是同它们的统一相矛盾的；但是特定的个体不过是一个特定的类存在物，而作为这样的类的存在物是迟早要死的。”① 所以，探寻“人活之谜”亦可以通过“人为何而死”得到解答。

从马克思的那段话中，我们不难领悟到正如“命赐于天”一样，“死亦赐于天”，活为自然，死亦为自然。除了自然的原因以外，就某一个体而言，死的具体原因又是多种多样的，正如活着的具体原因是多种多样的一样。死的千差万别性，就衬托了活的多种多样性，衬托了人们追求幸福的多维性。

但是，追求个人的幸福往往又是相对的、有条件的，“主观为自己”的结果往往被“客观为别人”的现实所取代，这种取代就成为“人活之谜”的又一个不以人的意志为转移的重要原因。

（五）人依社会，活为利他

自从人类社会诞生以后，个人的活动就是类的活动，人和人的相互依赖组成了社会，个人只有在社会中、在集体中、在利他中才能得到生存和发展。就单个人来讲，没有什么人是可以离开他人、集体、社会而生存的，因为“人的本质并不是单个人所固有的抽象物，实际上，它是一切社会关系的总和”②。所以，人的任何活动，从某种意义上讲都是社会性的，都是与他人、集体、社会相联系的活动。

无论什么人，走上工作岗位以后，其活动都不是单纯为己的活动，都包含着利他的因素，都包含了为别人而进行的活动，无论个人的主观价值取向如何，“活为利他”几乎是不以人的意志为转移的社会活动规律。这是由人类社会的相

---

① 马克思恩格斯全集（第42卷）［M］．北京：人民出版社，1979：123.

② 马克思恩格斯全集（第3卷）［M］．北京：人民出版社，1979：5.

互依赖性所决定的，即由社会的性质所决定的。即使没有走向工作岗位，从一个人有了“自我意识”开始，就自觉或不自觉地对这一规律进行认识和了解，有时通过教育的因素更强化了这种认识。马克思说：“吃、喝、性行为等等，固然也是真正人的机能。但是，如果这些机能脱离了人的其他活动，并使它们成为最后的和唯一的终极目的，那么，在这种抽象中，它们就是动物的机能。”① 在这里，马克思讲的“人的其他活动”主要就是指“利他的”（同时也是“利己的”）各种社会性的活动，特别是生产活动（生产活动是社会性的）。

说到利己主义的价值取向，再没有比曹操的“宁我负人，毋人负我”的名言更为典型了。但是，终曹操一生来看，他凭借自己的实力平定北部疆域，发展生产，使动荡不安的环境得以安定下来，并为中国的最后统一奠定了基础，这些活动的“利他性”是显而易见的。可见，利己和利他是辩证统一的：一方面，人可自主，活为己福，每个人都会追求自己的幸福，具有一定的利己性；另一方面，人依社会，活为利他，没有绝对的利己活动，任何活动都是和利他相联系的。就一个具体事件来看，可能具有利己性，而就这件事的长远来看也可能具有利他性；同样，有些事表面看具有利他性，但从最终结果来看亦具有利己性。“利他”和“利己”成了一枚硬币的两面，是缺一不可的，那种把二者孤立甚至对立起来的观点是不全面的。所以，谈到人的价值（活着的意义）就有了“自我价值”和“社会价值”的二重性，两种价值是同样不可分割的，“我为人人，人人为我”应该成为正确的主观价值取向，因为它是对客观社会现实的正确反映和诠释。

综上所述，人为什么活着？从本原的意义上讲，命赐于天，活为自然；从直接原因来看，命赐于父母，活为尊亲；从生命的重要内容来看，人有责任，活为承担；从生命个体的追求来看，人可自主，活为己福；从生命个体的活动结果来看，人依社会，活为利他。当然，这些“活着”的原因绝不是界限分明、互不相容的，相反，而是错综复杂、犬牙交织的。在不同的人身上，可能某些因素在其一生中所占的比重是不同的，即使如此，在某个人身上随着具体历史条件的变化，其所占的比重也是会发生变化的。

从主观价值取向来看，每个人活着的具体价值取向是有很大区别的，大致包括：有人活着为追求自由，有人为实现自我价值，有人为实现社会价值，有人为了活着而活着等，可能更多的人程度不同地具备以上各种因素。但是，这些主观价值取向改变不了活为“自然、尊亲、承担、己福、利他”等这些最主

① 马克思恩格斯全集（第42卷）[M]．北京：人民出版社，1979：94.

要的内容，而这些最主要的内容构成了“人为什么活着”的客观必然性。所以，“我为自然、自然为我”“我为尊亲、尊亲为我”和“我为人人、人人为我”等当属于“人活之谜”最佳的主观价值取向（或主要原则），因为它们是对“人为什么活着”的客观必然性所做的最真实的反映和诠释。

五、“主观幸福感”一词辨析

当今网络及学术界频繁使用“主观幸福感”一词，特别是在心理学领域这个概念成为很热门的话题，许多人在研究不同人群中的所谓“主观幸福感”的缺失问题。然而，殊不知这个概念本身就存在着巨大的问题，学生们（或许以后会转化为学者）往往毫无批判地、自然而然地接受了这一概念的影响，进而去研究概念发明者所未竟的事业。当我们对这一概念本身进行考察时，就会发现这个概念的使用并非科学、并非明确，是一个看似时髦实则同语反复、画蛇添足的概念。

（一）主观和客观

这两个概念是在哲学和生活中经常被使用的概念，习惯性的说法是把“主观”理解为一种精神或意识，尽管有些人把精神和意识也进行了区分，但就“主观”是物质世界以外的存在，即人脑中的一种属性，或人脑对物质世界的反映来说，它和“客观”即物质世界本身（或存在于主观中的物质世界的客观内容）是相对应的一个概念。

1. 主观包括的范围

主观所包含的范围是很广泛的，整个人脑中存在的精神世界都属于主观的范畴，无主观即无意识或精神，无主观即无真正的人类，以下列举只是一些主观的主要领域。

（1）主观包括意识

马克思主义哲学对立观的解释是：意识是人脑对物质世界的反映，它是自然界长期发展的产物，也是社会劳动的产物，还是人脑的机能和属性，是物质世界的主观映象。主观当然包括人的意识。

（2）主观包括精神

有人认为精神和意识是同等程度的概念，它也是人脑反射活动的产物，是对包括社会存在在内的物质世界的反映。但是，也有人把精神看作是比意识更具有主观能动性的东西，精神比意识更需要培养和锻炼，一旦人们具备了某种精神就会产生钢铁般的意志，就具有了外力无法战胜的自信心，这不是一般的意识可以比拟的。正因为如此，有人认为物质可以决定意识，但物质决定不了精神。

（3）主观包括认识

认识有广义和狭义之分：广义的认识或许既包括人也包括动物甚至植物，凡是对外界物的刺激有反映或回应能力的东西都可以被认为其有认识。但是，认识更多的是在狭义上被使用的，它特指主体（人）对客体（对象）的反映。根据马克思主义观点，“认识是主体在实践的基础上对客体的能动反映”①。人的认识又分为感性认识和理性认识，感性认识包括感觉、知觉和表象，理性认识包括概念、判断和推理。在理性认识中，能够对人的实践有积极指导作用或消极阻碍作用的认识，我们有时称之为“思想”。同样，当人们运用概念进行判断或推理的时候，我们有时称之为“思维”。但是，无论怎样称呼，这些都属于主观范畴。

（4）主观包括无意识或潜意识

根据弗洛伊德的理论，“无意识”有广义和狭义之分。广义的无意识包括“前意识”和“潜意识”，而狭义的无意识特指“潜意识”。前意识是意识和潜意识的中间环节，有些可以上升为意识，有些则受到压抑而变成潜意识。潜意识则是隐藏在人们心灵最深处的难以觉察的意识，它往往按照肉体或机体快乐原则行事，对人们的精神生活起着支配的作用。

（5）主观包括人的各种情感

情感在心理学中属于“态度”中的一部分，“情感是人对客观事物是否满足自己的需要而产生的态度体验”（见《心理学大辞典》），哲学上讲的情感也是人类主体对客观事物价值关系的一种主观反映。情感主要包括对道德和价值两部分的感受，具体表现为幸福感、厌恶感、归属感、安全感、恐惧感、压抑感、屈辱感、孤独感、真实感、善感、美感、快感、性感，等等，无论是什么样的感受都是主观的。

2. 客观包括的范围

客观所包含的范围更加广泛，它不仅包括人脑以外的所有客观实在，甚至

---

① 马克思理论研究建设工程重点教材：马克思主义基本原理概论［M］. 北京：高等教育出版社，2010：66.

包括反映在人脑中的一切不以人的意志为转移的客观内容，无客观即无主观所反映的对象，无客观则无整个世界。客观包含以下几个范围。

（1）客观包括自然界

自然界是指人的意识或精神以外的一切物质世界，而“物质是标志客观实在的哲学范畴”（列宁语），故自然界是一种独立于精神、意识之外（的存在）并能够被我们所认识的客观实在。自然界中的事物有些已经被人类所认识，有些则属于尚未认识的领域，但无论是已经认识还是尚未认识的领域都属于客观的领域。

（2）客观包括人类社会

人类社会是从自然界分化出来的物质世界的一个重要组成部分，是物质运动达到最高状态的表现形式，人类社会的客观性或物质性主要是通过人类的生产实践表现出来。人类的实践活动本质上是一种物质活动，它是一切社会关系形成的基础，也是社会发展的主要动力，故“社会生活在本质上是实践的”（马克思语）。社会生活的本质是实践，也就意味着社会生活、人类社会属于客观的领域。

（3）客观包括主观形式下的客观内容

客观还包括主观反映形式下所包含的客观内容，这一点往往是难以理解的，也就是说，人的意识、精神或认识所反映到头脑中的物质世界具有不依反映者反映形式为转移的性质。例如，我们常常说真理具有客观性或客观真理，就是指在真理（认识）中所包含着不以人的意志为转移的客观内容，这些客观内容是不依反映者的反映形式不同而发生变化的。可见，客观还包括主观形式下的客观内容，物质世界既存在于人脑之外，又是靠人脑来认识的。

（二）主观幸福感和客观幸福感

从理论上讲，“主观幸福感”和“客观幸福感”应该是相对应的一对概念，那么，这两个概念又如何理解呢？

1. 主观幸福感

这个概念近几年非常流行，许多人写文章也在不断地谈论这个概念，随便在网上进行搜索就可以发现这个概念的界定，最常见的说法是：

> 主观幸福感（Subjective Well－Being，简称SWB）主要是指人们对其生活质量所做的情感性和认知性的整体评价。……SWB是一种主观的、整体的概念，同时也是一个相对稳定的值，它是评估相当长一段时期的情感反

应和生活满意度。作为心理学冷门术语，主观幸福感专指评价者根据自定的标准对其生活质量的整体性评估。基本特点是：主观性、稳定性、整体性。(百度百科)

从这种解释不难发现，这是“进口”来的概念，而且，是一个比较冷门的概念，其实，也就是还未必臻于完善、能够严肃使用的概念。首先，这个概念并没有对“主观”和“幸福感”进行规范性的解释，而是笼统地把二者放在一起给了一个概念发明者自己所喜欢的定义。“人们对其生活质量所做的情感性和认知性的整体评价”一定就是“主观幸福感”吗？其次，“主观”和“幸福感”放在一起是画蛇添足的，因为“幸福感”无疑就是主观的，“感”指“觉得、觉出、使意识”等，一个人觉得、觉出或意识到了幸福，这些都是主观的东西。

如果“主观幸福感”这个概念成立的话，我们就应该找出一个和它相对应的概念，那就是“客观幸福感”。

2. 客观幸福感

“客观幸福感”这个概念虽然很少有人使用，但也确实有人在使用，比如在“知网空间”中就有这样的解释：

一般地说，喜剧和滑稽是两个相近的区别不太显著的审美范畴。现在的美学界，实际上是把这两……这样的肯定的情绪基调就是乐观主义，是人的自由意志在战胜客观必然性过程中的一种幸福感的自觉流露。对于喜剧的这一基本特征，我们可以同喜剧的三种基本表现手段 ……(知网空间)

这个定义简直就是不知所云，是一种“王顾左右而言他”的逃避，是和这个概念的解释风马牛不相干的东西。我们大可不必去计较网络中那些松散的缺乏科学性和严密性的东西，尽管网络确实给我们带来了极大的方便；但是，上面不知所云的定义也告诉了我们一个事实，那就是说，这个概念是很难被使用的，使用这个概念会冒很大风险，因为它根本就不是一个科学的概念。

为什么这样说呢？如前所述，客观指物质世界本身，而幸福感是主观的东西，把幸福感说成或理解为物质世界本身显然是错误的。如果非要给“客观幸福感”下一个定义的话，只能把它定义为人以外的物质世界本身的幸福感，这种界定是很荒谬的，这种界定本身就为各种唯心主义、唯灵主义、神秘主义开了方便之门。如果说“主观幸福感”是一种画蛇添足，那么，“客观幸福感”就是一种“自相矛盾”，两个概念的使用都是不科学的。

人们的幸福感或许是由于很多客观的原因（也有主观原因）造成的，但是，这并不意味着幸福感就是客观的东西，正如物质世界本身并不能取代人的感觉、意识一样。

为了进一步理解“主观幸福感”这个概念，我们不妨把“幸福感”和“主观幸福感”做一下比较。

（三）幸福感和主观幸福感

人们对“幸福感”有着各种理解和定义，这些理解和定义完全可以不用附加“主观”字样进行说明，而加上了“主观”二字也没有表现出更多的东西。

1. 幸福感

什么是幸福？我曾多次对幸福有过这样的界定：“幸福是人们在幸福观的指导下，对自身存在状况的一种充悦和满足。”人们对自身存在状况的充悦和满足有所意识、有所察觉、有所感悟就是“幸福感”。

网上的解释为：“所谓幸福感，就是人们根据内化了的社会标准对自己生活质量的整体性、肯定性的评估，是人们对生活的满意度及其各个方面的全面评价，并由此而产生的积极性情感占优势心理状态。”（查字典官网）

可见，幸福感是一种“意识、察觉、感悟”，或者说是一种“心理状态”，无论是我个人的理解还是网上的界定，“幸福感”作为一种主观的东西是确定无疑的，在幸福感前面再加上一个“主观”不仅是多余的，也是没有必要的，也不会因此而产生更多的东西。

在“查字典”的网页中，对幸福感解释后紧跟着就谈论了“主观幸福感”。我们完全可以根据这种谈论，把幸福感和主观幸福感进行对比，看看二者到底有什么样的不同。

2. 幸福感和主观幸福感的对比

网上是这样说的：“按照心理学的界定，主观幸福感是个体对自我评价的幸福，认为幸福是评价者个人对其生活质量的整体评估。它有主观性、整体性和相对稳定性等特点。主观幸福感是衡量个人生活质量的重要综合性心理指标。”（查字典官网）

“幸福感”是人们对生活的满意度及其各个方面的全面评价，而“主观幸福感”是评价者个人对其生活质量的整体评估，这两种说法有什么实质性的差别吗？没有！“幸福感”是人们根据内化了的社会标准对自己生活质量的整体性、肯定性的评估，“主观幸福感”有主观性、整体性和相对稳定性等特点，这两种说法有什么矛盾吗？没有！

看看上述“主观幸福感”的定义，如果我们去掉了“主观”二字会有什么影响呢？什么影响也不会发生！“主观”两个字完全是多余的东西。不同的仅仅在于：对幸福感的解释，角度不同或措辞不同，或者说，为了避免重复别人的解释有人进行了新的界定，基本意思其实是一致的。当然，这两个概念假如出现矛盾的话，那么，肯定有一种解释是错误的或站不住脚的，这种错误或站不住脚不会因为加上了“主观”二字有丝毫的改变。

可见，“幸福感”完全可以取代所谓“主观幸福感”这一概念，或者说，主观幸福感完全可以用“幸福感”来说明，根本没有必要再加上“主观”二字，加上“主观”二字反而会出现许多消极后果。

（四）“主观幸福感”一词产生的消极原因

既然幸福感本身就是“主观”的，根本没有必要再加上“主观”二字，既然“主观幸福感”已经成为很流行、很时髦的概念，那么，我们分析一下这个概念给学术界、思想界带来的消极意义就是很有必要的任务了。

1. 消化不良的进口学风

笔者没有深入考察“主观幸福感”这个概念是谁首先提出来的，也没有必要去追究这个概念是谁首先翻译或引进给中国学术界的，因为这些或许都不是问题的关键，问题的关键在于概念在引进来以后没有经过“消化”；没有经过消化也不过是个别人所犯的错误，更关键的问题是这种没有经过消化或“中国化”的概念居然被学术界所认同、所接受，成为一种非常时髦的话题。

学术界流行一种非常不好的学风，这种学风对学生们具有一定的消极导向作用，这就是消化不良的进口学风。所谓“消化不良的进口学风”，就是指引进国外一些概念或思想时没有经过认真地消化整理，而是囫囵吞枣、兼收并蓄。有些时候连翻译者或引进者都没有搞清楚什么意思，或直译（直译还算好的）或望文生义、曲解揣度、主观臆断，不去谨慎推敲，学术界往往又只认国外的东西，似乎外国的月亮也比中国的圆、外国的太阳也比中国的亮。有些人懂点外语就飘飘然，了解点外国人的概念或思想就像“大学问家”式地傲视群雄，沾沾自喜于给自己身上插上翅膀成为“鸟人”。

我国的学术界应该有层层“把关”，为什么还会出现这种情况呢？这个问题是非常值得深思的。如果搜索一下近十几年的论文，使用这个概念的文章比比皆是，如《老年人主观幸福感及其影响因素的研究》《道家思想对老人心理及主观幸福度影响》《老年公寓中丧偶老人主观幸福感和抑郁情绪的测评》《广州大学生主观幸福感研究》《初中生主观幸福感与生活事件的关系研究》《中小学教师主观幸福感研究》《大学生主观幸福感及其影响因素》《大中学生主观幸福感的比较研究》等，有人还写出了《中国城市居民主观幸福感量表简本的编制》

《主观幸福感测量研究综述》等。以上论文大多都是从我院本科学生的论文开题报告中摘引的，可见，这个概念影响之深远。

其实，这个概念从英文的表述来看，或许没有存在太多的问题，或许并非画蛇添足或自相矛盾，subjective 指主观的 ，well 指令人满意地，being 指生命、存在或生存。Subjective Well – Being 被翻译成“主观幸福感”就出现了严重的问题，“消化不良”由此产生。

2. 习惯成自然的学霸作风

无论这个概念今天多么热门，并成了人们竞相使用、竞相谈论的热门话题，这个概念的荒谬性都是无法摆脱的，人们往往在谈论连自己都不十分清楚的话题。那么，为什么这个充满荒谬性的画蛇添足的概念能够在学术界广泛流行呢？比较合理的推测是：第一个发明或使用这个概念的人或许是一位有权力、有势力、有权威、有背景的人，目前的学术界往往是有钱人或有权力的人才有话语权的学术界，这就是“学霸”作风。

这种学霸作风可以通过许多方面表现出来：

第一，作者的文章要附加全面的个人信息。高考、硕士生、博士生考试都有非常严格的保密制度，这是为了考生的公平性而设置的。但是，写文章、投稿为什么要公开全部的比较详细的个人信息呢？这些主要就是为学术霸王（简称学霸）服务的。这使我想起了一则趣谈“猴子的论文”：有一只猴子写了一篇论文，论文中提出“羊吃掉了一只狼”。有一只狼知道后很不满意地找到猴子，气势汹汹地让猴子拿出证据来，并威胁说如果拿不出证据来后果将是很严重的。猴子不慌不忙地说：“证据我有，跟我走吧！我会证明给你看。”猴子带着那只狼走进了森林，在森林中狼见到了一头狮子卧在地上并张着大口，于是，立即吓得脸色大变，原来猴子背后有狮子撑腰。

第二，钱能通学问。有人没有“人情”，只好通过钱来发表自己的作品，投稿时无人理睬，但是，给了钱以后就可以发表了，这是变相的学霸作风。学霸们有时通过“权力”扼杀别人的思想，有时又通过权力从别人那里掠夺金钱。凡是在正式的考试制度下被禁止的东西，在学术界都是公开泛滥成灾的。小学、中学、大学、硕士生、博士生考试都要求“公平”，但是，到了学术界就成了相反的领域。“主观幸福感”这个荒谬概念的流行只是一个小小的例证而已，学术界中这样荒谬的东西难道仅仅是这样一个概念吗？“学术界”本身或许也快成为一个荒谬的概念了。

第三，权力成为真理的化身。“学霸”最突出的表现就是“权力即真理”，学霸们口头上或许反对尼采的思想，实际上极力把尼采的思想变成现实；口头上坚持马克思主义，实际上坚持权力主义；口头上为人民服务，实际上为人民币服务；口头上坚持正确的方向、导向，实际上千方百计地利用权力谋取私利。在国外，或许国家元首要经常去引用学者们的研究材料和成果来论证自己的政策，而在中国学者们却要千方百计地从国家领导人那里获取“真理”，即使不从领导人那里获取真理，也要从古代“权威”那里获取真理，这种作风不是学霸作风还能是什么呢？谁又敢冒天下之大不韪与权力对抗呢？

当然，“主观幸福感”一词的消极意义还不止这些，但是，即便谈论到此也是会冒极大风险的，还是暂时搁笔为妙。

结束语

哲学有哲学的本性，生活有生活的逻辑，人们在思考时不要忘记思考的本性，生活时也不要忘记生活的逻辑。然而，哲学的本性和生活的逻辑又是统一的，哲学本性和生活逻辑往往是以一些“教条”的形式出现的，尽管教条是可以被不断打破的，但在没打破之前还是有用的，即使被扬弃还会有新的教条重新呈现，这也许正是哲学的本性和生活的逻辑的生动写照。值得一提的是“主观幸福感”一词已经成为许多人接受的概念和教条，通过对这一概念的分析与批判，更加印证了哲学与生活是要不断扬弃教条的，这或许就是一个颠覆不破的真理。目前，在中国占统治地位的社会意识形态是马克思主义，正是在马克思主义的指导下，中国才有了今天的成就与辉煌。马克思主义作为一种理论或学说，是以“马克思”的名字命名的，所以，我们有必要追根寻源，去走近马克思的少年和青年，看看马克思的思想形成脉络，从中领悟什么是真正的马克思主义。

第八章 走近马克思的少年和青年

引言

对“教条”的接受和把握是从小就开始的，由于马克思主义是我国占统治地位的意识形态，我们不能不对马克思产生浓厚的好奇和兴趣。马克思是天才，马克思小时所受到的教育具有特殊性，从某种意义上说德国的教育环境也铸造了青年马克思。本章通过对马克思少年和青年的考察，通过对德国教育环境的考察，进一步接近并了解马克思。同时，有一部青年马克思时期的著作，曾经是那样强烈地影响了西方马克思主义的产生和发展，秘密何在也值得探索。从这些探索中，我不得不感悟到了自己的对马克思主义的理解，特别是结合“东方”和“西方”的共性来理解马克思主义。在这里，“东方”指以苏联为其代表的所谓正统的马克思主义理论，“西方”则泛指与之相对立或不同的马克思主义理论。

一、马克思在中学的毕业作文

在《马克思恩格斯全集》（简称《全集》）中，我们读到了三篇马克思在中学的毕业作文（1835 年 8 月 10—15 日），这大概是马克思留给我们的最早的文章之一。这三篇作文是马克思立德、立志、立言的宣言书，标志了马克思远大前程的开始，标志了伟大事业的开始，无论这种前程和事业是什么。

（一）根据《约翰福音》论信徒和基督合为一体

这是马克思中学考试中一篇有关宗教方面的作文，无疑是一份立德的宣言书，17 岁的马克思在歌颂宗教时所表现出的非凡的才华，让我们惊叹！简单的作文把宗教的主要社会作用充分地揭示出来，在马克思看来，信仰自由是多么重要啊，如果马克思走上牧师的道路，他一定会是一位杰出的教父！

首先，马克思告诉我们与基督结合是必要的。

> 各民族的历史就这样教导我们，同基督结合为一体是必要的。……对尘世间富贵功名的庸俗追求排挤着对知识的追求，对真理的渴望被虚伪的甜言蜜语所熄灭，可见，人是自然界唯一达不到自己目的的存在物，是整个宇宙中唯一不配做上帝创造物的成员。(《全集》第2版第1卷下，P450)
>
> 我们的心、理性、历史、基督的道都响亮而令人信服地告诉我们，同基督结合为一体是绝对必要的，离开基督，我们就不能达到自己的目的，离开基督，我们就会被上帝所抛弃，只有基督才能够拯救我们。（同上，P451）
>
> 是啊，这种结合能够让我们热爱上帝、感激上帝，对上帝有一种无比的崇拜。
>
> 因此，在同基督的结合中，我们首先最用爱的眼神注视上帝，感到对他有一种最热忱的感激之情，心悦诚服地拜倒在他的面前。……（上帝）是宽宏大量的父亲，善良的教导者。(同上，P452)

多么虔诚的吹捧！马克思所受到的教育，也可以说是教化的胜利！如果不是预知作者是谁，怎能想象这样的话出自马克思之口呢？然而，宗教的作用又是无法否认的，这一点马克思没有看错。

其次，马克思告诉我们热爱宗教是为了增长德行：

> 这种对基督的爱不是徒劳的，……使我们遵从它的命令，……做一个有德行的人，但是只是出于对他的爱而做一个有德行的人。……这就是使人同基督结合为一体的最伟大的作用之一。（《全集》第2版第1卷下，P452）

是啊，许多道德的说教不都能起到这样的作用吗？佛教、基督教、伊斯兰教！……许多思想家如哲学家、教育家、道德学家甚至是各种科学家的杰出思想，不也是或多或少地起着这样的作用吗？中国人所信奉的儒家思想，说到底不也是让人们走上道德之路吗？

再次，马克思告诉我们这种德性能够使我们坦然地面对命运的打击，能够使我们乐观生活：

> 一个人一旦达到这种德行，这样同基督结合为一体，他就将平静而沉

> 着地迎接命运的打击，勇敢地抗御各种激情的风暴，无畏地忍受恶的盛怒，因为谁能征服他，谁能夺走他的救世主呢？……因此，同基督结合为一体可使人内心变得高尚，在苦难中得到安慰，有镇定的信心和一颗不是出于爱好虚荣，也不是出于渴求名望，而只是为了基督而向博爱和一切高尚而伟大的事物敞开的心。（《全集》第2版第1卷下，P452）

可见，同基督结合为一体会使人得到一种快乐，这种快乐是伊壁鸠鲁主义者在其肤浅的哲学中，比较深刻的思想家在知识的极其隐秘的深处企图获得而又无法获得的，这种快乐只有同基督并且通过基督同上帝结合在一起的天真无邪的童心，才能体会得到，这种快乐使生活变得更加美好和崇高。（《全集》第2版第1卷下，P453—254）

值得注意的是：这时马克思还看不起伊壁鸠鲁的哲学，显然是受到了传统哲学偏见的影响。尽管马克思后来背叛了宗教，甚至背叛了对传统哲学的认知，这种背叛在大学博士论文中立即显现出来。但是，在这篇中学作文里所包含的深刻的认识难道会过时吗？

（二）青年在选择职业时的考虑

这是马克思中学考试中的一篇德语作文，无疑是一份立志的宣言书，17岁的马克思立下的宏伟志向成就了他后来的伟大成就。这篇著名的作文，里面的志向不知鼓舞过多少有志青年！马克思慷慨激昂地写道：

> 在选择职业时，我们应该遵循的主要指针是人类的幸福和我们自身的完美。……人们只有为同时代人的完美、为他们的幸福而工作，才能使自己也达到完美。（《全集》第2版第40卷，P7）
>
> 如果一个人只为自己劳动，他也许能够成为著名学者、大哲人、卓越诗人，然而他永远不能成为完美无疵的伟大人物。……历史承认那些为共同目标劳动因而自己变得高尚的人是伟大人物；经验赞美那些为大多数人带来幸福的人是最幸福的人；宗教本身也教诲我们，人人敬仰的理想人物，就曾为人类牺牲了自己——有谁敢否定这类教诲呢？（同上）
>
> 如果我们选择了最能为人类福利而劳动的职业，那么，重担就不能把我们压倒，因为这是为大家而献身；那时我们感到的就不是可怜的、有限的、自私的乐趣，我们的幸福将属于千百万人，我们的事业将默默地、但会永远发挥作用地存在下去，面对我们的骨灰，高尚的人们将洒下热泪。（同上）

马克思这时已经有了“为人类谋福利”的远大志向，这一志向无疑成就了他以后的伟大成就。不仅如此，他还初步具备了研究学问的基本素质，知道了“安静、尊严”的重要性，杜绝着“妄自菲薄”的倾向，并把它称之为“毒液”。马克思指出：

> 只有从安静中才能产生出伟大壮丽的事业，安静是唯一生长出成熟果实的土壤。……为了恪尽职守而牺牲自己幸福的思想，激励着我们不顾体弱去努力工作。(《全集》第2版第40卷，P5)
>
> 尊严就是最能使人高尚起来、使它的活动和它的一切努力具有崇高品质的东西。……妄自菲薄是一条毒蛇，它永远吞噬着我们的心灵，吸吮着其中滋润生命的血液，注入厌世和绝望的毒液。(同上)

从马克思可以联想到德国的教育，从德国的教育可以联想到德国的哲学，从德国的哲学可以联想到德国的精神，这种精神培育了马克思！德国精神培育的又何止马克思一个呢！

（三）奥古斯都的元首政治应不应当算是罗马国家较幸福的时代

这是马克思中学考试中的一篇拉丁语作文，无疑是一份立言的宣言书，17岁的马克思开始要发表对历史、对法律、对政治、对社会等的各种看法了，这些看法锻炼了青年马克思的头脑，从此开始了他不知疲倦、从不停歇的思考。

在作文中，马克思把征服了意大利时代的罗马看成是最好的时代，而把尼禄时代看成是最坏的时代，用这两个时代同奥古斯都时代作比较。马克思认为：

> 奥古斯都时代与这个时代（指尼禄时代）不同，是谁都不能怀疑的，因为他的统治以温和著称。……因此，无论在战争中，还是在和平时期，都不能把奥古斯都时代同尼禄时代和那些更坏的统治者的时代相比拟。(《全集》第2版第1卷下，P463)
>
> 尽管奥古斯都实行的是一种集权制，但是，这种把权力集中于一身的制度，是在不知不觉中完成的，并没有让人感觉被奴役、被限制。
>
> 由于元首下令改变了机构和法律，……一切权力和荣誉都转入了一个人之手，……他们（指罗马人）没有觉得他们的自由受到了剥夺。……奥古斯都已把所有的派别、一切头衔、全部的权力都集中到了他自己一个人身上，……(同上)

可见，集权制本身并不一定就是恶，关键要看掌握权力的人，马克思认为奥古斯都显然是一个英明的统治者。

> 奥古斯都的统治，他为改善动荡的国家状况而选拔的人们所建立的机构和制定的法律，对于消除内战造成的混乱起了很大的作用。（同上）……在奥古斯都的元首政治时期，担任国家职务的都是些英勇和智谋卓著的人物，……如果说有一个布匿战争以前产生的国家曾经是最适合它那个时代的国家，……我认为，奥古斯都所建立的国家则是最适合他那个时代的国家。因为当人们变得柔弱，纯朴风尚消失，而国家的疆土日益扩大的时候，独裁者倒可能比自由的共和政体更好地保障人民的自由。（《全集》第 2 版第 1 卷下，P464）

这种充满了辩证法的论述，是出于一个中学生之口吗？难怪会产生出后来的马克思！固然，马克思在这里还有接受德国教育影响并为现实的德国集权制辩护的痕迹，但这不也是历史事实吗？有多少人称赞过中国的唐朝、清朝并高度肯定过唐太宗、康熙帝呢！毕竟皇帝和皇帝也有不同，毕竟国体和政体是有区别的。

关于这一点，马克思还提出了自己的论据：

> 现在我们来谈谈古代人是怎样评价奥古斯都时代的。
>
> 他们称他为神圣的，认为他与其说是人，还不如说是神。如果只是贺拉斯一个人这么说，那是可以不信的。但是，就连杰出的历史编纂学家塔西佗也总是以最大的尊敬、最高的赞赏，甚至以爱戴的感情来评价奥古斯都和他的时代。
>
> 至于各种科学和技艺，任何一个时期也没有这样繁荣过；在这个时代生活过许多作家，他们的作品成了几乎所有民族从中汲取教益的源泉。（同上）

在当时，“共和”向“集权”过渡或许不是绝对坏的事情，看来由谁统治更重要！马克思的眼光是很敏锐的，也是非常令人敬佩的!!! 中国的历史不也是如此吗？

最后，马克思得出了深刻的结论：

> 因此，既然看来国家治理得不错，元首愿为人民造福，并且杰出的人们根据他的倡议担任了国家职务；既然奥古斯都时代并不逊于罗马历史上最好的时代，并且看来它有别于那些坏的时代；既然我们看到派别纷争已经停止，而且各种技艺和科学繁荣昌盛，——那么，由于这一切，奥古斯都的元首政治应该算是最好的时代，同时应该指出，那位尽管有条件为所欲为，但在获得权力之后却一心只想拯救国家的人，是应当受到很大的尊

敬的。(同上，P464—465)

纵观马克思的三篇毕业作文，已经充分体现了其研究问题的能力和水平，证明了马克思给自己的中学时代交了一份合格的答卷，从这里又可以惊叹德国的教育之发达。

马克思的三篇作文：即立德、立志、立言的宣言书，标志了马克思远大前程的开始，标志了伟大事业的开始，无论这种前程和事业是什么。

我们不难推断：他如果从事宗教事业，必定是一个伟大的神父；如果从事哲学行业，必定是一位伟大的哲学家；如果从事政治活动，必定是一名伟大的政治活动家。因为他已经具备了这样的素质！

二、德国的教育环境造就了青年马克思

马克思作为一名影响世界的重量级人物，固然同它自身的不懈努力、锐意进取、实践锻炼有关，但同德国宽松和灵活的教育环境也有密切的联系。青年马克思得益于学生时代所受教育的环境，这种教育环境给马克思的思想发展提供了良好的外部条件，从某种意义来说，是德国的教育环境铸造了青年马克思。

马克思的名称应该叫“卡尔·马克思”，马克思是他的姓，卡尔才是他真正的名字，其实在德国有成百上千姓马克思的人，只不过后来卡尔·马克思出了名，于是，人们就用“马克思”代替了卡尔·马克思而成为他的专用名称，我们通常说的马克思专指卡尔·马克思。

卡尔·马克思于1818年5月5日，出生于德国莱茵省特里尔市的一个犹太律师的家庭里。马克思的学生生涯是很幸运的，尽管当时的德国被认为还是比较黑暗的时期，但是德国的教育环境无疑地铸造了青年马克思，使马克思顺利地成为一名日后影响世界的重量级人物，这种影响在信奉马克思主义的国家里尤为如此。

德国的教育环境是怎样铸造了青年马克思呢？或者说，德国的教育环境为青年马克思的成长都提供了哪些便利条件呢？

（一）马克思的小学是在父母指导下完成的

马克思出生的特里尔市，当时该市不足两万人，中世纪曾经是一个天主教

公国的首府。但是，它和法国接壤，曾经一度被法国占领并受到法国资产阶级大革命的深刻影响，所以，这里的封建贵族等级制度遭受过于重大的打击。与此同时，欧洲资产阶级（特别是法国）的自由主义思想，如自由、平等、博爱、民主等观念已经深入人心，影响着德国社会各个阶层，这是马克思的幸运。

马克思的父亲亨利希·马克思在特里尔市的居民中享有很高的威望，曾经被推选为特里尔市律师公会的会长，还获得过“司法参事”荣誉称号。他就很喜欢哲学、古典文学等，并崇拜法国资产阶级启蒙思想家卢梭、伏尔泰等人，相信法律是自由、平等的保障，这些无疑对少年时期的马克思产生了深远影响。

不仅如此，我们从文献记载中，找不到有关马克思上小学的记载，也就是说，马克思没有进过小学，他的小学全部课程都是在父母的指导下完成的。这种现象本身就是一个奇迹。马克思小时候很喜欢户外游戏，在孩子们中是个“小领袖”，而且，他可以随时编出一些离奇的故事几个小时地讲给小伙伴们听，小伙伴们听得津津有味。这表明马克思从小尽管没有进过小学读书，但知识却是很丰富的，而且养成了自己独立学习和钻研问题的习惯，这种家庭熏陶式的教育培养和造就了少年时期的马克思。

（二）马克思在中学受到了良好的教育

1830—1835 年间，马克思在特里尔中学读书，这里有许多优秀的教师，他们不仅思想进步，还是各种专家，如古典语言学家、考古学家、数学家等，中学校长维滕巴赫就是著名的历史学家和进步学者。维滕巴赫还是特里尔市自由派文学俱乐部的创始人之一，他对康德哲学有很深的研究，马克思的父亲也由于经常参加文学俱乐部的活动而与维滕巴赫关系密切。马克思无疑是维滕巴赫最中意的学生之一，他不仅亲自指导马克思的学习，还经常提醒马克思的父亲注意引导马克思。最后，马克思以三篇非常优秀的毕业作文，作为自己立德、立志、立言的宣言书，给自己的中学时代画上了圆满的句号。

从马克思中学的毕业证书中，我们对马克思所受的教育有了大致的了解，马克思的（家庭）信仰属于福音教派，他有着比较良好的操行，如对待师长和同学的态度良好。在中学学习的语言包括德语、拉丁语、希腊语、法语，甚至还有希伯来语；在中学学习的科目有宗教、历史、地理、物理、数学、哲学（入门）等；在中学学习的技能有图画、歌唱等。毕业证书最后有王室考试委员会布吕格曼、校长维滕巴赫和六名委员会成员的签名，时间是 1835 年 9 月 24 日。

马克思的毕业证书中记载：“据此，下列签名的考试委员会鉴于该生在中学已经修业期满，为使他能学习法学，决定发给毕业证书准其毕业，希望他发挥自己的才能，勿负重望。”（《马克思恩格斯全集》第40卷，第828—829页）可见，马克思在中学受到了良好的教育，他进了一所当地较好的中学，遇到了一些优秀的教师，特别是具有进步思想的校长，学习了较丰富的知识，还因需要马上去大学读法学而顺利地领取了毕业证书。

（三）马克思的头脑在大学得到了锻炼

1935年10月15日，马克思按照父亲的意愿进入了波恩大学学习法律，但他并没有表示出对法学所应该具有的热情，正如他父亲所期待的那样。在大学里他选读了法学、神学、古典文学等课程，还利用业余时间读了各种书籍。同时，还参加了“同乡会”活动并被选为主席，有时还抽烟喝酒，曾因一次喝得酩酊大醉而被学校当局禁闭一天。他甚至有一次秘密地同一位贵族出身的浪漫子弟进行决斗。

为此，马克思的父亲决定把他转到柏林大学继续读法律和官房学。1836年10月，马克思到了柏林大学，这时他进行了大量的诗歌创作，在文学艺术领域初露锋芒。马克思的诗人情怀，激励着他对美好生活的激情、憧憬和希望，特别是对未婚妻燕妮的热恋，他通过诗歌的形式进行了淋漓尽致的表达，两位年轻人总是把对方的信件反复翻看。马克思和所有正常的青年人一样，沉浸在爱的海洋里。这种热情和激情，转移到科学研究中来同样会产生巨大浪花。

柏林大学是马克思重要的“自我选择”时期，他完成了由法学向哲学的重大思想转移。马克思在这里，潜心研究了德国古典哲学特别是黑格尔的学说，柏林大学学习风气很浓，可以说是德国的最高学府，用费尔巴哈的话说，比起这里的大学来，其他大学就是不折不扣的酒馆。这时的青年马克思不仅深受青年黑格尔派的影响，而且还是青年黑格尔派“博士俱乐部”中的重要成员，在这里他结识了许多人，也学到了许多东西，同时也受到了很多人的高度称赞。

从马克思的转学、转专业，我们看到，德国的教育环境是比较宽松的，尽管这和马克思相对富裕的家庭条件有关，但不能不说德国教育环境的宽松使年轻的马克思得到了应有的适合于自己的教育。

（四）毕业论文的通过使马克思顺利地结束了大学生涯

1838年马克思的父亲去世给马克思的家庭带来了很大的影响，从此，马克思的家庭开始走下坡路了。尽管如此，青年马克思还是夜以继日、如饥似渴地读书、学习并准备博士论文。

从波恩大学的肄业证书中，我们看到马克思学习的课程包括法学全书、法学纲要、罗马法史、希腊罗马神话、荷马研究诸问题、现代艺术史、德意志法学史、欧洲国际法、自然法等课程，落款日期是1836年8月22日。

从柏林大学的毕业证书来看，马克思学习了《罗马法全书》、刑法、人类学、教会法、德国普通民事诉讼、普鲁士民事诉讼、刑事诉讼、逻辑性、普通地理学、普鲁士法、遗产法、《以赛亚书》等课程，落款是1841年3月30日。

从马克思所学课程来看，他学习的主要课程是法学专业方面的课程，但是，马克思的博士论文《德谟克利特的自然哲学和伊壁鸠鲁的自然哲学的区别》却是一篇不折不扣的哲学论文。论文中所取得的成就充分说明，马克思的哲学修养主要是通过自身的勤奋好学、刻苦钻研、认真思考和与人交往中获得的。不但如此，由于柏林大学对进步人士的迫害，马克思在论文中表现出非常明显的唯物论和无神论倾向，于是，马克思的博士论文是寄到耶拿大学并获得通过的。1841年4月15日，由于马克思的博士论文写得很出色，耶拿大学哲学系没有让马克思进行论文答辩和其他形式的考试，直接授予了他哲学博士学位。

（五）从青年马克思的成长看德国的教育环境

纵观青年马克思的成长过程，给我们带来了许多深刻思考：第一，马克思没有经过小学教育，而是直接进入了中学学习。这在中国来讲，是一种非常奇特的现象，马克思的小学主要是接受家庭的教育和影响，或者说，是在家庭父母的指导下完成的，同样取得了难以想象的成功。第二，从马克思所受教育来看，没有像中国那样，经过挤独木桥式的考试。德国的学校大概有钱就可以上，不需要经过严格的筛选，接受教育本身是一种自由式的消费。第三，马克思的转学比较容易。按道理（在中国）一所相对差的学校转到比较好的学校是很困难的，好的学校转到差一点的学校相对容易一些。但是，马克思的转学似乎没有遇到太多的困难，转学比较容易。第四，在大学，马克思学的是法学专业，写的却是哲学毕业论文。马克思一方面学习法律，另一方面用更多的业余时间学习哲学，还进行了大量的诗歌创作，充分地钻研自己喜欢的学科。第五，马克思在柏林大学读书，毕业论文却在耶拿大学通过。这又是一件很奇怪的事情，这种教育体制无疑成就了马克思，给他开了方便之门，使他顺利得到了哲学博士学位。第六，马克思并没有经过学士、硕士，而是直接获得了博士学位。这也是一件让人瞠目结舌的现象，在中国从学士到硕士，再从硕士到博士要经过多少年华的摧磨？大概在德国看重的是真正的水平，这种水平当然是通过资深专家来确定的。

这就是德国的教育环境，这样的教育环境不禁使我们拍案叫绝，这种非常宽松和灵活的德国教育环境，无疑地铸造了青年马克思，甚至恩格斯没有上过大学也同样有接受大学教育的机会，这在中国大概是无法想象的。

三、《手稿》是马克思主义的第一部百科全书

《手稿》全称为《1844 年经济学——哲学手稿》，是 1844 年 4 月到 8 月间，马克思在巴黎研究政治经济学时留下来的宝贵资料，堪称“小资本论”，可以说是马克思主义的第一部百科全书。《手稿》既是马克思一生所有著作中所包含的内容最丰富的、最早的一部之一，又是对后人特别是对西方马克思主义者影响最深远的一部，同时，还是人们对它的看法和评价产生分歧最大的一部。不读《手稿》恐怕很难了解全面的马克思，不读《手稿》更不能了解西方马克思主义，所以，也就很难认清楚所谓“东、西方马克思主义”的主要区别。那么，为什么说《手稿》是马克思主义的第一部百科全书呢？

（一）《手稿》第一次对马克思主义的三个组成部分进行了综合论述，为创立马克思主义学说奠定了基础

大家都知道，恩格斯在《反杜林论》中从三个方面回击了杜林对马克思主义的攻击，从而比较全面地论证了马克思主义三个组成部分之间的内在联系，后来，列宁在介绍马克思的学说时再一次论述了这三个组成部分。所以，在很长的一段时期内，人们都是从这三个组成部分出发去理解马克思主义整个学说体系的，尽管马克思的思想内容远远超出了这三个组成部分。然而，这样去理解马克思的学说体系也不是毫无根据，因为马克思在《手稿》中确实第一次把经济学、哲学和共产主义学说有机地结合起来，奠定了马克思主义整个学说的雏形。首先，马克思在《手稿》中研究和批判了资产阶级经济学，开始了创立无产阶级政治经济学的过程。他通过分析私有制形式的变化，初步揭示了社会发展的规律；而且，还运用国民经济学的一些基本范畴分析了资本主义社会的经济运动规律，揭示了资本主义社会基本的阶级关系，论证了工人阶级的地位和历史作用，阐述了科学技术是生产力的思想。其次，《手稿》为创立马克思主义哲学奠定了基础。在《手稿》中，一方面，马克思全面批判了黑格尔哲学，坚持了唯物主义的基本立场，并提出了应该改造和拯救黑格尔的辩证法问题；另一方面，他还用辩证法对费尔巴哈的唯物主义哲学进行了不自觉的改造，初

步阐述了辩证唯物主义和历史唯物主义的基本原理，并说明了革命运动和经济运动之间的关系。再次，《手稿》还开始了对共产主义的科学论证。一方面，马克思对过去或当时流行的空想社会主义和粗陋的共产主义进行了批判；另一方面，又肯定了共产主义运动具有重要意义，并准备探索科学的共产主义道路。这种科学论证不仅建立在对经济学研究的基础之上，马克思开始用经济理论和阶级矛盾的观点论证共产主义的必然性；而且，还表现在对哲学研究的基础之上，马克思还运用了异化劳动的理论论证了共产主义的必然性。可见，《手稿》是马克思在创立马克思主义三个组成部分时所进行的第一次初步尝试，是马克思主义产生的秘密和真正诞生地。

（二）《手稿》第一次集中和明确地阐述了马克思主义的人本主义和人道主义思想

在马克思主义特别是马克思主义哲学中，存在不存在“人本主义”和“人道主义”，如果存在则它们在马克思主义整个学说中处于什么地位并发生什么作用，一直是我国学术界长期争论不休的问题。在很长的一段时期内，有相当一部分人从根本上否定马克思主义的“人本主义”和“人道主义”思想，并把“唯物史观”和这些思想绝对对立起来，似乎承认“唯物史观”就必须要反对人本主义和人道主义。也正是在这个问题上，出现了所谓“西方马克思主义”和“东方马克思主义”的严重对立：前者把《手稿》视为马克思主义的“圣经”，把《手稿》中的人本主义和人道主义思想看成是马克思成熟的顶点，并以此来贬低或否定马克思后期的著作及其后继者的思想；后者则尽量贬低《手稿》的价值，认为这是马克思早期的一部不成熟的著作，并把人本主义和人道主义作为这种不成熟性的主要标志。其实，这两种观点都割裂了马克思理论的内在联系，“人本主义”和“人道主义”作为马克思理论的重要组成部分是始终存在的，不能说马克思的后期著作就放弃了这些思想，更不能说“唯物史观”里面没有马克思主义的人本主义和人道主义；同样，《手稿》中在高度肯定人本主义和人道主义的同时，也在积极寻求着唯物史观和剩余价值理论，为后期创立这些理论奠定了基础，也不能用人本主义和人道主义思想去打压马克思的其他学说。在《手稿》中，马克思与其说是对费尔巴哈进行了高度的评价，不如说是对人本主义的高度赞扬和认可，因为“实证的人本主义和自然主义的批判是从费尔巴哈才开始的”。（刘丕坤译的：《手稿》单行本 P2）马克思把共产主义看成是对私有制的扬弃，看成是对人的本质的真正占有，“这种共产主义，作为完成了的自然主义，等于人道主义”，（《全集》1979 年版第 42 卷，P120）难道这种观点被后来的马克思主义所放弃了吗？非但如此，随着马克思主义的发展，随着社会的进步，这些思想反而逐步地有所加强。所以，问题不在于马克思主义中有无人本主义和人道主义，问题只在于如何正确理解和认识这些思想，如何把这些思想和其他理论的内在联系揭示出来。马克思主义从根本上说，就是一种关于人类的绝大部分人即无产阶级如何解放的学说，它关心整个人类的命运，关心每个人的自由发展，这实际上就是一种最彻底的人本主义和人道主义，《手稿》第一次集中和明确地阐述了这一思想。

（三）《手稿》还全面地探讨了马克思主义的“异化劳动”的理论

在所谓“西方马克思主义”和“东方马克思主义”的对立中，关于“异化问题”也是斗争的一个焦点。西方马克思主义者非常重视马克思对异化问题的研究，并把这种研究推向了社会的各个领域，而且，把理论和现实紧密地结合起来；而东方马克思主义者则尽量限制或回避甚至贬低这种研究，认为马克思后来放弃了这种理论，有人干脆以所谓“不成熟”或扣上唯心主义的帽子来根本否定这种研究。然而，事实上在马克思的整个思想发展中，从来也没有回避或放弃这种研究，后期的许多著作正是这种研究的结晶，关于“异化劳动”的理论理应成为马克思主义的重要组成部分。在《手稿》中，马克思所讲的异化劳动是指，劳动者自己所创造的东西包括自己的活动变成了相反的东西，变成了统治自己的力量，劳动者同他们的产品相异化、同自己的生产活动相异化、同自己的类本质相异化、同人自身相异化。异化劳动的后果就是无产阶级和资产阶级在物质生活上的两极分化，异化劳动产生的根源也就是私有制产生的原因，显然是一种经济上的原因。他说：“从异化劳动同私有财产的关系中可以进一步得出结论：社会从私有财产等的解放、从奴役制的解放，是通过工人解放这种形式表现出来的，而且这里不仅涉及工人的解放，因为工人的解放包含全人类的解放；其所以如此，是因为整个人类奴役制就包含在工人同生产的关系中，而一切奴役关系只不过是这种关系的变形和后果罢了。”（《全集》1979年版第40卷，P101）马克思通过对异化劳动和私有制的关系，分析出工人的解放是使整个社会摆脱私有制和奴役制的必由之路，这种观点在后期的著作中有丝毫的放弃吗？卢卡奇正是通过对《资本论》的研究，找到了在《手稿》中才全面论述的马克思主义的异化理论。所以，问题不在于马克思主义中有没有异化劳动的理论，因为这是不争的事实，而问题只在于如何发展和扩展马克思主义的异化劳动理论，在这方面西方马克思主义者做出了杰出的贡献。

（四）《手稿》在其他许多问题上也闪烁出马克思主义的星火荧光

首先，《手稿》在研究的方法上是多种多样的。我国学者特别是南京大学的一些学者，在解读《手稿》方面进行了辛勤的探索，他们对《手稿》的内在逻辑结构进行了比较深入的研究，但得出的结论往往是悲观的。例如，有人就认为《手稿》中存在三种不同的理论话语或逻辑：即作为批判对象的古典经济学及其从社会历史出发的社会唯物主义逻辑，与青年恩格斯、蒲鲁东等人同源的社会主义批判逻辑和马克思自己独创的人本主义异化批判逻辑，其中，有的逻辑和其他逻辑之间存在着严重的分歧和对立。其实，这只是问题的一个方面，从另一方面看，正显示出马克思在研究方法上的多样性及其理论的开放性，马克思没有受到某种固定方法的局限，而且，还在不断地探寻着任何能够解决问题的新方法，为奠定马克思主义的多样性的方法论开辟了道路。其次，《手稿》还蕴涵着丰富的马克思主义美学思想。《手稿》尽管不是马克思专门的美学著作，但马克思提出的一些美学思想在创立马克思主义美学方面起到了积极的推动作用。马克思在《手稿》中提出："劳动创造了美""人也按照美的规律来塑造物体""美是人的本质力量的感性显现""从全部历史直到共产主义的实践进程中考察美""只有音乐才能激起人的音乐感，对于不辨音律的耳朵来说最美的音乐也毫无意义。……忧心忡忡的穷人甚至对最美丽的景色都无动于衷，贩卖矿物的商人只看到矿物的商业价值而看不到矿物的美学价值，他没有矿物学的感觉"，等等。这些思想在马克思主义美学的创立过程中的作用，是显而易见的。再次，《手稿》还提出了关于马克思主义的人道主义和自然主义相统一的学说。有人曾攻击马克思主义是一种"人类中心主义"，没有环境保护意识，读了《手稿》这种观点就不攻自破了。马克思既主张自然的人道主义，同时又主张人的自然主义，他把两者的统一看作是"人同自然界的完成了的本质的统一"。马克思认为，人是自然界的一部分，应与自然界共同发展；自然界是人的无机的身体，理应被人们所关爱，人应该全面建设自然界和精心美化自然界；共产主义作为完成了的人道主义，等于"自然主义"。可见，《手稿》也是马克思主义关于生态环境思想的诞生地。

当然，《手稿》中所包含的丰富思想还远不止这些，余者人们可以通过参考学术界的其他文章或理论成果来摄取。在马克思主义的发展史上，曾经出现过许多百科全书式的著作，但《手稿》应该说是马克思主义的第一部百科全书。

四、我理解的马克思主义

（一）马克思主义是一种立场

马克思主义首先是一种立场，它站在弱势群体的立场上，为社会上的大多数人谋取幸福；它是为弱势群体争取权力的学说，始终关注弱势群体的利益，弱势群体在人数上一般都是社会中的大多数人；只因在它刚刚产生时，欧洲的无产阶级是弱势群体的集中代表，所以，才以无产阶级和全人类的解放作为自己的历史使命。

（二）马克思主义是一种根本观点

马克思主义为人们认识世界提供了一种世界观，即辩证唯物主义和历史唯物主义的世界观，这种观点颠覆了传统中一直把精神因素看成是社会发展中起决定作用的世界观，也即唯心主义世界观。它从根本上肯定了物质因素的决定性，在这个前提下马克思主义并不否定任何精神因素对社会的影响，并且承认有些影响是非常巨大的。

（三）马克思主义是一种方法论

马克思主义为人们分析问题提供了重要的方法论，它不是强硬的结论或僵死不变的教条，而是一种分析和解决问题非常有效的方法。这种方法强调一切从实际出发、理论联系实际、实事求是，并坚持用实践来说明思维的真理性和正确性。诸如具体问题具体分析、矛盾分析法、阶级分析法、历史主义方法，等等，无一不是这种方法论的具体体现。

（四）马克思主义是一种批判精神

马克思主义是对现实社会弊端的揭露和批判，它永远鞭挞黑暗和一切丑陋的东西，并理性地分析现实的未来，即从社会发展规律的角度展示未来的理想画面。只因它产生时所面临的是资本主义社会，所以，它才以资本主义社会批判者的身份登场亮相，这种批判精神无疑地也会发展到后资本主义时代。

（五）马克思主义是一种学说

马克思主义作为一种学说，是容纳了所有社会的一切优秀成果的学说；它不是一个封闭的体系，而是一种开放的学说；它是一种非教条式地理论探索所产生的体系，是一个不断创新、不断发展的学说。其中，任何对马克思主义的狭隘理解都将被“扬弃”，被批判地加以辩证考察。只因在它产生时马克思主义哲学、政治经济学和科学社会主义理论比较突出，一些人才把这三种理论视为其主要成分。

（六）马克思主义是一种现实的运动

马克思主义不是只停留在书斋里的学者探究活动，而是一种现实的社会改造活动，它主要不仅仅是为了解释世界，而更重要的是致力于改变世界的活动。这种改变当然是为了人类大多数人的利益和幸福，为了使人们生活得更好而不断地创造良好的社会环境，正是这种改变，才使社会不断地走向进步与文明。

（七）马克思主义是一种民主主义

马克思主义强调人民群众创造历史，重视人民群众的生产活动，当然，必然重视社会主义民主，坚持“少数服从多数”的原则即民主的原则。马克思主义坚信人民群众能够自己解放自己，共产党是支持这种解放的政党。那种强调集中反对民主，或用集中代替民主的做法都是非马克思主义的。

（八）马克思主义是一种人道主义

马克思主义是“以人为本”的一种学说，这种学说来自14—15世纪的人道主义，马克思就曾经把共产主义称为是一种彻底的人道主义。马克思主义是尊重人、重视人、爱护人的一种学说，当然，它不仅仅从人的“理性”出发，也不仅仅从人的“感性”出发，更不仅仅从人的“非理性”出发，而是从每个人的经济利益、生存状态、社会环境和精神环境出发来整体考虑问题的，马克思主义坚持了以广大人民群众为本的人道主义。

（九）马克思主义是一种克服异化的学说

克服人世间的异化特别是克服劳动异化，始终是马克思主义特别关注的问题，马克思早期就曾把共产主义社会理解为是克服了异化的社会。马克思主义的全部学说，从某种意义上讲，都是为将来社会制度创造良好的社会环境而服务的，这当然包括克服各种社会的异化现象。剥削制度就是一种异化的社会制度，工人阶级的劳动就是一种异化劳动，马克思主义是为了克服这种异化劳动而产生的。

（十）马克思主义是一种社会理想

马克思主义无论作为立场、观点、方法，还是作为精神、学说和运动，间或作为一种民主主义或人道主义，都是为了每个人的发展创造出一种理想的社会环境。作为共产主义的社会理想，其目的就是为了实现每个人的自由、全面和充分的发展。正是由于私有制、剥削、压迫等影响了每个人的发展，马克思主义才提出了废除私有制的要求。

（十一）马克思主义是以马克思命名的学说

马克思主义无疑地应该把马克思的基本思想和著作作为这个理论的主要成分，否则，无论是什么理论都可以冠以马克思主义的称号，使马克思主义难以琢磨和把握。所以，反对研究马克思与其他经典作家的区别是不符合马克思主义的，因为具体问题具体分析并服务于广大人民群众，是马克思主义活的灵魂。

结束语

马克思是一代伟人，马克思的思想体系开辟了一个精神的时代，这个精神思想的王国在马克思30岁以前就基本形成了。所以，探究并接近马克思的少年和青年是一件很有意义的工作，德国的教育环境和马克思的生长历程给人以教益。少年马克思就开始了“立德、立志、立言”的过程，青年马克思初步形成了自己独特的思想体系，“我所理解的马克思主义”正是从这里寻究秘密的。当然，马克思的思想发展也必然地影响到他后期的思想发展，后期的思想进程是前期思想的延伸和继续，直到《资本论》的诞生成为他最杰出的思想结晶。这些思想影响着后人，影响着中国大学的教学活动，影响着中国社会主义建设的实践，影响着指导中国社会主义实践的占统治地位的社会意识形态，影响着有中国特色的社会主义理论的产生和发展，这种影响是我们无法回避的话题。

第九章 马克思主义教学与思考

引言

马克思主义是一种思想体系，马克思主义基本原理是一门课程。从事马克思主义基本原理的教学活动，就是把马克思主义理论体系通过学校教学的方式传达给学生，使广大学生从中受益，学会运用马克思主义的立场、观点、方法去分析和解决现实问题。可惜，在经典作家那里没有一个完成了的关于马克思主义的思想体系，于是，学者们就尽其所能地、集思广益地建立了这样一个体系，这个体系由于哲学的发展和现实的变化是不断地被“扬弃”的。哲学无须教义，正如现实扬弃教条那样，再好的体系也是难免会有破绽，于是，“原理课改革”就提了出来，甚至是在它刚刚产生时就提了出来。但是，马克思主义最重要的理想和目标应该是确定的，这种确定性又通过中国化的马克思主义得以表现，但我们朝着这个目标的努力又是一个无止境的过程，这个过程是无法停止的。

一、“原理课”教学需要进一步改革

2007年高校新课改以来，“马克思主义基本原理”已经进行了多轮教学活动，教材也出版了多次，尽管如此，“原理课”教学无论是内容，还是过程和方法，都还有进一步改革的必要，本文试从自己的教学实践出发，谈点体会。

所谓“原理”指马克思主义基本原理，“原理课”说的是“马克思主义基本原理概论”这门课（属于大学公共课）。尽管这是一门新的课程，才刚刚讲过几年，但是，我们在教学实践中深深感到“原理课”教学需要进一步改革。改革可以是多方面的，这里仅就教学内容、教学过程和考核方法三个方面谈一些想法。

（一）教材内容方面的改革

毋庸置疑，“原理课”教学是以原理课教材为依据的，过去没有这门课程，这门课是课程改革的结果。马克思主义本来就是一个完整的科学体系，需要进行综合性、整体性的学习和把握，但长期以来理论界较多进行的是分别的、对各个组成部分的研究，如马克思主义哲学、马克思主义政治经济学、科学社会主义等。于是，出现了对马克思主义基本原理缺乏整体把握的现象，这正是此次课程改革的一个重要原因。

马克思主义是一个整体，在马克思主义经典著作中，通常就是把马克思主义作为整体来阐明的，就是《资本论》也不仅仅是对政治经济学的研究，也贯穿着马克思主义哲学和科学社会主义等其他思想。从总体上学习、研究和讲授马克思主义，完全符合马克思主义的“本义”。所以，《马克思主义哲学基本原理概论》（简称《原理》）出于这样的目的编写而成就也不难理解了，这是一次具有开创性的尝试。

《原理》教材编写的目标之一就是要帮助大学生，从整体上、从马克思主义三个组成部分的统一上去把握马克思主义。其重要的意义就在于：一方面，有利于学生从总体上学习和掌握马克思主义，否则就会只见树木，不见森林，不能全面理解马克思主义理论的精神实质；另一方面，有利于学生对马克思主义的实际应用。社会现象很复杂，是由经济、政治、思想等各种原因造成的，只有综合运用马克思主义基本原理和方法，才能回答这些复杂的问题。应该说，《原理》课教材的编写和使用，基本上达到了这一目的。

但是，笔者认为《原理》课教材的内容仍然需要进一步改革，仅就目前学术界所达到的科研成果而言，改革至少有以下几个方面。

1. 教材没有摆脱对马克思主义条块分割式的理解

传统地把马克思主义分割成“哲学、政治经济学、科学社会主义”三个部分，在哲学中又分成“唯物论、辩证法、认识论、唯物史观”等，这种思维方式的影响依然是很明显的。教材编写只不过是把过去的三门课合并为一门而已，看不出有什么实质性的变化。笔者认为，这是由于教材编写仍然沿袭了旧教材编写的模式和指导思想造成的。过去的教材编写模式是：试图把马克思主义绝对化、神圣化，把时代精华部分无限放大，尽量抹杀任何局限性，离开空间和时间千方百计地拼凑“放之四海而皆准”的抽象真理，使人们接触到的马克思主义如入雾中，莫名其妙。今后的教材内容在编写时不妨采取新的思路，就是以经典著作的发表顺序或以马克思主义发展史的顺序作为理解马克思主义发展的新思路，按照这种思路编写出来的教材可能脉络更清楚一些，内容更丰富和具体一些，当然，马克思主义的时代局限性也可能暴露得多一些；但是，只有这样才离真正的马克思主义更近一些，从而使我们把握的马克思主义理论更真实一些。

2. 教材没有把马克思主义人生哲学方面的内容编写进去

这是新教材在编写过程中的重大缺失和遗憾，从某种意义上说也是对过去教材编写已经达成的成果所做的一种倒退。有人说，新编教材在编写时各有分工，马克思主义人生哲学部分让位给《思想道德修养与法律基础》（简称《基础》）这门课。尽管《基础》课谈了许多人生问题，但是，当我们翻看《基础》教材时根本看不到有关人的本质方面的论述，马克思主义的人本主义思想被新教材搁置起来，还没有达到旧教材的水平，这在党中央极力强调“以人为本”的今天是不应该的。其实，离开了马克思主义人生哲学这一重要内容，必然也会影响着人们对马克思主义整体性地理解和把握。

3. 有关“西方马克思主义”的问题

有关“西方马克思主义”新教材的做法是置之不理，就好像没有这回事一样，这种做法既是可笑的又是愚蠢的。“西方马克思主义”从诞生之日起就和以苏联为代表的马克思主义发生了巨大的冲突，20 世纪 20 年代以后逐渐发展成为一股强大的思潮，到现在已经有了半个多世纪的发展，难道能回避得了吗？笔者认为，讲“马克思主义”回避不了“西方马克思主义”问题，否则，就连马克思主义的概念都讲不清楚。我们可以对“西方马克思主义”有一种不成熟的认识或评价，可以反对其观点，就是不可以回避问题或置之不理，那样就显得太软弱无力和经不起风雨了，这也背离了马克思主义的“实践性”（或开放性）特点。

4. 有关当代各种“非马克思主义”的问题

新教材只是谈了马克思主义产生时期与其理论传统之间的关系，谈了马克思主义在苏联特别是在中国的发展。但是，没有进一步介绍当代“非马克思主义”的情况，没能给人们一种对比和反思，各说各理，缺乏比较和鉴别，缺乏说服力，这不能说不是一件遗憾的事情。刚刚过去了的哲学新编教材（目前马克思主义哲学被马克思主义基本原理所取代），已经开始探讨“马克思主义哲学”与“现代西方哲学”的关系，各种版本的哲学新教材在各自的领域已经取得了一些进展和成果，但新的《原理》教材又使这种研究变成了一块“飞地”（空白之地），不能说不令人遗憾！

（二）教学过程方面的改革

政治课有很强的政治色彩，它不同于一般的课程。其他课程如专业课往往以知识传授为主，思想教育为辅；政治课相反，以思想政治教育为主，知识传授则起辅助作用。马克思主义是我国的指导思想、主流文化和占统治地位的社会意识形态，政治课在坚定大学生对马克思主义信仰、对社会主义信念，增强对改革开放和现代化建设的信心、对党和政府的信任等方面，都发挥了非常重要的作用。所以，可以说开设政治课，用马克思主义理论武装大学生的头脑，是党的教育方针的最重要的体现，是社会主义大学的本质特征，也是大学生能成为社会主义合格人才的内在要求。其实，任何一个国家都有自己的“政治课”，都要灌输自己的主流文化和主导价值观，都要为自己的阶级利益和阶级统治服务。

“原理课”教学是从马克思主义基本理论的角度，帮助大学生重点掌握马克思主义的世界观和方法论，从总体上把握马克思主义的科学内容和精神实质，探寻整个世界特别是社会发展的普遍规律。可见，《原理》课着重讲授马克思主义的世界观和方法论，它在四门大学新的公共课中具有基础性作用，学好这门课应该能使学生终身受益。有时这种作用可能不会马上表现出来，但以后学生走上工作岗位，或在生活的磨砺中会有所感悟，许多道理特别是哲学道理需要用一生来体验。居于上述理由，“原理课”教学形式应该是多样化的，不应该像过去哲学课教学那样单一和呆板。目前，许多学校已经对过去的教学模式进行了改革，取得了一些可喜的进展。

我们不妨总结如下：

1. 开设专题课进行教学

目前《原理》教材所涉及的内容非常广泛，按部就班讲解（即按教材章、节、目讲解），平均使力，肯定会影响教学效果。所以，有的大学第一轮（如复旦大学）就实行专题讲解的方式进行教学，每个教师分专题讲自己理解比较深的部分和问题，据说非常受学生们的欢迎。

2. 分单元进行教学

可以把教材分成若干单元，帮助学生集中理解教材内容，重点把握知识点。目前，我校采用的就是这种教学模式，应该说也获得了比较满意的教学效果。我们把教材的内容共分四个单元：第一单元是绪论部分，从总体上介绍什么是马克思主义；第二单元是前三章，重点谈马克思主义的世界观和方法论；第三单元的四、五章，用马克思主义世界观和方法论去分析资本主义社会；第四单元是后两章，用马克思主义世界观和方法论去分析社会主义社会乃至共产主义社会。

3. 教学过程应该多样化

尽管这门课中的哲学部分，或说马克思主义世界观和方法论部分仍然还很抽象、难懂，但比起过去纯粹的哲学原理课来讲生动活泼了许多，即使是抽象的理论也应该避免单一式的讲解和灌输，如采取互动提问、课堂讨论、组织学生辩论、设问互答、组织参观、收集社会问题探析、联系典型实际进行说明等各种方式进行。主要目的是调动学生的学习兴趣，最终圆满地实现教学目标。

4. 教学手段应该先进

目前的教学必须引入多媒体进行教学，否则就太落后了，教师吃粉笔末的时代应该终结了。当然，多媒体的使用还仅仅是个开始，多媒体的形式和内容有待进一步探索和研究。运用多媒体进行教学应该是多方面的，教师可以制作讲义课件、内容提纲课件、练习题课件等进行有效地辅助教学，还可以通过视频播放一些有关的资料片进行教学，帮助学生理解教学内容，激发学生学习兴趣。如《共产党宣言》《居安思危》《摩登时代》都可成为这门课程的辅助教学，忽视多媒体的作用是不足取的。

（三）考核方法方面的改革

从“教学定位”来看，“原理课”主要的任务是对学生进行思想政治教育，为了让学生树立正确的世界观和方法论打基础的，所以，我们考试时不应该在知识的细节上过分纠缠不清，而应该把教材中所要向学生传播的“主流价值观”通过生动活泼的方式传播给学生，在考试时要体现出这种教学过程。这门课同专业课是有区别的，它肯定不是学生最关心的、与学生将来从事的专业有直接利害冲突的课程，我们不能像专业课那样去要求学生。只要学生能坐下来听课，了解并接受我们的价值观，“记住”教材中传达出来的主流思想，也就达到了教学的目的。我们大可不必因为追究一些知识的细节而制造考试困难，使他们难以过关。

从“教学内容、教学方法”来看，我们的教学活动应该为思想政治教育服务。我们的教学内容（包括教材）不应该试图包罗万象，教学方法和考核制度不应该为过分纠缠一些知识的细节服务。其实，教学内容应该抓住几个重要的与实际相关的大问题，对学生进行正面的思想教育，教学方法和考核制度应该与这种思想政治教育的内容相适应。我们进行的“单元教学”和“专题教学”

实际上就是尝试着体现这种思想教育。

从“考核制度、考试环节”上看，我们应该明确奖惩的对象。我们应该奖励那些认真听讲的学生，奖励那些愿意“听从、接受”主流价值观教育的学生，奖励那些认真努力学习的学生，更应该奖励那些在学习中有所感悟、有所发挥、有所创新的学生；而要惩罚的只是那些极少数无故旷课的学生，惩罚那些拒绝“主导价值观”的学生，惩罚那些根本就不接受思想教育甚至对抗、仇视现实社会的学生，我们决不应该利用“考试环节”来为难广大的学员。

对此，我们的考核标准也应该多样化。

1. 考核形式方面可以开卷、闭卷、开闭结合

这要根据具体情况而定，因为我们的主要任务是思想政治教育，要让学生理解一些“大道理”，所以，目前比较普遍的做法大概是开卷考试更适合一些；但是，思想教育也是通过知识传授进行的，必要的知识是应该牢记的，故闭卷考试也是考核学生的重要手段之一。有时，为了综合两种考核手段的长处，还可以采取开卷和闭卷考试相结合的方法。总之，我们应该根据不同情况，具体问题具体分析，各种考试形式都不可以偏废。

2. 应该增加平时成绩的考核

既然以思想政治教育为主，既然应该明确奖惩的对象，那么，就应该加强对学生平时成绩的考核，加强对学生教学过程的考核，不能把考核仅仅通过最后的一次考试来确定。关于平时考核如何确定，许多教师进行了非常有意义的探索和尝试，对我们的考试环节提供了建设性的意见。如留作业（包括写小论文）、课堂提问和讨论、课堂笔记、检查考勤、课程结束前进行小测验等，都可以作为我们进行考核的依据，最后把这些成绩与考试成绩结合起来，成为对学生考核的最后成绩。

3. 增设实践教学成绩

目前，在我校还增设了实践教学成绩，把 30% 的考核权下放给各个院系，因为他们更了解自己的学生，他们可以通过搞活动、专题讲座、组织观看视频资料等来对学生进行考核，最后成绩是平时占 20%，教学实践占 30%，试卷考试占 50%。这种做法对学生来讲更公平合理，更全面准确，更符合这门课的教学定位，通过实践来看这种考试制度达到了比较理想的考核目的。

4. 参考学员的平时表现

这种做法在《基础》这门课里更有针对性，就是说，在学生出现了一些符合社会主义道德的好人好事，也可以作为进行考核的内容。“原理课”教学也应该吸取这种方法的合理性，但这里应该更注重同这门课的结合。如发现学生中

在一些刊物上能发表出一些比较有价值的文章，发现他们写的东西同这门课有一定的关联，也可以作为考核的标准之一。

总之，考核的方式也应该是多种多样的，考核标准应该是开放透明和细致全面的，只有这样才能真正达到我们的教学目的，即知识传授和思想政治教育的有机结合。

二、“三个代表”所体现的唯物史观

江泽民同志在党的十六大报告中提出全面贯彻“三个代表”的重要思想，而且，强调了这一思想“是我们党必须长期坚持的指导思想”“是我们党的立党之本、执政之基、力量之源”。那么，“三个代表”的思想为什么如此重要呢？本文仅就“三个代表”中所体现的唯物史观，进行一些粗浅的探索。

（一）

“三个代表”的思想抓住了社会发展的根本动力。历史唯物主义认为，社会发展的根本动力是社会基本矛盾运动，其中，生产力是最终的起决定作用的因素。唯物史观从来都把人类社会的历史，首先理解为是生产发展的历史，正如恩格斯在《共产党宣言》1883年德文版序言中所说：“《宣言》中始终贯彻的基本思想，即：每一历史时代的经济生产以及必然由此产生的社会结构，是该时代政治的和精神的历史的基础。”① 马克思也说过“任何一个民族，如果停止劳动，不用说一年，就是几个星期，也要灭亡，这是每一个小孩都知道的”②。这里讲的“劳动”显然是指生产劳动。马克思认为，生产力决定着社会的性质和面貌，“人们按照自己的物质生产的发展建立相应的社会关系，……手推磨产生的是封建主为首的社会，蒸汽磨产生的是工业资本家为首的社会”③。马克思在《政治经济学批判》序言中还进一步指出“无论哪一种社会形态，在它们所容纳的全部生产力发挥出来以前，是决不会灭亡的；而新的更高的生产关系，在它存在的物质条件在旧社会的胎胞里成熟以前，是决不会出现的”④。

---

① 马克思恩格斯选集（第1卷）［M］．北京：人民出版社，1972：232.
② 马克思恩格斯选集（第1卷）［M］．北京：人民出版社，1972：368.
③ 马克思恩格斯选集（第1卷）［M］．北京：人民出版社，1972：108.
④ 马克思恩格斯选集（第2卷）［M］．北京：人民出版社，1972：83.

“三个代表”中的第一个代表就是“代表先进生产力的发展要求”，这就抓住了人类社会发展的根本，抓住了社会发展的根本动力，当然也就抓住了社会主义初级阶段发展的根本动力。2000 年 2 月 25 日江泽民在广东考察工作时讲道：“因为我们党是代表先进生产力的发展要求的，所以全党同志的一切奋斗，归根到底都是为了解放和发展生产力。”① 以后，江泽民同志又多次强调了这一思想，他把“代表先进生产力的发展要求”，作为新时期党建工作的重要内容提了出来，这无疑是对马克思主义建党学说的重大发展，也是唯物史观在党的建设方面的重要体现，对中国共产党今后的发展具有巨大指导意义。

在十六大报告中，江泽民同志关于我党现阶段如何发展生产力进行了专门的论述，集中体现在第四个大问题中（经济建设和经济体制改革）：第一，走新型工业化道路，大力实施科教兴国战略和可持续发展战略；第二，全面繁荣农村经济，加快城镇化进程；第三，积极推进西部大开发，促进区域经济协调发展；第四，坚持和完善基本经济制度，深化国有资产管理体制改革；第五，健全现代化市场体系，加强和完善宏观调控；第六，深化分配制度改革，健全社会保障体系；第七，坚持“引进来”和“走出去”相结合，全面提高对外开放水平；第八，千方百计扩大就业，不断改善人民生活。这些论述是党在新时期关于如何“代表先进生产力的发展要求”具体而生动的体现，也是对唯物史观的具体应用。

（二）

“三个代表”的思想抓住了社会意识对社会存在的反作用。历史唯物主义认为，社会存在决定社会意识，同时，社会意识又有相对独立性，在一定条件下对社会存在有巨大的反作用。唯物史观从来都重视社会意识对社会存在的反作用，重视革命理论对社会存在和社会实践的指导作用。例如，马克思在谈到社会意识的反作用和群众实践活动的关系时，有一段著名的论述：“批判的武器当然不能代替武器的批判，物质力量只能靠物质力量来摧毁；但是理论一经掌握群众，也会变成物质力量。理论只要说服人，就能掌握群众；而理论只要彻底，就能说服人。所谓彻底，就是抓住事物的根本。”② 列宁也曾指出：“没有革命

---

① 江泽民. 在新的历史条件下，我们党如何做到“三个代表”［M］//中共中央文献研究室. 论“三个代表”. 北京：人民出版社，2002.

② 马克思恩格斯选集（第 1 卷）［M］. 北京：人民出版社，1972：9.

的理论，就不会有革命的运动。……只有以先进理论为指南的党，才能实现先进战士的作用。"①

"三个代表"中的第二个代表就是"代表先进文化的前进方向"，"文化"作为社会意识范畴包括了社会的政治思想、法律思想、哲学、道德、宗教、文艺、科学等各个领域。尽管"文化"也包含着物质文化、行为文化等重要内容，但它最本质的含义或狭义的文化还是指"精神文化"。"文化"有先进和落后之分，中国共产党应该代表"先进文化的前进方向"。正如江泽民同志所指出的："因为我们党是代表先进文化的前进方向的，所以全党同志必须始终坚持马克思主义为指导，努力继承和发展中华民族的一切优良的文化传统，努力学习和吸收一切外国的优秀文化成果，从而不断地创造和推进有中国特色社会主义文化，使社会主义物质文明和精神文明协调发展，使社会全面进步。"② 从江泽民同志的论述中不难发现，所谓把握先进文化的前进方向，就是"在当代中国，……发展面向现代化、面向世界、面向未来的，民族的、科学的、大众的社会主义文化，以不断丰富人们的精神世界，增强人们的精神力量"③。当然，这种先进文化必然是以马列主义、毛泽东思想、邓小平理论和"三个代表"的思想及科学发展观等为指导的，它包括了"坚持以科学的理论武装人，以正确的舆论引导人，以高尚的精神塑造人，以优秀的作品鼓舞人"④，这些思想无疑体现了唯物史观中关于社会意识对社会存在反作用的原理，也是唯物史观在建党学说中的又一光辉体现。

在十六大报告中，江泽民同志关于我党现阶段如何发展社会主义文化也进行了专门的论述，集中体现在第六个大问题中（文化建设和文化体制的改革），这就是：第一，牢牢把握先进文化的前进方向；第二，坚持弘扬和培育民族精神；第三，切实加强思想道德建设；第四，大力发展教育和科学事业；第五，积极发展文化事业和文化产业；第六，继续深化文化体制改革。江泽民同志兴奋地指出："在当代中国人民的伟大奋斗中，必将迎来社会主义文化建设的新高潮，创造出更加灿烂的先进文化。"这些论述是党在新时期关于如何"代表先进文化的前进方向"所做的具体而生动的说明，同样是对唯物史观

---

① 列宁选集（第1卷）［M］．北京：人民出版社，1972：241—242.

② 江泽民．在新的历史条件下，我们党如何做到"三个代表"［M］//中共中央文献研究室．论"三个代表"．北京：人民出版社，2002.

③ 江泽民．全面建设小康社会，开创中国特色社会主义事业新局面在中国共产党第十六次全国人民代表大会上的报告［EB/OL］．中国共产党新闻网，2019－04－03.

④ 江泽民．全面建设小康社会，开创中国特色社会主义事业新局面在中国共产党第十六次全国人民代表大会上的报告［EB/OL］．中国共产党新闻网，2019－04－03.

的具体应用。

（三）

“三个代表”的思想抓住了群众史观。历史唯物主义认为，人民群众是历史的主体和创造者，是先进生产力的重要体现。唯物史观从来都把人类社会发展的历史，理解为是人民群众进行生产活动的历史，无产阶级革命也是为绝大多数人民群众谋利益的运动。《共产党宣言》就曾明确指出：“过去的一切运动都是少数人的或为少数人谋利益的运动。无产阶级的运动是绝大多数人的、为绝大多数人谋利益的独立的运动。”① 马克思和恩格斯认为，“代替那存在着阶级和阶级对立的资产阶级旧社会的，将是这样一个联合体，在那里，每个人的自由发展是一切人的自由发展的条件”②。列宁在分析唯心史观的局限性时，也提出其根本缺陷之一，就是看不到人民群众的历史作用。毛泽东则把群众史观概括为“人民，只有人民，才是创造世界历史的动力”③。

“三个代表”中的第三个代表就是“代表最广大人民群众的根本利益”，这就抓住了共产党的“全心全意为人民服务”的宗旨，抓住了“人民群众是历史的创造者”这一唯物主义历史观。江泽民说：“因为我们党是代表最广大人民群众的根本利益的，所以全党同志的一切工作都是全心全意为人民服务的，都是为了实现好、发展好和维护好人民的利益，任何脱离群众、任何违反群众意愿和危害群众利益的行为，都是不允许的。”④ 在“七一讲话”中他再次指出：“必须坚持把人民的根本利益作为出发点和归宿，充分发挥人民群众的积极性主动性创造性，在社会不断发展进步的基础上，使人民群众不断获得切实的经济、政治、文化利益。”他甚至强调说：“全心全意为人民服务，立党为公，执政为民，是我们党同一切剥削阶级政党的根本区别”⑤，可见，这种观点坚持了群众史观，体现了唯物史观中“人民群众创造历史”的基本原理。

在十六大报告中，江泽民同志关于我党现阶段如何代表最广大人民群众的根本利益又进行了富有创建性的论述，集中体现在第二个大问题（全面贯彻“三个代表”重要思想）和第十个大问题（加强和改进党的建设）中，他说：

---

① 马克思恩格斯选集（第1卷）［M］．北京：人民出版社，1972：262.
② 马克思恩格斯选集（第1卷）［M］．北京：人民出版社，1972：273.
③ 毛泽东选集（第3卷）［M］．北京：人民出版社，1966：932.
④ 江泽民．在新的历史条件下，我们党如何做到“三个代表”［M］//中共中央文献研究室．论“三个代表”．北京：人民出版社，2002.
⑤ 江泽民．江泽民在庆祝建党八十周年大会上的讲话［EB/OL］．南方网，2001－07－07.

“我们党的最大政治优势是密切联系群众，党执政后的最大危险是脱离群众。”因为“最大多数人的利益和全社会全民族的积极性创造性，对党和国家事业的发展始终是最具有决定性的因素”①。江泽民同志还看到了：党的“阶级基础”和“群众基础”不断扩大的事实，及时提出了“切实做好基层党建工作，增强党的阶级基础和扩大党的群众基础”的新阶段的历史任务。他还富有创建性地提出“党从成立那一天起，就是中国工人阶级的先锋队，同时是中国人民和中华民族的先锋队”这两个“先锋队”的命题。目前，两个“先锋队”的提法已经明确地写到了党章之中，这是对马克思主义建党学说的重大突破，同时也是唯物史观在新的历史条件下的继承和发展。

（四）

“三个代表”思想的核心是代表最广大人民群众的根本利益。首先，这是由党的性质和宗旨决定的。中国共产党是中国工人阶级、中国人民和中华民族的先锋队，其根本宗旨是全心全意为人民服务。江泽民说：“我们党始终坚持人民的利益高于一切。党除了最广大人民的利益，没有自己特殊的利益。党的一切工作必须以最广大人民的根本利益为最高标准。”②。其次，人民群众是历史的创造者。这是符合历史唯物主义基本原理的，因为人民群众不仅是一切社会物质财富和精神财富的创造者，而且，还是一切社会变革的决定力量。正如江泽民所说：“包括知识分子在内的工人阶级、广大农民，始终是推动我国先进生产力发展和社会全面进步的根本力量。”③ 他还把创业人员、技术人员、外企管理人员、个体户、私营企业主、自由职业者等，都视为“中国特色社会主义事业的建设者”，提出“一切合法的劳动收入和合法的非劳动收入，都应该得到保护”④。再次，从“三个代表”的关系上看，人民群众是创造的主体。在“三个代表”中，代表生产力的发展要求，即发展先进的生产力，是为了满足最广大人民的根本利益所奠定的物质基础；代表中国先进文化的发展方向，即发展先进的社会主义文化，是为了满足最广大人民的根本利益所奠定的精神基础，发展先进文化是实现人民群众根本利益的精神条件和精神手段；发展先进生产力和先进文化，归根到底是为了满足人民群众日益增长的物质文化的需要，不断

---

① 江泽民．全面建设小康社会，开创中国特色社会主义事业新局面在中国共产党第十六次全国人民代表大会上的报告［EB/OL］．中国共产党新闻网，2019 - 04 - 03.

② 江泽民．江泽民在庆祝建党八十周年大会上的讲话［EB/OL］．南方网，2001 - 07 - 07.

③ 江泽民．江泽民在庆祝建党八十周年大会上的讲话［EB/OL］．南方网，2001 - 07 - 07.

④ 江泽民．江泽民在庆祝建党八十周年大会上的讲话［EB/OL］．南方网，2001 - 07 - 07.

实现最广大人民群众的根本利益。

总之，“三个代表”所包含的三个方面之间的关系，是互相依赖、互相联系、互相促进的，但其核心是代表最广大人民群众的根本利益。因为“最大多数人的利益是最紧要和最具有决定性的因素。这是马克思主义的基本观点，各级领导机关和领导干部必须充分认识和认真实践”①。所以，“贯彻‘三个代表’重要思想，关键在与时俱进，核心在坚持党的先进性，本质在坚持执政为民”②。可见，江泽民同志“三个代表”的重要思想，是唯物史观在新的历史条件下的光辉体现。

（五）

“三个代表”给我们很多延伸启示。“中国共产党要始终代表先进生产力的发展要求，要始终代表先进文化的前进方向，要始终代表最广大人民的根本利益。”这是我们党在新的历史条件下，对马克思主义建党学说的发展。首先，三句话的组合带有全局性和根本性，单就一句话而言都是前人（经典作家）所述，看不出多少创新，就三句话的组合看就有了新意。其次，三句话是我国在新时期下的一种建党理论，也出现了新意。再次，“三个代表”把三大规律统一起来，也有了新思想，即把人类社会发展的规律、社会主义建设的规律及共产党建设的规律统一起来，成为新时期我国的指导思想。正因为如此，它作为我国的指导思想而写进宪法，是完全可以理解的。我们应该热烈欢呼“三个代表”思想的产生，而且，希望每一个共产党员特别是党的领导干部，都按照这一思想去指导自己的行动。

然而，在热烈欢呼之余，经过冷静思考又觉得并不满足，主要是因为缺少了第四个代表，即中国共产党还应该“始终代表最先进民主政治的合理建构”（这是“制度自信”的依据）。因为：首先，人类文明本来就存在于三大领域之中，这就是物质文明、精神文明和政治文明。人类进入文明社会（奴隶社会）就是以这三大文明的出现为标志的。物质领域出现了人造的生产工具，我国是青铜器；文化领域直接出现了语言文字，能够记载各个国家的历史，往下传承；政治领域出现了国家及政治制度，取代了氏族组织。其次，我国改革开放以后，出现的最大阻碍力量往往是腐败现象，这些现象已为老百姓所深恶痛绝。再次，

---

① 江泽民．江泽民在庆祝建党八十周年大会上的讲话［EB/OL］．南方网，2001－07－07.

② 江泽民．全面建设小康社会，开创中国特色社会主义事业新局面在中国共产党第十六次全国人民代表大会上的报告［EB/OL］．中国共产党新闻网，2019－04－03.

从“文革”的历史经验上看，我国出现动荡的原因之一也在于缺乏一个良好的政治环境，争权夺利、个人崇拜、封建迷信甚嚣尘上。最后，从共产党的奋斗目标来看，共产党人为之而奋斗的共产主义社会，就是一种最文明的社会制度，它能使每一个人都能得到全面、自由和充分的发展。

所以，中国共产党还应该始终代表最先进民主政治的合理建构。固然，也许政治（包括政治制度）不是永恒的现象，但它恰恰是共产党的历史使命，共产党随着美好社会的到来也会成为历史范畴。所以，我们盼望第四个代表的早日诞生，并同“三个代表”一起写入宪法，成为我党的重要指导思想。

三、共产主义理想与群众史观

什么是共产主义？什么是共产主义理想？坚持共产主义理想要求我们应该怎样去做？本文论述了共产主义理想与“群众史观”的内在逻辑和辩证关系，并揭示出坚持“群众史观”的重要意义。

江泽民曾经这样说：“我们坚信马克思主义关于人类必然走向共产主义这一基本原理。……全党同志既要树立共产主义的远大理想，坚定信念，以高尚的思想道德要求和鞭策自己，更要脚踏实地地为实现党在现阶段的基本纲领而不懈努力，扎扎实实地做好现阶段的每一项工作。”①

（一）

关于共产主义和共产主义的理想。什么是共产主义？“共产主义”一词有多种含义，一般的教科书往往概括为三层意思：第一，共产主义作为无产阶级的思想体系，是指马克思主义特别是关于科学社会主义的理论；第二，它作为一种未来的合理的社会制度，是指与资本主义社会相对立共产主义制度；第三，它作为一种运动，是指无产阶级的共产主义实践活动。然而，“共产主义”作为马克思主义所追求的目标，作为无产阶级和广大人民群众实践的理论依据，作为未来合理的社会制度，它首先是或者更是一种社会理想。

什么是共产主义理想呢？共产主义理想当然包括实现未来的、合理的共产主义社会制度，这种社会制度的主要特征在马克思主义的理论中已经进行过详

---

① 江泽民．江泽民在庆祝建党八十周年大会上的讲话［EB/OL］．南方网，2001－07－07.

尽的阐述。然而，“共产主义”作为一种社会理想，其核心内容应该是实现每个人的全面、自由和充分的发展。因为作为马克思主义诞生标志的《共产党宣言》曾明确提出：“代替那存在着阶级和阶级对立的资产阶级旧社会的，将是这样一个联合体，在那里，每个人的自由发展是一切人的自由发展的条件。”① 其实，马克思、恩格斯在很多地方都反复强调过这一思想。例如，恩格斯认为共产主义的目的就是“把社会组织成这样：使社会的每一个成员都能完全自由地发展和发挥他的全部才能和力量，并且不会因此而危及这个社会的基本条件”②。马克思也认为理想社会是“以每个人的全面而自由的发展为基本原则的社会形式”③。他甚至把人的充分发展看成是最大的生产力，他说：“节约劳动时间等于增加自由时间，即增加使每个人得到充分发展的时间，而每个人的充分发展又作为最大的生产力反作用于劳动生产力。”④ 可见，实现每个人的全面、自由、充分的发展就是共产主义理想的核心内容。正如江泽民“七一讲话”中所说：“共产主义社会，将是物质财富极大丰富，人民精神境界极大提高，每个人自由而全面发展的社会。”

共产主义社会同以往旧社会的本质区别之一就在于，是实现少数人的发展还是实现绝大多数人的发展，即实现“每个人”的发展。正如《共产党宣言》中所说：“过去的一切运动都是少数人的或为少数人谋利益的运动。无产阶级的运动是绝大多数人的、为绝大多数人谋利益的运动。”⑤ 在剥削阶级社会里，少数人的发展是建立在多数人不能充分发展的基础上的，特别是私有制为这种畸形发展创造了条件，所以，消灭私有制成为实现“共产主义”社会制度的必要手段。在这里，值得注意的是“消灭私有制”只是手段而不是目的，建立共产主义社会制度的目的是为了实现“每个人的自由而全面的发展”。既然是“每个人”的全面发展，就离不开社会中绝大多数人的共同发展，就离不开人民群众的发展，所以，共产主义的伟大理想与历史唯物主义的“群众史观”有着内在的、必然的逻辑联系，我们要想树立共产主义远大理想，在现实工作中就必须坚持群众史观。

---

① 马克思恩格斯选集（第1卷）[M]．北京：人民出版社，1972：273.
② 马克思恩格斯全集（第42卷）[M]．北京：人民出版社，1979：373.
③ 马克思恩格斯全集（第23卷）[M]．北京：人民出版社，1979：649.
④ 马克思恩格斯全集（第46卷下）[M]．北京：人民出版社，1979：225.
⑤ 马克思恩格斯选集（第1卷）[M]．北京：人民出版社，1972：262.

（二）

坚持“群众史观”既是共产主义理想的客观要求，又是共产主义理想在现实生活中的具体表现。我们知道，历史唯物主义是马克思主义哲学的核心和重要组成部分，而马克思主义哲学又是全部马克思主义理论的基础，这个基础可以说是以“群众史观”为主航线的。所谓“群众史观”，就是把人类社会的历史首先理解为是人民群众生产活动的历史，承认人民群众是历史的创造者，即把人民群众看成是推动社会发展的主要动力的一种历史理论。作为无产阶级思想体系的马克思主义理论（即共产主义理论），从诞生那天起就把“群众史观”当作主要内容加以阐述；作为一种现实的共产主义运动，每时每刻都没有忘记也不应该忘记实践着“人民群众当家做主”；作为一种未来合理的共产主义社会制度，也正是为真正实现这一目标而提供一个良好的社会环境。

坚持“群众史观”还是“英雄史观”，是无产阶级政党区别于其他政党的显著标志，也是唯物史观和唯心史观的本质区别之一。被马克思和恩格斯讽刺为“神圣家族”的鲍威尔兄弟，就把人民群众看成是目光短浅、没有学问的“乌合之众”；俄国的民粹派也认为群众不过是一连串的“零”，只有英雄人物才是“有效数字”。马克思、恩格斯和列宁都曾经对这些观点进行过非常严厉的批判。中国自古就有“牧民”的思想，把人民群众当作任意驱使的牛羊，正如孔子所说“民可使由之，不可使知之”。当然，我国历史上也有很多人重视过人民群众的作用，例如，孟子的“民为贵，社稷次之，君为轻”，荀子《家语》中的“君，舟也。民，水也。水所以载舟，亦可以覆舟”。魏征常以此提醒皇帝，唐太宗也常引用这两句话教训自己的儿子。但是，在他们那里，这些思想不是作为主导思想而出现的，也不可能形成完整的思想体系，其目的不过是为了维护或改善剥削阶级的统治，因此，都没有跳出唯心史观的圈子。

相反，“群众史观”是作为马克思主义的重要组成部分而被提出来的，马克思主义理论的核心部分即“科学社会主义理论”，就是关于无产阶级和广大人民群众如何获得解放的学说。马克思主义理论的伟大意义，就在于它把共产主义理想通过“群众史观”使之具体化了。马克思主义哲学把人类历史的发展，首先理解为是人民群众生产实践的发展史，在这个发展过程中，“人民，只有人民，才是创造世界历史的动力”①，正如恩格斯所说：“历史是这样创造的：最

① 毛泽东选集（第3卷）[M]．北京：人民出版社，1966：932.

终的结果是从许多单个的意志的相互冲突中产生出来的，……然而从这一事实中决不应作出结论说，这些意志等于零。相反地，每个意志都对合力有所贡献，因而是包括在这个合力里面的。”① 总之，历史唯物主义绝不是从个别方面承认人民群众的历史作用，绝不是把人民群众看成是历史进程的“从属因素”，而是把人民群众看成是历史发展的“创造者”。可见，坚持“群众史观”既是共产主义理想的客观要求，又是共产主义理想在现实生活中的具体表现。

作为“全世界无产者联合起来”所进行的共产主义运动，其主要目标就是不断地实践着“人民群众当家做主”，只有这样，才能真正实现每个人的全面、自由和充分的发展。“巴黎公社”运动就是这一伟大实践的第一次尝试，“十月革命”之所以伟大也在于把这一实践变成了现实。正因为如此，中国共产党也制定了自己的群众观点和群众路线，坚信人民群众自己解放自己。从某种意义上讲，共产党在社会主义国家中的执政地位，是人民群众自己选择的结果。共产党只有密切联系群众、代表群众呼声、体现群众的利益，才能巩固自己的政权，否则，就会被人民群众所抛弃。列宁说：“只有相信人民的人，只有投入人民生机勃勃的创造力源泉中去的人，才能获得胜利并保持政权。”② 所以，我们有理由相信：苏联和东欧共产党的倒台，重要原因之一就是脱离了人民群众所造成的“恶果”。可见，是否坚持“群众史观”具有重大的理论意义和现实意义。

（三）

坚持“群众史观”有以下几个重要意义。首先，是否坚持“群众史观”，是区别真假无产阶级政党的显著标志。无产阶级政党应该始终坚持“群众史观”，把人民群众的利益放在第一位，不断地推动着“人民群众当家做主”的伟大实践；而不是把自己看成是“救世主”“大救星”“红太阳”等，因为马克思主义理论始终是一种使绝大多数人真正成为社会主人的学说。邓小平提出的“三条标准”，是“群众史观”的重要体现；江泽民提出的“三个代表”的思想又是“三条标准”的重要发展。在中国共产党十五届六中全会上的《中共中央关于加强和改进党的作风建设的决议》中，提出了“八个坚持、八个反对”，更是“群众史观”的理论化和系统化。然而，理论上承认是一回事，实践中真正做到又是一回事，在我们党的干部中总有人热衷于“造神运动”，满足于“清

---

① 马克思恩格斯选集（第4卷）［M］．北京：人民出版社，1972：478—479.

② 列宁全集（第26卷）［M］．北京：人民出版社，1972：273.

官”“好官”“为民做主”等，其实，代表人民群众的利益并非“为民做主”，社会主义民主的真正实质在于“广大的人民群众当家做主”。共产主义理想正是通过“群众史观”不断地得到实现的，因为只有获得了“决定权”的个人，才能真正做到全面、自由、充分的发展。这也正是废除私有制的深刻意义，如果废除了私有制的人们仍然没有这种“决定权”即“做主”的权利，那么这种废除又有多少价值呢？可见，是否坚持“群众史观”是区别真假无产阶级政党的显著标志。

其次，坚持“群众史观”是不断地加强和改进党的作风建设的需要。从中国共产党的发展历史上看，什么时候党真正坚持了“群众史观”，什么时候就可以不断地加强和改进党的作风建设。例如，党在延安整风时期就坚持了“群众史观”，加强了党内民主和人民群众的监督，党的作风建设就有所好转。新中国成立以后，我党搞了“党内整风”和“批评与自我批评”，主动提出接受群众监督，使党的作风建设进一步加强。2001年9月26日中国共产党第十五届中央委员会第六次全体会议通过的《中共中央关于加强和改进党的作风建设的决定》，是又一次坚持“群众史观”的具体体现。例如，《决定》在第一个大问题中列举了党风方面的主要问题，然后指出“这些问题，归根到底是脱离实际、脱离群众的，其消极影响和后果不可低估”。在第二个大问题中，《决定》明确指出：“加强和改进党的作风建设，核心问题是保持党同人民群众的血肉联系。马克思主义执政党的最大危险，就是脱离群众。”此外，在“八个坚持、八个反对”中，无一不贯彻了全心全意为人民服务的思想。《决定》在肯定党的十一届三中全会以来的成绩时指出：“十一届三中全会以来，我们党重新确立了解放思想、实事求是的思想路线，形成了社会主义初级阶段的基本路线，制定了一系列符合我国国情和人民利益的大政方针，党的精神面貌焕然一新。”可见，加强和改进党的作风建设，需要坚持“群众史观”；而坚持“群众史观”又可以不断地加强和改进党的作风建设，二者是相辅相成、互相促进的。

再次，坚持“群众史观”对我国的政治体制改革有重大的指导意义。目前我国所进行的政治体制改革也应该以“群众史观”为指导思想，特别是加强人民代表大会制，提高人民代表的地位，充分发挥他们的作用。为此，就必须建立和不断完善社会主义制约机制，依法治国，使全国人民代表大会确实行使最高的立法权、任免权、决定权和监督权。人民代表和人民群众之间应该建立起真正的“血肉联系”，这又要求我们必须不断地建立和健全“普选制度”，使人民代表真正代表人民，体现人民群众利益、愿望和呼声。当前，在我国领导干部中出现许多贪污受贿、腐败变质分子，他们以权谋私、侵吞国家财产和危害人民群众利益。尽管有些人已被绳之以法，却不能杜绝此类事情发生，相反，还出现了“前赴后继”之势。这种现象给我们敲响了警钟：它告诉我们在我国的政治体制中存在着严重缺陷，其中的关键就是“群众史观”在现实中没有得到真正的贯彻和执行。人民群众不能真正做主，国家干部缺乏群众基础，是造成上述现象的重要根源。我国的官吏有很多不是由人民群众直接选举产生，而是由上级部门委派，即使犯了严重的错误还可以“异地做官”，这就必然会出现“对上负责，对下不负责；对领导负责，对群众不负责”的严重现象。“惩治腐败”必须靠群众监督，并使群众真正有“做主”的权利，建立社会主义制约机制，而不能只靠“明官、清官、好官”等，这是一种本末倒置。可见，坚持“群众史观”对我国的政治体制改革有重大的指导意义。

最后，坚持“群众史观”对培养人民群众的“主人翁责任感”和“自主意识”，也有重要的指导意义。一方面，我们党和政府要自觉地坚持“群众史观”，坚持党的群众观点，正如江泽民所说：“八十年的实践启示我们，必须始终紧紧依靠人民群众，诚心诚意为人民谋利益，从人民群众中汲取前进的不竭力量”①；另一方面，又要有意识地在人民群众中宣传“群众史观”，批判“个人迷信”和“英雄史观”，不断推进社会主义民主政治的发展。只有把“群众史观”真正贯彻到人民群众中去，被广大的人民群众所掌握，化为人民群众的自觉行动，才能真正推动我国社会主义民主政治建设的发展，也才能真正坚持“依法治国”或“以德治国”。长期以来，由于受两千多年封建社会的影响，我国有着很深的“盲从、迷信”和“个人崇拜”的土壤，再加上党内总有人跳出来以各种形式搞“造神运动”，所以，造成了在人民群众中缺乏“主人翁责任感”和“自主意识”，看不到自己的力量，幻想把希望寄托在“明官、清官、好官”身上；有的人则把希望寄托在其他方面，如信奉宗教或“神灵”；更有甚者，有的人干脆投奔“师傅”，皈依“邪教”。这不仅表明我们的“共产主义信念”出现危机，而且从反面说明坚持“群众史观”何等重要。总之，坚持“群众史观”对培养人民群众的“主人翁责任感”和“自主意识”也有重要的指导意义。

结束语

现实是不断扬弃教条的，哲学理论本身的发展也是这种不断扬弃的反映，尽管“马克思主义基本原理概论”是一门比较新鲜的课程，但对它的批判考察

① 江泽民．在庆祝中国共产党成立八十周年大会上的讲话［EB/OL］．南方网，2001－07－07.

也是难以避免的。中国特色社会主义的杰出思想，如“三个代表”思想是对马克思主义的继承和发展，这种继承和发展也没有停止马克思主义前进的步伐，哲学和现实都要求继续前进，但共产主义理想和唯物史观的目标却是始终如一的，我们必须沿着这一目标走向最光辉的顶点。伟大的理想体现在琐碎的生活之中，不平凡的业绩离不开平凡的努力，热爱生活和追求幸福是每一个人所向往的彼岸，诗为心声，激情和浪漫由此而生，在这里可能开辟又一个全新的领域。

第十章 我的诗词和人生感悟

引言

诗歌是传达人们心声的艺术，诗歌的题材源于生活，是对现实、对生活的感悟。诗歌是更不注重教条的，是不被教条所束缚的，然而，有时诗歌也表现着一定的思想，体现着某种“教条”的影响，特别是哲理诗更是如此。从1976年到1979年，也就是考上大学的前三年，一些儿时的记忆通过诗词的形式表现出来，与其说是诗词，或许说是儿歌更恰当一些，这些记忆或许是值得回忆的。在这一章，有一首“七字诀：中国帝王谱略”极作者业余之水平，对我国历代帝王进行了一番梳理，梳理本身表现了作者的某些理念，算是一种纪念。此外，还有一些杂七杂八的“和诗”与“诗词”，是一些自不量力之作，也许能供人们茶余饭后之笑谈而已。最后，是一些人生感悟，是我对多年来生活实践的反思，与观者共享。

一、孩时的诗词

1. 困难（1976－12－28）

不晓窗外寒，怎知屋炉暖？尔若遇困难，更想难上难。

2. 寒风冬雪（1976－12－30）

满天飞花地冰茫，狂飙呼啸冷棉床。唯有此时增雄志，寒风冬雪意更强。

3. 异年送（1977－01－01）

清天乌云怖，明地起阴风。人间失三秀，中华遇险烽。

地震津城动，瓦砾闻哭声。但愿异年送，再也不相逢。

4. 教室（1977－01－18）

教室黑板，桌椅门窗壁。拿出书本握紧笔，认真刻苦学习。

幽室难栽松柏，英雄暴雨中来。如不谦虚戒骄，怎知室外天高？

5. 四季环春（1977－01－20）

春有春蛇见，夏有蚊类叮。秋风能扫落千叶，英雄寒冷中。

今日春再现，花开齐争鸣。万马高嘶重沸腾，人心阳气升！

6. 过年（1977－02－17）

“三十”，年了，思棋熬夜近拂晓。窗外，呲叫，儿童少年在放炮。

家人不少，齐帮动手来包饺。屋中喧闹，亲戚朋友一块唠。

7. 宏图略（1977－02－26）

云中月，长空明亮照黑夜。照黑夜，保卫国土，把敌警戒。

中华志大坚如铁，而今制定宏图略。宏图略，实现“四化”，先行世界。

8. 搞卫生（1977－03－25）

卫生搞好规划，街道匆忙豪华。号召齐动手，除蚊灭苍一下。

一下一下，泚地更杲易画。

9. 斗志昂（1977－03－27）

自古奸臣不算少，残害忠良。又害忠良，人民奋起斗志昂。

革命精神不易老，永放光芒。再放光芒，照暖人心胜太阳。

10. 奋进（1977－04－20）

迅猛追蹉跎，齐力挽狂澜。师生同互助，旧貌换新颜。

11. 夏日多变（1977－05－30）

夏日旻空多变化，经常出现霈和霎。

但是今天雨不同，鸟亟飞；雷訇电闪瀑称霸。

门窗噼啪落冰碴，噩雹霹雳猝顿下。

乌云俄去天霁现，夜月见；迎明朝霞众人忭。

12. 锻炼（1977－06－20）

烈日当空阳光恶，锻炼意志何惧天灼热！脚踢小球似翱翔，汗如雨下无惊愕。

体育运动认真做，身体健壮不怕病和厄。雄鹰骏马目千里，胸怀四方心永乐。

13. 青年（1977－08－10）

荏苒时间快，韶华有几春？青年作为日，时代正黄金！

14. 前进歌（1977－08－15）

新事一天多一天，环球一日胜一日。学科比，精神赛，世人一代强一代。

15. 无劲草（1977－08－18）

飖飖无劲草，微微从风摇。只哀根苗弱，不怜秋即消。

16. 新朋友（1977－08－19）

教室被毁地震凶，学生更有新地容。契者成朋相互助，旧友未忘新侣增。

17. 风澍急（1977－08－19）

大地沉沉风澍急，昕光淡淡随雨稀。毗连涉水朦胧日，朦胧无色暗夕夕。

18. 连绵雨（1977－08－20）

淫雨连绵无尽头，霈水泛滥何日休？泷急阵阵淹粟谷，农人辛苦只换愁。

19. 滟滪堆（1977－08－31）

狂飙出世地生危，镇定更显巨石岿。漱浪滚滚奔腾急，不惊巍巍滟滪堆。

20. 近秋（1977－09－25）

暾光冉冉去朦胧，晦夜渐渐露曙星。啾啾老鼠急归洞，喳喳喜鹊响回声。

千山崚嶒多壮丽，万水深渊少晶莹。泛泛四季始秋风，萋萋草木末香英。

21. 学习（1977－09－30）
知识无尽头，文化有余谈。学习莫粗略，攻书要细研。
寻找问题暂，解决矛盾专。耐力能破难，意志可降艰。

22. 考场上（1977－10－10）
坚毅攻书劼，黾勉成胸怀。考场情更迫，挥笔坐智台。

23. 勤思考（1977－10－15）
勤思考，勤思考，思考成熟巧生巧，越动脑越好。
不思考，不思考，相遇问题要烦恼，脑袋不灵巧。

24. 城市里（1977－10－20）
封建迷信去，百姓思想起。个个议轩轾，人人说臧否。
栩栩谈大事，哝哝叙小奇。舆情抒不尽，谚语万言息。

25. 做饭（1977－10－30）
归宿忙忙爨，炉烟袅袅欢。油炒绿麻叶，碱摅发面暄。
白馍开颜笑，青菜香味传。简陋一餐饭，心喜狂欲然。

26. 乞丐（1977－11－15）
一日憘嬉，悲惨目前。乞丐母子，牗外声怜。三旬妇女，踱步蹒跚。
不幸龆年，憔憔戋戋。栖栖思想，畀食求安。

27. 分班（1977－11－16）
忙忙度年华，谁晓自生活？荏苒惭旧月，回首愧蹉跎。
今日难分袂，但需从祖国。处处有诚挚，天下知己多。

28. 告别（1977－11－17）
伙伴分手盼重觌，新侣见面后有期。相欲须臾为过去，互肄之时已成昔。
友谊光阴偕日晚，殷情短暂便分离。愿尔学习多淬砺，欢度韶华过晨曦。

29. 走后门（1977－11－18）
逆水遏飞舟，狂风碍航行。黠者通万事，贤人岂安宁？

后边忙忙碌，前面谁热情？败事无门路，成功酒肉瓶。

30. 小家庭（1977－11－20）

私里生私小家庭，无聊生厌无聊人。国家兴亡无动衷，家庭建设格外勤。
仰目不惭多贡献，俯首专愧少金银。空口只谈有枯树，闭目不想建新林。

31. 攀高峰（1977－12－01）

嶙峋路驰骋，蜿蜒道突奔。巉石攀登更甚，坚心脚跟雄。
唏嘘此尴尬，觳觫秃山顶。今日不显奇才，何时露峥嵘！

32. 心情（1977－12－05）

宵云稀稀亮，夜水点点光。——桥头望
幽夜钟震耳，静屋气声清。——夜静
潋滟浪飞舞，狂水怒奔流。——海水
街道人拥挤，马路车不稀。——繁杂

33. 学生生活（1977－12－25）

天明愉快回，疲劳甜梦吹。跨步星校去，蹀躞月家归。
园中新范围，庭里旧常规。只觉时间快，度日竟如飞。

34. 忆地震棚（1978－01－10）

(1)

忧忧逃难亟，无逸苦征凄。狂风前音绝，暴雨后声期。
天天急烽火，日日慢长笛。睚眦皆众人，怒骂“地震仪”。

(2)

陌户除悠闲，各家尽搬迁。大街棚中国，小巷无人烟。
阴森谧层楼，和蔼哗簃间。邂逅攒旧人，覼缕事新鲜。

(3)

燥日凉风匮，罹时艰更臻。瘟疫皆相走，蚊蝇各狂奔。
渍桶为长列，水杯成短斟。炉外闻空腑，锅里视如琛。

35. 过年（1978－02－06）

节日群欢色欲浓，吉冬炮舞皆宵乐。近朋临宴同尽餐，远戚赴会相亲热。

斑斓佳果俟来人，斐然香食待宾客。各物披秀送旧年，万类焕发迎新月。

36. 咏志（1978－02－10）
胸宽广容纳大气层，丽松柏赢得万年青。
志少年蕴布鹏程翅，坚弱子只待争力行。
明豪杰瞻望崎岖路，智英雄惯听逆耳声。
消尖笔横扫偏阴暗，清足嗓高唱正绯红。
掣飞鸟游下极深洋，跨骏马奔上太长空。

37. 雪（1978－02－11）
四方多净洁，天空少明媚。皑衣盖黄土，黪裤穿水内。
树上花绝斑，檐下雪相碎。万里没原装，一片白聚会。

38. 新人（1978－02－11）
自小歆爱做诗文，立志挥笔为人民。新社会里新文化，新时代里出新人。

39. 求理（1978－02－11）
光日探玄理，静夜独思床。心有不喻事，读书豁然朗。

40. 蒙论（1978－02－12）
今天以为美，后日成歪教。嗤笑论古人，反被古人笑。

41. 名（1978－02－12）
如有佳绩在，何须自扬名？前者公业事，后人鉴分明。

42. 简朴（1978－02－12）
学习无静止，生活岂贪心？今日已觉苦，还有路饥人！

43. 吸优古（1978－02－12）
学习无限送时间，劳动紧张迎飞度。年长留下茂盛花，月短埋上尘土树。
优古今天仍尚存，杰作他日香如故。精华所在更难涂，旧鞋适脚行新路。

44. 野心家（1978－02－13）
惑众胸内事，谗言淆是非。掌握一张牌，猢狲借虎威。

45. 娇鹤（1978－02－13）
高唱意砥砺，娇鹤志雄伟。金锅银炉炼，狂风暴雨吹。
丑鸡难上天，俊鸟驾云飞。只增刚肠烈，不加黛玉眉。

46. 修鱼肉（1978－02－13）
今日修理长肉，什物左右飞舞。剪劓翅，手掏腑，碰破鱼胆肠内苦。
不广油煎酱煮，还要去腥烹醋。葱姜蒜，再加糖，红塌斐然色欲浓。
碟奂能吸目睹，香味直引舌触。

47. 实践（1978－02－14）
种树千人讥，结果万众奇。劳动心头乐，工作不停息。
腐朽旧文士，玄言把人欺。实践造章句，天生无巧笔。

48. 天明媚（1978－02－25）
秋暗嗟杜鹃，春明笑喜鹊。地长似飘渺，天短如戏谑。
强晖射全影，阳光照忽略。赶走缺上星，气跑园中月。

49. 简语（1978－02－28）
言简不为过，发箭要出奇。陋语存深意，土话生玄思。

50. 狂偈（1978－03－05）
历史只能前进，时代无有停歇。道德难识尧舜，文字不认仓颉。
千读字典带劲，百看词汇不竭。昨天刚逝骐骥，今日又生狂偈。

51. 创新（1978－03－15）
博见应做闯天鸿，创作必有独立兴。只把新线接上走，岂容旧带缚我行。

二、七字诀：中国帝王谱略

（一）三皇五帝歌

（上古传说）

传说盘古开天地，后有三皇和五帝。
其中一皇为伏羲，始作八卦明德系。
伏羲发明结绳网，创造符号文明记。
二皇神农尝百草，首创医学农业立。
神农又是太阳神，还有名字叫炎帝。
三皇自古多分歧，到底是谁有争议。
燧人女娲和祝融，或曰共工与黄帝。
燧人钻木能取火，女娲造人补天地。
祝融被尊为火神，居住昆仑号赤帝。
共工西北洪水神，怒撞不周遭人议。
黄帝名号为轩辕，统一华夏有功绩。
炎黄部落得统一，炎黄子孙永相继。
说完三皇①说五帝，五帝说法更不一。
三皇同时列五帝，炎帝黄帝和庖牺②。
颛顼帝喾尧和舜，太昊少昊也晋级。
太昊还是伏羲氏，少昊治国使人奇。
驾驭鸟兽来管理，巧用侄子是颛顼。
颛顼乃是黄帝孙，稳定华夏奠根基。
黄帝曾孙出帝喾，辅佐颛顼有出息。
黄帝后裔尧和舜，文治武功更称奇。
尧把两女嫁与舜，禅让帝位首都离。

① “三皇”：还有指“西皇、东皇、上皇”“天皇、地皇、泰皇”“天皇、地皇、人皇”等不同说法，其实，这些说法也以不同的形式与上面的传说相统一。

② 庖牺：指伏羲。

孔子高度颂尧舜，以礼治国到周西。
只要为政出成绩，百姓牢记眼不迷。
三皇五帝成楷模，君主治国据与依。
（上古12位君王）

（二）夏朝家天下

（约公元前2070—前1600年）

唐尧虞舜本禅让，氏族部落流动花。
大禹治水能服众，有功封王使人夸。
自从大禹为共主，传子启继把权拉。
从此夏朝得建立，世袭王朝第一家。
原始社会奴隶制，人类进步与升华。
启后五子争权力，太康即位失国家。
有穷首领羿夺权，后羿寒浞替当家。
仲康乃是太康弟，后有儿子相被杀。
相子少康遗腹子，中兴之主唯有他。
少康逃亡有虞氏，复国兴兵再攻伐。
少康之子予参战，立功发明矛和甲。
予子槐和槐子芒，发展经济沉祭加。
芒子泄来封九夷，泄子不降让位佳。
不降之弟名为扃，扃子廑使夏朝洼。
不降之子再即位，鬼神淫乱称孔甲。
孔甲后继是子皋，诸侯不朝皋子发。
更有甚者发子桀，凶猛暴虐与嗜杀。
倾宫瑶台造酒池，宠幸妹喜行政麻。
商汤灭夏起义兵，夏桀昏庸败国家。
夏朝四百七十年，十六传位到此瞎。
（夏朝16位君王）

（三）殷商第二朝

（约公元前1600—前1046年）

商朝远祖名为契，人称玄王为祖始。

助禹有功封于商[①]，后为国号传不止。
商汤灭夏定都亳[②]，太祖名叫子天乙。
十一征而汤无敌，任贤伊尹与仲虺。
后继之人不长寿，短命代王有太乙。
兄终弟及远古事，哀王子胜是外丙。
外丙之弟有子庸，懿王仲壬即位喜。
太宗子至为太甲[③]，名正言顺接太乙。
太甲暴虐与乱德，伊尹囚之使自悔。
桐宫悔过有三年，脱离违法与不轨。
后有昭王是子绚，沃丁治世功不已。
继之宣王是子辩，太庚智慧也非比。
敬王子高为小甲，元王子密是雍己。
中宗子伷活最久，太戊古稀也不止。
任贤用能治天下，今有陵墓三十里。
仲丁子庄孝成王，外壬子发思王此。
子整号称前平王，平王又叫河亶甲。
后有子滕为继任，过度穆王是祖乙。
恒王子旦是祖辛，僖王沃甲为子逾。
庄王祖丁是子新，国家日衰多受耻。
倾王子更又南庚，子和阳甲悼王死。
后有世祖是子旬，中兴之主谁比拟？
盘庚果断迁都殷[④]，类似家庭有冲喜。
殷商自此后扬名，百年传颂也不已。
奴隶社会鼎盛期，甲骨文兴文化起。
章王子颂为小辛，惠王子敛是小乙。
后有武丁为子昭，盘庚之后了不起。
武丁子昭商高宗，威震四方扬国体。

---

① 商：指河南商丘。

② 亳：指古都邑名，为商汤的都城，商汤灭夏以后建都于亳。相传有三处：谷熟为南亳，在今河南商丘市东南；蒙为北亳，汤受命为盟主之处，在今河南偃师县西；偃师为西亳，传说汤攻夏时所居，城市名（亳州：今名谯城，在安徽）。

③ 太甲：指太乙之子，太乙又有太丁之说。

④ 殷：指今河南安阳西北。

八百七十五公斤，司母戊鼎[①]能有几？
平王子跃是祖庚，世宗祖甲为子载。
后有甲宗是廪辛，名唤子先又早死。
庚丁子嚣为康祖，兄终弟及寿彼此。
武祖子瞿康祖子，大破巫教是武乙。
匡王文丁是子脱，软硬兼施护国底。
德王子羡来即位，迁都朝歌[②]叫帝乙。
可惜生有不孝子，子寿帝辛纣王痞。
宠幸妲己造鹿台，人间好色谁堪比？
酒池肉林尽荒淫，男女长欢露裸体。
发明炮烙重刑辟，桀纣齐名败家子。
武王伐纣得人心，牧野之战自焚死。
近六百年殷商事，三十一位帝王史。
（商朝31位君王）

（四）周朝分西东

（约公元前1046—前256年）

1. 西周

渭河流域有姬弃，农神后稷周始祖。
部落兴盛于姬昌，仁义文王民归属。
武王伐纣建大周，姬发终成天下主。
建都镐京传宝地，从此延绵竟不古。
成王姬诵少即位，周公辅政封地鲁。
封建宗法井田制，礼乐文兴勤政努。
东征叛国定三监，儒学先驱文化母。
天下归心百业兴，礼贤下士三吐哺。
营建洛邑迁顽民，归位还政成王汝。
康王姬钊续英明，成康盛世人人睹。
刑罚弃用几十年，社会安定道德补。
四代姬瑕国力降，昭王南巡死于楚。

---

① 司母戊鼎：指商代著名的“司母戊大方鼎”，该鼎是商王武丁的儿子为祭祀母亲而铸造的。
② 朝歌：指今河南省淇县。

穆王姬满作《吕刑》，最早法典流传久。
后有共王姬繄扈，懿王姬囏丧与沮。
孝王乃是姬辟方，共王之弟姬囏叔。
夷王姬燮懿王子，交替即位正君主。
夷王之子性残暴，厉王姬胡被放逐。
周定召穆共执政，短暂共和亦如虎。
宣王姬静来改革，成就功名中兴主。
可惜有子姬宫湦，幽王败国他莫属。
宠幸褒姒戏诸侯，千金买笑甚愚鲁。
废长立幼逐申后，申侯联合犬戎图。
烽火狼烟已失效，逃亡骊山也被捕。
三百五十年基业，半壁江山河川煮。
（西周 12 位君王）

2. 东周（春秋）
幽王之子姬宜臼，迁都洛邑称平王。
方圆不过六百里，春秋争霸如探囊。
平王逝而太子悲，未等接位人已亡。
平王孙子姬林续，伐郑失败是桓王。
庄王姬佗更平庸，姬胡齐继是釐王。
管仲辅佐齐桓公，攘夷争霸尊僖王①。
僖王之子是姬阆，内乱不止周惠王。
子颓之乱被平定，郑虢两国恩赐长。
姬郑即位国不稳，晋文争霸来帮忙。
子带之乱又平定，恩赐国土赠璧璜。
可叹方圆存百里，弹丸之地周襄王。
第三霸主宋襄公，迂腐仁义战楚黄。
西戎霸主秦穆公，战胜晋国似雄狼。
姬郑派使去庆贺，送去铜鼓美名扬。
后有员王姬壬臣，儿子姬班是匡王。
姬瑜乃是周定王，后有姬夷为简王。

---

① 僖王：指釐王姬胡齐。

一鸣惊人新崛起，问鼎中原楚庄王。
春秋五霸皆亮相，不义战争渺茫茫。
简王之子姬泄心，哀子而死周灵王。
“弭兵会盟”签协定，晋楚称霸双导航。
郑国子产铸刑鼎，姬贵号称周景王。
后有姬猛周悼王，即位半年短命亡。
春秋最后是姬匄，东王[①]又叫周敬王。
此时吴越亦争霸，昙花一现闪荧光。
孔子传承前文化，以史为鉴做衣裳。
（春秋 15 位君王）

3. 东周（战国）
元王姬仁战国始，勾践称霸耀宫厅。
周贞定王姬介立，三家分晋七雄明。
可怜姬疾周哀王，被弟袭杀失魂灵。
姬叔抢位周思王，又被弟杀也目瞑。
姬介之子周考王，姬嵬篡位祸朝廷。
又封弟弟周桓公，国中之国胡乱行。
考王之子为姬午，周威烈王是谥名。
姬骄乃是周安王，田氏代齐他正名。
后有姬喜周烈王，病死弟接显王精。
显王名字叫姬扁，诸国变法共争雄。
周慎靓王周衰落，天下兼并趋势同。
齐楚燕韩赵魏秦，合纵连横泾渭明。
战国时期四公子，各为国家互显能。
分久必合归一统，秦扫六国最终赢。
周朝对比古希腊，东西文化世界兴。
激烈竞争求发展，百花齐放百家鸣。
炎黄子孙讲礼仪，忠孝仁爱陶性情。
中国人性从此定，民族传统代代行。
末世天子姬延立，在位最长也冥瞑。

---

① 东王：即指春秋最后一位周王姬匄。

八百多年文明史，赧王驾崩社稷停。
（战国 11 位君王）

（五）秦朝：千古一帝秦始皇

（公元前 221—前 207 年）

自小身世说不清，赵政入秦改姓嬴。
十三即位难亲政，不韦太后来经营。
二十已过方加冕，权力到手令可行。
诛杀嫪毐逼仲父，冷落母后肃宫廷。
统一华夏灭六国，定都咸阳皇帝称。
统一文字和货币，进而统一度量衡。
废除封国立郡县，中央集权从此生。
多少民夫修驰道，多少人骨筑长城。
多少役奴盖宫殿，多少罪犯建皇陵。
多少百姓遭罹难，多少贵族怨气增。
好大喜功兵马俑，焚书坑儒留骂名。
泰山封禅祭天地，秦君大功恶使成。
长子扶苏被逼走，纳谏伤害父子情。
寻求长生与不死，后继无人国难兴。
严刑峻法施暴政，草菅人命何时停？
奴役限制到处有，民主自由皆是空。
嬴政之子为胡亥，闭目塞听失国情。
任用赵高贼宦官，指鹿为马施恶行。
赵高一手能遮天，废除胡亥立子婴。
原想皇帝代代传，岂料二世梦已停。
人心丧尽人心愤，万里长城万里空。
陈胜吴广一把火，点燃江山半壁红。
子婴虽然诛赵高，拯救社稷已无能。
无奈投降汉高祖，当在预料情理中。
后果本是前因定，大错嬴政初铸成。
千古一帝秦始皇，是非功过谁述清？
（秦朝 3 位帝王）

（六）西汉与东汉

（公元前 202—后 220 年）

1. 西汉

秦末农民起义军，烽火燎原遍地熏。
楚汉相争四五载，刘邦建功夺风云。
用人当属汉高祖，项羽称霸暂囫囵。
刘季建国都长安，后把汉人称族群。
虽然马上得天下，武夺文治立殊勋。
废除苛政承一统，刘氏封王除异窨。
后有刘盈接皇位，仁柔惠帝似善君。
撑天母后有吕雉，把持朝纲是娥姁。
少帝刘恭与刘弘，傀儡皇帝只殉洵。
吕后驾崩吕氏灭，周勃陈平克嶙峋。
迎接刘恒汉文帝，无为而治可训循。
刘启接位称景帝，文景之治能传神。
七国之乱清君侧，晁死未能驱乌云。
亚夫领命平暴乱，才保大厦不受损。
继之刘彻汉武帝，更启盛世开绝伦。
罢黜百家尊儒术，统一思想清浊混。
以孝治国安天下，君臣父子树常伦。
抗击匈奴拓疆土，晚年罪己也谆谆。
其子昭帝刘弗陵，年幼识奸英气存。
可惜聪颖不长寿，未展雄才命已殒。
昭帝无子选刘贺，不满足月靠边蹲。
霍光废立弄权术，权倾朝野留祸根。
再选一位刘病已，宣帝改名谓刘询。
自小入狱知疾苦，昭宣中兴政朴纯。
与民休息整吏治，国泰疆安成绩均。
下传刘奭为元帝，国运婉转近黄昏。
消灭郅支平边患，呼韩邪娶王昭君。
高宗怒斩毛延寿，徇私舞弊罪欺君。
刘骜乃是汉成帝，纵容外戚王莽临。

湛于酒色淫无道，排行榜上列昏君。
飞燕合德获双宠，温柔乡死徒耕耘。
哀帝刘欣成帝侄，难有作为陷沉沦。
迷恋同性男董贤，治国之才无处寻。
后有刘衎汉平帝，遭人陷害失灵魂。
王莽篡汉立子婴，假皇过渡换朝新。
二百一十年基业，从此西汉被搅浑。
（西汉 15 位皇帝）

2. 东汉

王莽篡汉立朝新，社会矛盾也加深。
农民起义纷纷至，绿林赤眉实力真。
东汉开国光武帝，刘秀昆阳败假神。
光武中兴都洛阳，香火延续史留痕。
太学儒术尊礼节，贤明君主似朝晨。
明帝刘庄守基业，章帝刘炟更延伸。
明章之治美名扬，明章盛世享隆恩。
刘肇接位称和帝，窦后掌权闹疫瘟。
从此频出儿皇帝，外戚宦官纲常紊。
汉室皇子藏民间，宫廷主宰牝司晨。
和帝机智与干练，虽然幼小诛乱臣。
死后殇帝是刘隆，百日儿皇列朝陈。
维持八月一场病，襁褓幼主命归阴。
邓后不立刘肇子，选中新主章帝孙。
刘祜乃是汉安帝，奸佞当道落埃尘。
顺帝刘保难接位，宦官扶持才正身。
驱逐阎后结梁氏，恶性循环国不仁。
刘炳即位为冲帝，三岁君王再立坟。
内忧外患谁阻挡？民不聊生苦难深。
梁氏兄妹挑大梁，专立儿皇权不分。
选中刘缵为质帝，进而驾驭傀儡人。
质帝虽小辨是非，童言无忌遭祸真。
口称梁冀为跋扈，可怜刘缵又沉沦。

后有刘志再接位，桓帝更续傀儡身。
只好倚重近单超，剪除梁氏灭奸臣。
宦官封侯难驾驭，朝廷昏暗冷森森。
桓帝堂侄汉灵帝，刘宏登场更荒淫。
宠幸宦官十常侍，张让等人害良臣。
苍天已死河山碎，张角起义率黄巾。
所向披靡扫落叶，汉破垂危兴无门。
少帝刘辩成废帝，董卓逞强做凶神。
重立刘协汉献帝，显示武功压士绅。
各地豪强纷纷起，割据四方窥宫门。
曹操聪明挟天子，号令诸侯势狂奔。
最终曹丕玩禅让，建立曹魏做新君。
汉室四百年基业，只为后人留深沉。
（东汉13位皇帝）

（七）三国风云录

（公元220—280年）

献帝禅让魏朝立，曹丕开国称文帝。
高祖迁都居洛阳，又名世祖兴社稷。
追封孟德魏太祖，阿瞒被尊为武帝。
兄弟何如刘关张？才高八斗釜中泣。
魏与吴蜀争天下，形成三足似鼎立。
推行九品中正制，反对后族辅皇帝。
曹叡接班善用人，心领神会司马懿。
亲自领兵能抗敌，明帝烈祖也犀利。
身后养子是曹芳，八岁儿皇难自立。
不慎泄露衣带诏，司马师忿废哀帝。
魏主从此难作为，曹髦抗争成弑帝。
曹奂即位亦无权，末代傀儡魏元帝。
禅让天下司马炎，晋朝当立难回避。
刘备居蜀亦建汉，成都又出昭烈帝。
诸葛孔明汉丞相，鞠躬尽瘁史留意。
南征北伐建功业，勤于政务没巨细。

玄德之子是阿斗，刘禅统治还仁义。
怀帝改封安乐公，后主降魏诚顺逆。
江南孙权不寂寞，东吴建业①也称帝。
仲谋机智能用人，屈伸自如艰无避。
可惜晚年爱杀戮，废长立幼多猜忌。
孙亮即位无权力，被废有愧吴大帝。
孙綝逞强立孙休，景帝②密谋除叛逆。
英年早逝侄接位，最后君主孙皓继。
三国短暂闹春秋，天下全归晋武帝。
（三国 11 位皇帝）

（八）西晋和东晋

（公元 265—420 年）

1. 西晋
晋朝武帝司马炎，开国之君也平凡。
定都洛阳灭孙吴，结束分裂统江山。
追封宣帝司马懿，景帝文帝③列其间。
非是前辈多谋略，焉能此人皇帝兼。
王恺石崇来斗富，令取珊瑚君帮闲。
攫取天下春光色，禁止百姓结婚缘。
效法汉朝弄分封，八王之乱十六年。
生有痴儿司马衷，惠帝无能牝当权。
赵王起兵兴废立，狗尾续貂尽封官。
司马王朝长腐败，边塞民族生厌烦。
后接怀帝司马炽，世祖④别子亦愚顽。
永嘉之乱帝被俘，受尽侮辱赴黄泉。
其侄愍帝司马邺，长安即位属虚幡。
此时五胡乱中华，社稷生灭最频繁。
演绎春秋十六国，少数民族建庭栏。

① 建业：东吴都城，指今天的南京。
② 景帝：指孙休，吴国第三任皇帝吴景帝。
③ 景帝文帝：指司马师、司马昭。
④ 世祖：指晋武帝司马炎。

纷纷举起大王旗，汉赵凉夏秦代燕。
匈奴鲜卑羯氐羌，民族融合第一番。
彦旗[①]自从降前赵，再受侮辱失家园。
（西晋 4 位皇帝）

2. 东晋

东晋元帝司马睿，江南建康[②]续香火。
联合士族依二王[③]，站稳脚跟居定所。
人称马王共天下，谁知君臣亦难伙。
王敦兴兵清君侧，王导捍卫新成果。
景文[④]忧愤而病逝，实力朝臣如墙垛。
接位明帝司马绍，少聪难把色割舍。
未展雄才身已亡，道畿[⑤]突死命不躲。
长子成帝司马衍，任用外戚赤裸裸。
抑制辅臣夺权力，宫廷动乱亦非妥。
兄终弟及司马岳，康帝贰载位也叵。
权臣拥立司马聃，两岁穆帝易涂抹。
临朝听政褚太后，桓温灭汉势力火。
成帝长子司马丕，短命哀帝被病裹。
成帝之子司马奕，废帝命运亦难躲。
桓温弄权兴风浪，北伐不成廷为祸。
元帝幼子司马昱，在位一年得病殁。
晋君非病即傀儡，形同摆设没自我。
简文帝后司马曜，良臣谢安是辅佐。
抗击前秦无懦弱，淝水之战有成果。
风声鹤唳神鬼泣，草木皆兵胜诸葛。
昌明[⑥]醉辱张贵人，孝武帝死妃难惹。

① 彦旗：指晋愍帝司马邺。
② 建康：指今南京。
③ 二王：指王导、王敦。
④ 景文：指晋元帝司马睿。
⑤ 道畿：即晋明帝司马绍。
⑥ 昌明：即晋孝武帝司马曜。

司马德宗晋安帝，昏庸无能遭颠簸。
桓玄暴乱丧仁德，江陵附近头也堕。
司马德文晋恭帝，末代君主被吞没。
德宗德文双遇害，刘裕建宋得收获。
晋朝一百五十年，剪断藕丝黄昏落。
（东晋 11 位皇帝）

（九）南朝北朝

（公元 420—589 年）

1. 南朝

（1）宋

刘裕建宋南朝始，武帝小名叫寄奴。
抗击桓玄立功绩，权倾朝野字德舆。
先封宋王受九锡，再接禅让挺胸脯。
北伐西进却月阵，攻秦灭燕震慑胡。
抑制豪强减赋税，寒人掌权政不疏。
高祖长子宋少帝，居丧无礼刘义符。
被废只好弟接位，文帝义隆展雄图。
元嘉之治有成绩，太祖遇凶却无福。
刘劭杀父谋篡逆，刘骏弑兄君被诛。
世祖狎侮乱宫廷，淫君病死称孝武。
暴虐更有刘子业，荒淫好色不让父。
宫中情爱已非私，交媾犬羊兽难如。
自古皇权无限制，君王任意生灵涂。
刘彧废侄得自立，曾遇不测似屠猪。
明帝掌权多杀戮，太宗即位勤亵渎。
借腹生儿产奇果，被弑刘昱更特殊。
顽童当政出残暴，德融罪孽世间无。
拥立刘準萧道成，控制顺帝痛切肤。
从此不生帝王家，荒唐前世应结足。
刘宋半个多世纪，被齐代替似救赎。
（刘宋 9 位皇帝）

(2) 齐

创立南齐萧道成，高帝建国字绍伯。
军功起家似刘裕，崇尚节俭政宽和。
喜好书法善对弈，皇室戒杀去隔膜。
太祖病逝萧赜继，武帝守成还尽责。
关爱百姓施仁政，通好北魏稳江河。
可惜死后立皇孙，未等教化身已折。
被弑新君萧昭业，辅臣权重难对搏。
萧鸾再立萧昭文，傀儡孩皇作空壳。
萧鸾自己做明帝，高帝侄子唱凯歌。
从此又来开杀戒，历史总是忘前车。
尊崇道教喜红色，厌胜之术多奈何？
高宗之子萧宝卷，奢靡之君蹈覆辙。
死后降为东昏侯，萧衍政变法旧模。
末代皇帝萧宝融，和帝吞金命被革。
二十多载萧齐短，昙花一现社稷合。
(箫齐7位皇帝)

(3) 梁

萧衍建梁灭同宗，新朝从来血染成。
统治混乱无依据，合法只凭拳头功。
武帝开国能勤政，高祖作战军事精。
一被二载冠三年，身体力行节俭风。
竟陵八友相唱和，人中翘楚文艺兴。
叔达[①]长寿八十六，愿意信佛做和僧。
侯景之乱诚为祸，用人不当也失聪。
前废太子萧正德，联合狗子[②]卖叔翁。
鲜卑悍将[③]立萧纲，扶简文帝作虚形。

---

① 叔达：指梁武帝、高祖萧衍。
② 狗子：指侯景，小名叫狗子。
③ 鲜卑悍将：指侯景，他其实是鲜卑化羯人。

过河拆桥废公和[1]，寡情饿死老昏庸[2]。
再废太宗[3]立萧栋，谋逆篡位指日行。
侯景称帝没几日，身首异处可知疼？
萧衍七子来正位，萧绎世诚似新星。
北魏俘获梁元帝，谁知世祖更无能？
末代敬帝萧方智，中间闹剧萧渊明。
方智渊明皆傀儡，陈霸先是新真龙。
（萧梁7位皇帝）

（4）陈
陈朝始于陈霸先，开国之君总清廉。
起于危难人称善，武帝勤政可谓贤。
接受禅让成习惯，其实最要实力巅。
一旦权力被世袭，后代子孙多贪婪。
高祖兴国志弘远，又是寒门皇帝添。
死后从子侄接位，文帝陈蒨幸运延。
世祖美容举止雅，为了统治也害嫌。
子华宠幸韩子高，抛却美妇不厌男。
兴修水利整吏治，恢复经济获赞言。
可叹留恋继承制，迷离之际不让贤。
逝后嫡子还年幼，废帝伯宗难承担。
药王虽然字奉业，无力为之也堪怜。
陈顼废侄得自立，好像刘彧在跟前。
陈孝宣帝字绍世，智勇双全不算憨。
政治清明国安定，北伐取胜非等闲。
后主乃是陈叔宝，太子即位兴波澜。
元秀宠幸张丽华，半个主子庭内嫣。
前方将领保社稷，后面淫主臣妻奸。
只因生在帝王家，怎奈错把角色填。

① 公和：指萧正德，卖主求荣亦未得好死。
② 老昏庸：指梁武帝，由于晚年昏庸致使江南生灵涂炭。
③ 太宗：指梁简文帝萧纲。

北军到时躲枯井，向隋讨封无心肝。
（陈朝5位皇帝）

2. 北朝

（1）北魏

太祖开国拓跋珪，鲜卑族人大无畏。
曾为代王都盛乐，后迁平城[①]国号魏。
道武帝能开疆土，死于政变使人喟。
拓跋嗣是明元帝，母死[②]才有太子贵。
南北首战得胜利，承前启后不愧位。
世祖乃是拓跋焘，太武皇帝北方魁。
马踏柔然惊漠北，击败刘宋南军畏。
崇儒灭佛兴铁骑，晚年被杀横遭罪。
宗爱拥立拓跋余，再弑皇帝人惴惴。
大臣联合除阉宦，拓跋濬续有智慧。
庙号高宗文成帝，文治武功也深邃。
恢复佛教开石窟，病逝长子来接位。
拓跋弘是献文帝，年轻英主有作为。
可惜宫廷争权力，显祖信佛早退位。
即使如此还遇祸，被母毒死亲作祟。
鲜卑骄子拓跋宏，孝文帝出似翡翠。
迁都洛阳革旧习，全面汉化称元魏。
攻打南齐奏凯歌，高祖病重也疲惫。
次子元恪扛大旗，扩建首都赏花卉。
宣武皇帝又世宗，南侵各州敌军溃。
镇压起义诛大臣，内部斗争也劳累。
肃宗元诩孝明帝，又是二子即皇位。
母后掌权生不满，再被毒杀新星坠。
垂帘听政胡冲华，淫后乱宫预收税。
拥立元钊三岁帝，河阴之变成鬼魅。

---

① 平城：今山西大同。

② 母死：北魏实行立太子杀其母的制度。

尔朱荣立元子攸，孝庄帝矮[①]当傀儡。
子攸计杀尔朱荣，孝庄被弑难逃晦。
尔朱兆强立元晔，废帝不久亦卒岁。
再立元恭节闵帝，后又被废甚狼狈。
高欢诛尽尔朱氏，用完元朗废累赘。
末代皇帝是元脩，孝武命运也堪虑。
出帝死于宇文泰，从此分成东西魏。
（北魏15位皇帝）

（2）东魏到北齐
自从孝武投宇文，高欢再立元善见。
东魏傀儡孝静帝，迁都邺城戴虚冕。
高欢名叫贺六浑，为建北齐作铺垫。
并吞西魏难成功，病逝高澄急连线。
欺主反被奴诛杀，命丧黄泉也悲叹。
其弟高洋代东魏，北齐开国露火焰。
文宣皇帝字子进，显祖测字还灵验。
初登大宝算勤勉，不久贪饮甚糜烂。
滥杀无辜无可恕，三十已过是大限。
文宣长子成废帝，高殷失位被卜占。
延安乃是孝昭帝，弑侄夺权名高演。
政治清明轻徭赋，北齐诸王尚属罕。
可惜英年不长寿，传位于弟叫高湛。
昏庸无能武成帝，沉迷酒色政荒懒。
宠信胡臣和士开，世祖无道人生怨。
儿子高纬齐后主，当家更使宫廷暗。
玉体横陈冯小怜，胡后荡漾春光恋。
自毁名将斛律光，周军进逼仁纲乱。
传位高恒八岁子，准备降陈避灾难。
不幸被杀难逃死，二十多年如梦幻。
（魏齐7位皇帝）

---

① 矮：孝庄帝元子攸是尔朱荣的女婿。

(3) 西魏到北周

东方高欢立傀儡，对面则有宇文泰。
建都西安成对峙，西魏实力渐惊骇。
黑獭毒杀孝武帝，元宝炬继承血脉。
鲜卑悍将善攻伐，三足鼎立勤竞赛。
北结柔然通突厥，南侵萧梁多奏凯。
文帝死后元钦嗣，无端被废亦无奈。
西魏恭帝拓跋廓，禅让皇位路途窄。
北周开国宇文觉，兄弟争权身披铠。
宇文护废孝恭帝，宇文毓替无光彩。
明帝聪慧又遭妒，被护毒杀除障碍。
萨保三年弑三帝，魏周君主任屠宰。
后继高祖宇文邕，韬光养晦除无赖。
武帝灭佛革旧弊，高祖灭齐兴国脉。
事业未竟身先逝，后继无人同敌忾。
北周宣帝宇文赟，昏庸无能河山卖。
禅让君位于太子，岳父杨坚来辅外。
末代儿皇宇文阐，静帝年幼徒增慨。
被废命运已注定，生活没能度十载。
杨坚本是隋国公，篡周夺位踞江海。
建立隋朝承一统，结束分裂年四百。
(魏周8位皇帝)

(十) 隋朝“第二秦”

(公元581—618年)

杨坚建隋称文帝，斩尽皇族无情意。
鲜卑赐姓普六茹，那罗延是小名字。
消灭后梁又平陈，琉球群岛也降记。
扩大版图拓疆土，秦汉以来又相继。
实行三省六部制，初创科举选官吏。
开皇律中宽刑法，弘扬佛教重度剃。

勤政节俭治贪官，改革体制有成绩。
命令宇文开漕渠，一百五十多公里。
设置粮仓国家富，实行均田减官吏。
开始修筑大兴城，影响周边无异议。
善外惧内怕独孤，五子同母还嫉觊。
喜怒无常疑心重，易受蛊惑多猜忌。
再加错选接班人，命丧黄泉功业毕。
高祖逝后是杨广，鼎鼎大名隋炀帝。
晋王披甲曾灭陈，秋毫无犯守纲纪。
依靠阴谋得太子，凭借政变攫权力。
奸母淫嫂多乱伦，弑父杀兄少孝悌。
大兴土木盖宫殿，百万农夫难休息。
下令修建大运河，连接两江成一体。
兴办教育开科举，奠定后代官体系。
亲巡张掖通西域，世祖三征高句丽。
连年战争百姓疲，文治武功虽堪惧。
再筑长城建东都，工程巨耗民起义。
宇文化及缢暴君，扶持杨浩来演戏。
此时李渊据长安，也立杨侑隋恭帝。
天下大乱遍烽火，叛军处处闹霹雳。
窦建德与王世充，瓦岗寨里有李密。
最终李唐收江河，结束隋朝旧天地。
（隋朝 4 帝王）

（十一）唐朝帝王史

（公元 618—907 年）

曾为大野鲜卑姓，高祖李渊建立唐。
定都长安成一统，隋末崛起灭诸王。
生子太宗李世民，弑兄杀弟政变忙。
叔德被迫辞皇位，成就贞观政绩扬。
用人纳谏明君善，瑕不掩瑜映光芒。
前有盛世存骄傲，后比唐人留芬芳。
九儿李治还仁孝，柔弱高宗性彷徨。

李显即位骤遭废，只因母后掌朝纲。
取代中宗为李旦，睿宗命运亦悲伤。
揖让天下给武曌，则天确是女豪强。
改唐建周自称帝，文治武功续辉煌。
寿终正寝八十二，六十七岁做女皇。
复唐主谋张柬之，再助李显立厅堂。
可怜中宗被毒死，韦氏逞凶似螳螂。
扶上少帝李重茂，临朝称治法媚娘。
太平公主联隆基，诛杀韦氏立新皇。
李旦被推又入主，逐去殇帝降温王。
睿宗禅让皇帝位，玄宗又叫唐明皇。
干掉太平手不软，开元之治自导航。
热恋儿媳杨玉环，安史之乱晚凄凉。
可怜马嵬驿兵变，杨氏兄妹双身亡。
肃宗李亨即皇位，宫廷政变死朝堂。
大权旁落李辅国，代宗李豫诛宦殃。
起用良将郭子仪，平乱确保社稷长。
德宗李适想削藩，结果罪己割据猖。
顺宗李诵老太子，短暂接位病膏肓。
二王八司马事件，永贞革新留踉跄。
宪宗李纯势中兴，虎头蛇尾亦终航。
李恒初名为李宥，穆宗平庸似糟糠。
皇室帝王求不死，长生丹药祸李唐。
敬宗李湛纨绔主，死于宦官短命郎。
其弟博学是文宗，李涵即位改李昂。
宦官朋党藩镇闹，甘露之变更嚣张。
有道无才难施展，勤勉皇帝忧郁亡。
武宗接位成再版，李瀍李炎同一皇。
崇道灭佛增赋税，三武齐名史留惶。
李忱乃是李炎叔，宣宗勤政美名扬。
小太宗与小贞观，从善如流宥和尚。
可惜愚蠢食丹药，一命呜呼梦黄粱。
长子李漼为懿宗，宴会歌舞对温床。

信佛刻印金刚经，迎入佛骨龙也凉。
李严十二登皇位，僖宗几度逃祸荒。
农民起义王仙芝，黄巢响应颠覆唐。
马球状元李儇逝，大厦将倾埋旧房。
昭宗李晔僖宗弟，试图努力掌朝纲。
积重难返无可救，宦官藩镇唱双簧。
朱温全忠弑李敏，扶上李祚当纸墙。
哀帝李柷末代皇，被迫禅让新大梁。
统一将近三百载，至此又要遭祸殃。
五代十国闹分裂，历史再次陷荒唐。
（唐周22位皇帝）

（十二）五代十国

（公元907—960年）

1. 五代
后梁太祖是朱温，僖宗赐名为全忠。
建都开封后洛阳，弑皇废帝拳头功。
性情残暴滥杀戮，嗜酒贪色儿媳拥。
次子献妻侍君侧，友珪政变朱晃崩。
遥喜登位续荒淫，再被弟杀命也终。
友贞乃是末代皇，后唐李氏敲丧钟。
复唐庄宗李存勖，骄奢乱政伶宦凶。
克用[①]养子李嗣源，抢夺帝位号明宗。
李亶[②]执政革旧弊，五代之中算英聪。
病闻兵变受惊吓，有子从厚权柄松。
闵帝失势从珂继，哭计成功获苍穹。
嗣源之婿石敬瑭，拜父契丹谦顺恭。
割让燕云十六州，建立后晋儿称雄。
高祖病逝侄接位，重贵拒胡孙挺胸。

① 克用：指李克用，即李存勖之父。
② 李亶：即指明宗李嗣源。

出帝成为契丹虏，客死他乡可怜虫。
耶律德光辽太宗，灭晋病死北退中。
后汉高祖刘知远，最短王朝四年红。
未收残局身先去，隐帝承祐争权空。
郭威弑帝周太祖，坐镇开封政绩弘。
柴荣即位多改革，国力增强周世宗。
叔侄雄心窥江海，天不从愿双病匆。
末代皇帝周宗训，恭帝幼小母平庸。
觊觎皇位多重臣，亲族无望少周公。
陈桥兵变废恭帝，赵匡胤来入皇宫。
（五代14位皇帝）

2. 十国
唐亡进入割据时，各地分裂政权夥。
马殷建楚居湖南，长沙为都南扩妥。
内讧频出遭灭顶，南唐乘机一笔抹。
吴国初君杨行密，雄踞广陵[①]为治所。
传至杨溥国家落，南唐取代是结果。
闽国建于王审知，长乐[②]定都亦难惹。
幸存半个多世纪，又被南唐抓俘虏。
前蜀开国是王建，成都惜遭后唐扯。
后蜀兴于孟知祥，亡于孟昶祸难躲。
花蕊夫人才貌佳，换主甘为宋王裸。
最弱国家有荆南，高季兴入割据伙。
江陵[③]为都拓四方，最早投宋修正果。
李昪扬州复南唐，李璟李煜续香火。
可惜后主入错行，一江春水哭棺椁。
吴越具美都杭州，钱镠称治也非叵。
效忠王朝为策略，谨慎维持成宋佐。

① 广陵：今江苏扬州。
② 长乐：今福建福州。
③ 江陵：即湖北荆州。

广州刘隐创南汉，曾经名号大越国。
刘氏兄弟轰轰烈，最终只能解宋渴。
北汉建都在太原，刘旻称霸辽认可。
原名刘崇通契丹，最后灭亡倒墙垛。
（十国十几位皇帝）

（十三）两宋时期

（公元 960—1279 年）

1. 北宋

北宋建国赵匡胤，忠臣篡逆势可哀。
一觉醒来穿黄袍，陈桥属下把轿抬。
太祖杯酒释兵权，重文轻武国运开。
建都汴梁兴社稷，烛影斧声成遗骸。
金匮之盟解疑案，太宗光义继兄台。
为正皇位多筹谋，扫除隐患与亲掰。
半部论语治天下，两朝重臣赵普来。
吕端大事不糊涂，真宗即位手中牌。
赵恒守业闹封禅，澶渊之盟看似呆。
名相寇准杨家将，事迹流传后不衰。
真宗产子赵受益，仁宗接位母坐台。
垂帘听政刘皇后，统治国家十余载。
受益改名为赵祯，求和西夏岁赐斋。
求仁纳谏繁文化，庆历新政盛转衰。
范仲淹能忧天下，青天包拯身不歪。
皇帝无子定赵曙，英宗寿短尸骨埋。
资治通鉴司马光，承蒙关照幸运哉。
长子赵顼继皇位，熙宁变法神宗怀。
元丰改制次次弱，征讨西夏渐渐哀。
六子赵煦承大统，高后临朝旧党乖。
哲宗掌权续新法，新旧党争辩黑白。
赵佣去世弟接位，赵佶治国如天灾。
徽宗才艺甲天下，理政确是巨埋汰。

蔡童高杨为佞臣，宋江起义多徘徊。
联金灭辽毁盟约，金兵南下有鬼胎。
情急退位让赵桓，钦宗无奈叹声唉。
靖康之难恒国耻，父子被掳苦难捱。
金人选定张邦昌，建楚扶持傀儡孩。
（北宋9位皇帝）

2. 南宋
徽宗九子为赵构，南京①称帝复国家。
迁都临安②建南宋，伪楚皇帝③归顺他。
占脚未稳人涣散，金军南下再攻伐。
逃跑皇帝求不死，苗刘兵变胆吓煞。
伪齐刘豫儿皇帝，激愤宋民去锁枷。
中兴武将显身手，成就高宗南统辖。
从此南宋奠基业，才有后来脱尴尬。
和首秦桧成王霸，武圣岳飞做冤侠。
德基④退位享晚年，赵昚孝宗志北伐。
高祖后代接皇位，太宗一脉竟卸甲。
伯倧⑤勤政人称善，隆兴议和枯征伐。
无力回天退皇位，太子赵惇续当家。
光宗罢免辛弃疾，政治昏暗用奸黠。
逼其退位韩侂胄，宁宗赵扩似豪侠。
追封岳飞削秦桧，开禧二年有北伐。
可惜准备缺充分，嘉定和义又遭罚。
庆元党禁逐道学，朱熹一脉被派发。
宁宗病逝有养子，理宗赵昀露彩霞。
联合蒙古灭掉金，一定程度复国家。
可惜抗蒙又受辱，军政灰暗百花杀。

① 南京：指今天的河南商丘。
② 临安：指今杭州。
③ 伪楚皇帝：指张邦昌，被金扶持做了皇帝后又投靠了赵构。
④ 德基：指宋高宗赵构。
⑤ 伯倧：指宋孝宗赵昚。

仰仗外戚贾似道，难撑局面眼失察。
养子赵禥再接位，一代更比一代瞎。
孱弱度宗坐后宫，酒色过度死旮旯。
幼子赵㬎是恭帝，被虏自愿穿袈裟。
端宗赵昰得拥立，行都福州亡天涯。
幼小儿皇受惊吓，晚宋义士散落花。
人生自古谁无死，个人信念亦难拔。
末帝赵昺投江海，结束惨烈黑晚霞。
（南宋9位皇帝）

3. 契丹——辽
汉宋疆域只偏安，还有美丽娇娆土。
中华文明谁造就，各个民族共归属。
契丹部落相统一，定都上京北方主。
太祖耶律阿保机，建立国家拓疆土。
促进契丹封建化，创造文字得助辅。
耶律德光是其儿，太宗即位更如虎。
获得燕云十六州，进逼中原竞逐鹿。
幽州定都建立辽，平定周边展利釜。
病逝接位耶律阮，世宗继续把力努。
可惜横遭人暗算，出师未捷身受辱。
太宗有子耶律璟，穆宗继位卧宫府。
由于内部多暗浪，睡王平乱南却步。
亲手好杀臣畏惧，弑于侍人不堪睹。
被推为帝耶律贤，政治清明内安抚。
景宗体弱难理政，萧绰皇后为内辅。
耶律隆绪承大统，萧后临朝人羡慕。
圣宗军队捉杨业，澶渊之盟熄战鼓。
耶律宗真继皇位，辽势转衰多杀戮。
兴宗驾崩道宗继，耶律洪基难维护。
平叛以后出冤案，宫廷政治近腐朽。
道宗之孙是惠宗，耶律廷禧末代主。
金军追赶天祚帝，最终难逃被俘虏。

中间闹剧耶律淳，宣宗康帝虚幻曙。
后有北辽和西辽，结束辉煌飘迷雾。
（辽 10 位帝王）

4. 西夏

党项建国为西夏，自有都城兴庆府[①]。
疆域辽阔多波及，宁陕甘青内蒙古。
唐朝时期李继迁，得到赐姓为太祖。
先人曾为拓跋氏，夹缝求生劳筋骨。
继位长子李德明，称臣宋辽遵遗嘱。
后有太宗李元昊，景宗称帝多跋扈。
建立国家典章制，开创夏字能文武。
侵占儿媳废皇后，惨遭儿刺命也苦。
后继毅宗李谅祚，年幼只好母做主。
增用汉人革旧俗，推行汉礼与德附。
攻打宋军被射伤，死后惠宗守国土。
惠宗名叫李秉常，失位复位也苦楚。
李乾顺来承大统，长子崇宗敲战鼓。
联辽抗宋有主见，联金抗宋亦重复。
后继仁宗尊儒学，五十五年国归属。
崇宗长子李仁孝，兴学立法修孔庙。
鼎盛过后是桓宗，仁宗长子李纯祐。
附金和宋为国策，遇金讨伐命止步。
仁宗侄子接皇权，襄宗安全名不副。
废掉襄宗李遵顼，状元成为最高主[②]。
蒙宋战争多失败，群书博览少用处。
神宗次子李德旺，献宗抗蒙更艰苦。
连连丢城受惊吓，一命呜呼免受辱。
最终难逃夏末帝，亡国之君做俘虏。
（西夏 12 位帝王）

① 兴庆府：指今天的宁夏银川。
② 最高主：指皇帝，神宗李遵顼是状元出身做皇帝。

5. 金

两宋时期有女真，建都会宁[①]金太祖。
完颜首领阿骨打，联宋灭辽他莫属。
逐渐攻占辽五京[②]，只叫天祚当俘虏。
即位太宗完颜晟，既能搏熊又刺虎。
攻陷汴京掳二圣，可惜半途熄战鼓。
立有傀儡儿皇帝，江山一统竟失主。
太祖嫡孙完颜亶，钟情汉学付辛苦。
废弃伪齐金熙宗，晚年被杀也苦楚。
弑帝自有完颜亮，南侵不成势骑虎。
废帝命运成定局，杀人被杀是归属。
乘机夺位完颜雍，世宗待臣心置腹。
发展经济繁文化，效法尧舜民安抚。
病死谥号为仁孝，大定盛世起歌舞。
世宗孙子完颜璟，章宗继位把力努。
承接盛世人丁胜，宇内小康民目睹。
完颜永济章宗叔，金卫绍王渐腐朽。
成吉思汗攻西夏，坐视失利败蒙古。
优柔寡断难用人，可怜被弑胡沙虎。
被立宣宗完颜珣，求和蒙古受屈辱。
迁都汴梁避其锋，三面树敌强末弩。
完颜守绪金哀宗，力挽狂澜徒辛苦。
曾有小胜难回天，自缢幽兰焚尸骨。
完颜承麟金末帝，受禅之时遭颠覆。
宋蒙联军攻城急，百年大金被屠煮。
（金国 10 位皇帝）

① 会宁：即今黑龙江哈尔滨市阿城区南白城镇。

② 五京：指东京（今辽宁辽阳）、上京（今内蒙古巴林左旗南）、中京（今内蒙古宁城西大名城）、西京（今山西大同）和南京（今北京）。

6. 大理

五代时期有大理，白族建国势如虎。
通海节度段思平，自立为帝称太祖。
羊苴咩城为国都，云贵川缅挝越属。
后继帝王段思英，文经被废叔为主。
夺位乃是段思良，文成建国颇辛苦。
父死子继段思聪，与宋通好多和睦。
广慈帝死素顺继，应道皇帝守国土。
后有昭明段素英，体恤百姓年号五。
守成宣肃段素廉，无为而治政清楚。
素隆接位是其侄，秉义禅位为僧笃。
圣德帝为段素真，又是侄子当家主。
再次禅位做和尚，与佛结缘离行伍。
孙子即位天明帝，素兴遭废受侮辱。
相国高氏立思廉，思平子孙又入主。
兴宗孝德也禅让，僧庙引力人羡慕。
段廉义是上德帝，被弑命运亦堪苦。
高氏奋起讨逆贼，灭杨再扶段做主。
权倾朝野高升泰，拥立寿辉上明辅。
天变寿辉让正明，保定傀儡高氏虎。
升泰病逝才还政，正淳即位重打鼓。
从此称国后大理，中宗文安风流附。
儿子段誉段正严，宪宗宣仁最久处。
爱民用贤通好宋，难改高氏为宰辅。
晚年退隐禅皇位，正兴接替把政补。
景宗正康再禅让，貌似古代尧舜禹。
宣宗功极段智兴，一灯大师何所属？
英宗亨天段智廉，尊佛向宋求经助。
神宗智祥是其弟，理政露出一光曙。
禅让儿子段祥兴，孝义不幸遇蒙古。
烂摊留给段兴智，天定贤王做俘虏。
（大理 22 位皇帝）

（十四）蒙元

（公元 1206—1368 年）

一代天骄铁木真，纵横驰骋万里行。
蒙古帝国建立者，成吉思汗是王名。
后被称为元太祖，军事才华属人精。
曾经生有四虎子，个个杰出似雄鹰。
钦定传承窝阔台，太宗开疆扩土凶。
蒙古骑兵震欧亚，铁蹄壮士踏波匈。
烽火遍地多屠戮，狼烟四起少文明。
病逝专权马乃真，和林称制乱朝廷。
太宗长子接皇位，贵由定宗即简平。
为政清廉难持久，统治内讧易失衡。
蒙哥被推为新汗，太宗一脉遭凄零。
宪宗才学诸王首，死于攻宋钓鱼城。
兄弟隙墙闹分裂，各汗独立起纷争。
蒙哥之弟忽必烈，世祖建元都燕京。
灭宋成为元始皇，侵日不幸遇台风。
民族融合国开放，信仰自由政宽松。
守制皇帝铁穆耳，世祖之孙熄战争。
成宗滥赏钞币贬，西南用兵不安宁。
病逝无子侄夺位，海山兄弟霸宫廷。
武宗立弟为太子，起用太监重佛僧。
爱育黎拔力八达，仁宗图治算聪英。
崇尚儒学复科举，毁约传位儿英宗。
硕德八剌登皇位，南颇之变失魂灵。
正位也孙铁木耳，元泰定帝握长缨。
可惜统治不长久，协调各方亦暂停。
阿速吉八是皇子，一月天顺帝遭凶，
图帖睦尔夺皇位，拥立兄长假谦恭。
害死明宗和世㻋，正式复位号文宗。
燕帖木尔弄权术，农民起义多发生。
文宗临死让皇位，推兄之子慰皇兄。

懿璘质班无福分，死于绝症是英宗。
再继妥懽帖睦尔，元顺皇帝又惠宗。
政局动荡国不稳，红巾起义破天惊。
群雄继起驱胡虏，顺帝北逃失燕京。
蒙人暴政被推翻，从此元朝让大明。
(元朝14位帝王)

(十五) 明

(公元1368—1644年)

明朝建于朱元璋，恢复中华逐胡虏。
安徽凤阳贫寒农，曾做和尚倍辛苦。
自小发誓灭贪官，践行诺言圣太祖。
建都南京好集权，兴办教育弄八股。
可怜功臣似功贼，应叹伴君如伴虎。
拔刺皇上朱国瑞[①]，怎奈滥杀亦丢储。
太孙惠帝朱允炆，削藩不成失国土。
建文改革得士心，永乐盛世更丽瞩。
靖难之役清君侧，朱棣[②]夺权明成祖。
迁都北平改北京，天子守边震蒙古。
诛灭十族方孝孺，编撰大典百科母。
设立奴儿干都司，七下西洋郑和主。
征讨安南[③]治边疆，北伐归途死尚武。
太子仁宗朱高炽，在位一年阴命属。
接位宣宗朱瞻基，文用三杨[④]武张辅。
仁宣之治达鼎盛，盛极转衰也苦楚。
朱祁镇是明英宗，重用太监祸与蛊。
御驾亲征虚图名，土木之变被人掳[⑤]。

---

① 朱国瑞：即指朱元璋，字国瑞。
② 朱棣：朱元璋第四子，朱允炆之叔。
③ 安南：指今越南。
④ 三杨：指杨士奇、杨荣、杨傅。
⑤ 土木之变被人掳：指明军在土木堡被瓦剌军打败，明英宗被俘事件。

弟弟代宗朱祁钰，临危受命抗屈辱。
夺门之变[①]废景泰，冤杀于谦[②]民痛睹。
临死废除殉葬制，晚用贤臣错弥补。
即位宪宗朱见深，宠信万氏太露骨。
强化东厂与西厂，锦衣卫中酷刑补。
开设皇庄敛钱财，传奉官破正规署。
文化尚有胡陈[③]在，荆襄流民得安抚。
后有孝宗朱祐樘，一夫一妻宫罕有。
政治清明儒典范，弘治中兴仿盛古。
励精图治用贤能，编撰会典除腐朽。
朱厚照是明武宗，兴建豹房与宣府。
游戏顽劣轻上朝，声色犬马宠八虎[④]。
死后无子堂弟继，生前好斗也尚武。
世宗嘉靖朱厚熜，统治之年四十五。
礼仪之争[⑤]固皇位，迷恋方士祸为伍。
海瑞罢官严嵩相，赖有徐阶为后辅。
三子穆宗承皇位，朱载垕使群臣舞。
隆庆开关解海禁，身体透支惜作古。
又是三子接皇位，神宗统治最长久。
树威清算张居正，朱翊钧是万历主。
三十年间不上朝，明朝渐衰谁能阻？
长子光宗朱常洛，泰昌皇帝命也苦。
明末宫廷多疑案，皇室秘密少清楚。
朱由校是明熹宗，边患党争臣做主。
后有客氏魏忠贤，木匠君主任由蛊。
文盲皇帝命归阴，思宗成为末代主。
朱由检是熹宗弟，自毁长城失弓弩。
农民起义多发生，边塞外族抗屈辱。

---

① 夺门之变：指明英宗被释放后南宫复辟，重夺皇位的政变。
② 于谦：抗蒙名将，与冤死的岳飞和抗清名将张苍水并称“西湖三杰”。
③ 胡陈：指胡居仁和陈白沙。
④ 八虎：指以刘瑾为首的八个宦官。
⑤ 礼仪之争：世宗关于如何确定生父的尊号而与先臣杨廷和等人的争论。

勤政刚愎交替用，吊死景山咎自取。
大明将近三百年，最后由清代国土。
（明朝16位帝王）

（十六）清朝皇帝记

（公元1636—1912年）

努尔哈赤清太祖，七恨告天起刀兵。
途遇克星袁崇焕，功业未成失魂灵。
即位乃是皇太极，人称太宗建大清。
崇德[①]五十渐撒手，统一中原梦也停。
多尔衮来辅幼主，联手庄妃闹大明。
幼主福临清世祖，问鼎中原封众卿。
收服三桂灭李闯，发丧崇祯挣人情。
坐享其成为顺治，可惜天下不太平。
顺治后有康熙帝，圣祖玄烨文武赢。
平定内乱收台湾，抗击沙俄似雄鹰。
文治武功人称善，闭关自守也冥冥。
承接盛世有雍正，世宗胤禛续英明。
突出贡献为吏治，传子弘历使天晴。
高宗弘历号乾隆，长寿皇帝舞升平。
贪污腐败出和珅，埋藏祸端不安宁。
生前传位与颙琰，大权独揽死不停。
仁宗颙琰号嘉庆，平庸皇帝国不兴。
后有宣宗叫旻宁，性情犹豫事难成。
道光[②]开始清衰落，受外侮辱暗泠泠。
道光之子咸丰帝，文宗奕詝更不行。
靠得假仁得皇位，割地赔款何时停？
弄个慈禧辅同治，穆宗载淳任性情。
短命皇上活不长，垂帘听政闹中兴。

---

① 崇德：指皇太极。
② 道光：指旻宁。

西太后是老佛爷，控制光绪难显能。
德宗载湉[①]想变法，傀儡皇帝如何行？
光绪慈禧皆毕命，末代皇帝恐与惊。
袁世凯来逼退位，民国建立换国型。
宣统溥仪画句号，从此再也无大清。
（清朝 12 位帝王）

（十七）中华帝国：最后一帝袁世凯

（公元 1915—1916 年）

生在河南官宦家，从小过继叔父子。
乡试不中抛弃文，就武投淮渐发紫。
洋务运动多发生，西学为用中为体。
牛刀小试于朝鲜，协助训练新军始。
甲午之战撤天津，小站练兵成后倚。
卖主求荣败新政，戊戌变法难启齿。
清廷巧用义和团，东南互保佑万里。
北洋军阀领导人，扶摇直上声鹊起。
督办工矿修铁路，创立巡警军配匹。
废除科举建新学，亦遭清算也受耻。
武昌起义成转机，重被重用偷窃喜。
清帝逊位民国立，辛亥革命送大礼。
中华民国大总统，首届荣誉归自己。
亚洲第一共和国，开创民主留意义。
可惜贪欲无止境，失去理智乏道理。
窃国大盗袁世凯，洪宪称制弄滑稽。
中华帝国代民国，恢复皇权臭到底。
不惜卖国让主权，二十一条贼比拟。
上海刺杀宋教仁，手段恶劣下流痞。
护法魁首有孙文，护国战争蔡锷抵。
内部不满有段冯，外部列强亦阻止。

① 载湉：即光绪。

众叛亲离当后诫，复辟失败鉴历史。
投机取巧谋一生，非为病死亦众矢。
后有张勋似小丑，效法慰亭不量力。
日军成立满洲国，回光返照也彼此。
中国彻底绝帝制，拥抱共和新行驶。
（中华帝国1位皇帝）

三、和诗若干

1. 和古兄（2008－09－18）

（1）

中秋已过月仍全，忆想当年恋校园。一九八六得相识，二零零八更缠绵。

（2）

中秋到来忆团圆，人生坎坷也平凡。一九八六青春面，二零零八老年斑。

附古兄诗：

中秋佳节月轮全，人生珍忆在校园。一九八六年青面，二零零八心永连。

2. 和朱兄（2008－09－21）

（1）日头歌

东升西落似平常，谁敢与之论短长？英雄自比狂辈出，哪知渺小愧太阳。

附朱兄诗：

日头不住走东西，夜夜昏黑昼昼明。心境何须常暗淡，一炉情火暖平生。

（2）夜雪

夜雪茫茫颜色分，譬如人生半暗明。屋瓦寒枝皆有命，谁能长嘴说得清？

附朱兄诗：

夜雪意如何？黑漆素笔新。寒枝发鹿角，屋瓦拓龙鳞。
庭院白如月，阑干亮似银。人间分化甚，夜雪一富贫。

（3）雪竹

雪竹雪竹不怕寒，君子君子自比贤。同窗同窗含一笑，平淡平淡也非凡。

附朱兄诗：

相对同窗一世缘，静观平淡两无嫌。知君需待雪封日，本色清白不怕寒。

（4）白头吟（配照诗）

配照诗前愧弗如，借物咏志嘱特殊。耕耘到老尤未竟，手把铁锹不辍锄。

附朱兄诗：

①

晖暖寒枝闹，高歌赛玉喉。隔窗两无忌，与我共白头。

②

无意利人类，谁知生计愁。雏巢教勤奋，辛苦早白头。

③

命贱知天下，力单误远谋。憔悴心不死，奋斗慰白头。

（5）读史　赵盾

春秋本属晋国威，三家分裂败边陲。阻挡不住秦东侵，贤臣良子功也吹。

附朱兄诗：

相国父子口碑异，冬日亲和夏日畏。暖照洋洋乏效力，骄阳烈烈显神威。

生杀有度戒愚善，名利无私见大悲。功过当从兴替看，莫拿小惠论是非。

（6）读史　贵贱

秦君几代用人真，哪管贫贱与出身。但求贤良来帮助，统一华夏始知神。

附朱兄诗：

百里相秦功力厚，穆公信用霸西戎。同心父子感知遇，贵贱反常君道通。

3. 和杨兄配照诗（2008－10－09）

徒步登山顶，闲心赴岭巅。手中托宝塔，脚底就苍天。

附杨兄诗：

扎营雪山草地间，银辉泻地月伴眠。何日与君共驰骋，同做世外几日仙。

4. 和打油诗的调侃（2009－07－17）

（1）

十朵玫瑰驱孤寂，温馨绽定一片心。劳烦花蕊实前席，须眉仰祈福后临。

（2）

花开花落任由之，老树寻根站稳时。哪管枝头春意闹，抛却幻象求真知。

（3）

世界荆棘多残酷，激烈竞争少温馨。残花败柳人唾弃，拥红抱绿有金银。

附李兄诗：

洪荒无垠花世界，拥红抱绿自由之。若取妖娆娉婷意，但修心疾话语迟。

5. 和慵懒花香（1）（2009－07－18）

愿套袈裟去自由，心灵相伴有何忧？山重水复疑无路，梦里游。

思恋何须朝与暮，为尔憔悴也甘休。人生如戏选角色，泪停流。

附：

慵懒花香词：摊破浣溪沙

身陷囹圄爱自由，平生意气怎甘休？行至水穷山又尽，想从头。

一世相思皆为你，通身廋骨总因愁。最怕与人谈笑后，泪长流。

6. 和慵懒花香（2）（2009－07－28）

相思如火烧，烈日炎炎当头照。不见鸳鸯今戏水，欢笑。只把余生梦里闹。

织女盼牛郎，许仙巧遇白娘貌。从此人间一段情，娇俏。短暂离别也光耀。

附：

慵懒花香词：南乡子

乍醒静悄悄，满腹相思烈火烧。眸里深情无觅处，嚎啕。不复人间鸾凤巢。

瘦损小蛮腰，愈是寻欢愈寂寥。常恨囚中无日月，煎熬。始信生离是把刀。

7. 和李兄（2009－08－10）

人生寿命重新算，不惑之年可后延。愿将童趣伴终身，游戏快乐似当年。

身轻何言赵相蔺，平庸百姓已恭谦。但留铁骨卑微处，寻找茅屋一草间。

附李兄诗：

经四奔五当不惑，天命铸就毫厘间。启齿常念赵相蔺，动口便思蜀将关。

好话固当奉软语，詈辞亦需道吉言。退步定有新世界，身轻可逾九重天。

8. 和慵懒花香（3）（2009－10－26）

人生之路漫漫长。喜极而泣，悲亦忧伤。阳光普照天地荒。日是春光，月似春光。

归途享尽情意狂。福又何妨，祸又何妨。福祸难解相思肠。生不彷徨，死不彷徨。

附：

慵懒花香词：一剪梅·小草线

山麓流丹未染霜。脉脉朱红，艳艳姜黄。斜阳轻踏落花香。不是春光，胜似春光。

归路突翻风雨狂。福共萧郎，祸共萧郎。从今不怕短与长。生亦何妨，死亦何妨？

9. 和朱兄（2010 - 03 - 08）

（1）

佳节思亲日，游子倍伤心。我怜团聚浅，只好忆离分。

（2）

风吹杨柳莫梳头，胭脂难解梅树忧。迟暮弄春情已却，秋冬舞后又临愁。

附朱兄诗：

①

初一忆团聚，十五忆离分。最是元宵月，偏伤游子心。

②

疏帘微动风梳柳，轻点胭脂梅树头。春色弄羞情已怯，不觉朝暮又东流。

10. 和慵懒花香（4）（2010 - 03 - 19）

非是恨生活，只因遭遇艰难多。一路追寻似水火，催磨。命运坎坷不献佛。

心事总相托，春夏过后秋冬裸。岁草盈盈无悔堕，执着。但教来世续情魔。

附：

慵懒花香词：南乡子·元宵节

非是爱漂泊，风雪相欺奈若何？一路追随多坎坷，执著。不信神佛不怕魔。

心事总蹉跎，无限春风容易别。且赌情深深似海，鹣鲽。来世年年元宵节。

11. 和慵懒花香（5）（2010 - 04 - 15）

爱一半，怨一半，爱怨成仇声声唤。朝思君，暮思君，百般思君，知君在哪？挂！挂！挂！

夏临近，秋冬满，得意春风百花伴。生不变，死不变，痴情女子，手握笔端。画！画！画！

附：

慵懒花香词：钗头凤·殇

春一半，寒一半，恨君一遍伤一遍。声喑哑，形容垮，滔滔迷雾，百般真假。怕！怕！怕！

窗棂畔，灰尘满，惯常拂拭而今厌。三生榻，倾于霎，委屈心意，任人嘲骂。罢！罢！罢！

12. 和慵懒花香（6）：愿有情人一生平安（2010－05－21）
相知何必曾相识，相识更比相知值。情感交流如电网，共此时。
生老病死难阻滞，花开花落香不失。英雄美女竞携手，心如石。
附：
慵懒花香词：摊破浣溪沙·为君记
不若当初不相逢，相逢悔不两薄情。待到情深深似海，最心疼。
花落方觉春胜锦，死临始信命如灯。纵是英雄犹气短，细叮咛。
附：
康桥别梦词：摊破浣溪沙·为佳音传来
谢天谢地谢菩萨，云开雾散满庭纱。思醉唯有一壶酒，两杯茶。
佳音传来心情好，心情振奋爱意佳。谁谴清风传蕴藉，慵懒花！

13. 和慵懒花香（7）（2010－06－15）
残花不落，看群山遍野，都晓夕阳好。虽然晚霞近黄昏，百草芬芳环绕。
爱恨恩仇，如同欲壑，谁为人间恼？离别无怨，节日相思难扫。
孤寂把酒长歌，唱望欢乐，醉里烦心少。何君不是飘零客，经不起千般好。
自然怅惘，天纵痴情，宁许东山老。一生浮梦，哪管是非终了。
附：
慵懒花香词：念奴娇
残灯灭了，望星河渐落，天光欲晓。淡月无华临瘦影，似解芳心潦草。
云供新愁，风翻旧恨，俱是狰狞貌。离魂如寄，相思满地谁扫？
何时载酒长街，三五人人，醉里光阴少。我本人间零落客，受不起千般好。
天遣痴情，命多薄幸，空许东山老。浮生一梦，是非何必相恼？

14. 和文秀（2010－06－16）
节分端午自何源？汨罗江里直臣冤。龙舟竞赛投粽子，免伤尸骨救屈原。
附：
唐代文秀《端午》诗：
节分端午自谁言，万古传闻为屈原。堪笑楚江空渺渺，不能洗得直臣冤。

15. 和慵懒花香（8）（2010－08－27）
爱恨相交似海流，心中有意数春秋。今天躲过千重浪，明日迎来百炼头。

船透彻，水温柔。阳光明媚泛夕舟。随风入夜平安舵，厮守晨昏不上楼。

附：

慵懒花香词：鹧鸪天

恨在眉梢爱在喉，乍逢无语意幽幽。不忍嗔怪成憔悴，便教相思惹白头。

拨雾霭，现明眸。蛮腰无赖化娇柔。为卿拼尽香酥汗，厮守晨昏不下楼。

16. 和慵懒花香（9）：中秋（2010－09－22）

冷雨无眠，网络听歌驱寒骤。中秋月饼，哪有诗词秀。最念年节，朋友思不够。曾几时，亲人欢聚，生怕离别后。

附：

慵懒花香词：点绛唇·中秋

绿冷风酸，小楼深锁凭寒骤。蟹香添酒，苦雨著花透。最厌中秋，人间团圆否。思不够，密欢散后，真个难消受。

17. 和李兄：新年和诗（2011－01－01）

老兄教诲意浓浓，少弟聆听可聪聪。名利缠身真愚鲁，人超世外假平庸。

可惜谁能入户内，闭门静修躲隆隆。无奈瞄准手中柄，尤恐余生勿轻松。

附李兄诗：

往昔何必心耿耿，来日还当意浓浓。云烟过眼随他去，苗定掌中手莫松。

18. 和慵懒花香（10）（2011－01－21）

时运全凭巧手载，聚散离合有安排。冷月寒冬躲心霾。

人生短暂身可逝，灵魂永驻谁能拆？总教幽梦春风来。

附：

慵懒花香词：浣溪沙·长夜

时运凭谁巧手裁？离合不信早安排。一帘冷月照空宅。

绿鬓朱颜风里逝，桑田沧海梦中来。密缄思量恼人猜。

19. 和李兄：兔颂（2011－02－03）

狡兔三窟，求存所迫，岂敢自称逍遥？生就快腿如风去，只为避敌躲煎熬。

窝边不食，情急人咬，殷勤何惧辛劳？月里嫦娥相伴我，春风幽梦归宿骄。

附：

李兄词：《鹊桥仙·辛卯致语》

力掘三窟，精备遁路，怎敌健足逍遥。自持撒腿如风去，咋教龟儿独占鳌？窝边不食，义之所在，善待芳邻莫扰。有嫦娥咫尺相望，何拖累沉浮辛劳！

20. 和慵懒花香（11）（2011-11-13）

人生只三天，尽量天天新。昨今明日好，笑鉴后光阴。

附：

慵懒花香诗：中秋

皎皎月如银，风凉卷细尘。流光倾玉盏，不见去年人。

21. 和慵懒花香（12）：风入松（2011-11-22）

老骥伏枥忆当年，时时头顶天。忠心竞为人遮盖，哪管风、苦雨纠缠。冬季难使眉皱，何惧区区秋寒。

痴心屹立道两旁，只顾盼春欢。花言巧语皆不屑，任凭说、往事如烟。生老病死无怨，短暂命运争仙。

附：

慵懒花香词：风入松

一身老病厌人怜，夜夜醉花前。愁肠总为秋风恼，又偏逢、苦雨缠绵。乍醒小楼凉透，薄衾怎耐深寒。

痴心暂寄冻云边，往事散如烟。巧言竟至临头冷，是谁说、情比金坚？耻笑营营苟苟，人生几个华年？

22. 七夕感怀（2012-08-23）

七夕往事，天地人间，苦中作乐，宇宙尽情缘。

今生悲苦，来世深渊，心中有望，可以竟节欢。

宿命无碍，顺享自然，旧福新梦，自主去阑珊。

附李兄词：

往事千年，天上人间，美则美矣，难消心头怨。

窦蔻云云，卿卿无限，耳鬓厮磨，知否鹊桥仙？

虽道天定，亦凭人缘，旧梦焉在？今夜最阑珊。

23. 武清“佛罗伦萨”游（2013-01-25）

（1）

佛罗伦萨景，意大利情商。武清杨村镇，土洋结合乡。

(2)

小镇充异乡，游客满店忙。无人掏钱袋，可怜贵衣裳。

(3)

天鹅湖畔雪域城，美女狂逛抖精神。手提臂包挪碎步，头戴纱巾羞见人。

附李兄诗：

小镇游记

①

虽型虽色称异域，满目神情怎他乡。若非好事沽名利，哪得不渡到西洋。

②

佛罗伦萨建名城，罗马情调津京间。武清乡里凭地利，亦土亦洋可赚钱。

24. 和慵懒花香（13）（2013－02－04）

勿言时日短，相见就如年。纵有千般爱，仍觉似怨闲。

附

慵懒花香诗：

休言时日短，再见已隔年。纵有千重锦，难敌枕上寒。

四、诗词连接

1. 我观百家（2007－05－28）

百家始原，战火纷飞。礼孝合流，儒家虚伪。法家残暴，道家无为。
墨家兼爱，义利入围。兵家诡诈，佛家慈悲。阴阳辩证，纵横术黑。
名家思辨，杂家是谁？农家不菲，商家命悲。药家治病，小说言美。
虽曰百家，其实并非。各有所长，绝对则没。扬弃百家，毋滥得累。
结合今外，才见光辉！

2. 找回你自己（2007－06－19）

从你懂事开始，在内心中就往往有了自己。
从你工作以后，在不知不觉中忘记了自己。
自己就是闲暇所想、情之所系；自己就是不为功利，行之所喜；
自己就是身心向往，精神所寄；自己就是愿为付出，形成惯习。

当你不得不干某事时，就是异在的自己；
当你愉悦于干某事时，就是真正的自己。
工作成为不幸叫做失去自己，工作成为乐趣叫做回归自己。
或曰“君子不器”、不为容器，其实，君子又不得不器，
它取决于社会的相互赖依。我们要在不器中找寻自己，
又要在不得不器中，创造条件尽早回归自己。
有人说，人的价值在于奉献，有人说，人的价值在于占有，
我则说，人的价值还在于找回你自己！

3. 送子入学（2007－09－10）
(1)
未曾入学府，便遇困难阻。据说不留宿，津生走读苦。
同事相帮助，亲戚把力努。终于除障碍，感谢热情主。
(2)
高中虽毕业，不离寒窗苦。姥姥缝被褥，姥爷勤叮嘱。
奶奶多鼓励，爷爷饯行酒。从此已成人，遇事自做主。
(3)
新生报到赴校园，继续求学可登攀。但愿孺子能勤奋，把握本领好扬帆。
(4)
小鸟出巢老雀归，亲情难舍盼离回。少儿兴奋脱羁绊，父母牵挂徒增悲。

4. 过“十五”（2007－09－25）
天命疲劳无息日，内外兼修苦做功。偶有得意须尽欢，罢却卒年满亦空。
舌挑佳肴莫生厌，口衔金尊嘴不松。虽爱阴阳多情白，更恋春秋一点红。

5. 婚念（2007－10－08）
乘风破浪去，惊涛碍航行。平静婚姻缘，慵懒度日清。
比翼双飞燕，筑巢重若轻。伉俪二十载，回首历历情。

6. 我是一棵小草（2007－09－08）
我是一棵小草，也许随风飘摇，但是同样具有生命，扎根土地难以动摇。
我是一棵小草，经历狂风怒号，但是同样汇合生命，享受自然赐予欢笑。
我是一棵小草，虽然微不足道，但是同样联合生命，组成不可或缺风貌。

我是一棵小草，尽管力量薄弱，但是同样集合生命，任凭野火糟蹋不掉。
我是一棵小草，没做多少操劳，但是同样付出生命，贡献所有能力回报。
我是一棵小草，不与他物争闹，但是同样赢得生命，追求属于自己荣耀。

7. 辅治脂肪肝（2007－10－23）
生命在运动，多笑少悲伤。勤食粗粮菜，懒顾猪牛羊。
空腹饮白水，早上要灌肠。晚饭稍休息，散步遛脂肪。

8. 谢学友（2007－11－08）
伙伴分手盼重觌，学侣见面后有期。相欣须臾为过去，互肆之时已成昔。
友谊光阴偕日晚，殷情短暂便分离。愿我诸君多淬砺，欢度年华过琛夕。

9. 老父住院（2007－11－09）
八十老父遇难，蹬高对表骨断。惊呼“一二零”，救护急驰解患。
住院！住院！不留旬日过万。

10. 祝早日康复（2007－11－12）
忧忧虑虑，恍恍惚惚，梦里醒时寻绎。若知能有此悲行，宁停挂钟缺详细。
眉头紧锁，难释压力，六神常丢注意。亲朋好友传消息，老母兄妹情所系。
潜意识里，声声叹气，医院病房人聚。大夫护士能尽责，盼望术后得安逸。
器官牵连，年事已高，外科内科痕迹。平安度过破灾难，祝愿康复何商议！

11. 祭老父（2007－11－21）

二零零七年十一月十七号，一个永久悲伤的日子：老父因骨折引起其他病变，医治无效而仙逝。从住院到驾鹤西去仅仅二十四天，实在猝不及防，令人痛惜。

一个曾经中山大学哲学系的学生，一个曾经自愿参加祖国建设并参军两年的离休干部，一个曾经从一个知识分子被成功地改造成为工人的普通干部，就这样度过八十二年的人生历程，悄然离开了人世。

人离去，神永存。明天为圆坟之日，今特作此文以祭奠之。

一祭老父生子恩，给我肤发与肉身。二祭老父养育恩，教我识字认乾坤。
三祭老父过庭语，训我如何严做人。四祭老父传性情，笑对世界看红尘。
五祭老父得恩爱，美满姻缘度金婚。六祭老父不忘本，孝顺父母感情深。

七祭老父曾授业，通今博古扬国文。八祭老父爱祖国，天下大事皆上心。

九祭老父同游戏，享乐人生能怡神。十祭老父似圆寂，不留遗憾赴太阴。

12. 新年致辞（2007－12－21）

更年伊始，万类焕发，迎来新月，送走旧轮。但愿旻长地久，构建和谐世界，亿万百姓共耕耘。是故东方承西方，元旦结圣诞，祥和依赖连彩云。

淡化意识形态，深增各国感情，取长补短立殊勋。公私渗透，计划市场，两种手段已结婚。相互合作，一起开发，协同作战可进军。面对全球化，亲临一体化，保持特色，利益双赢得均匀。

节日群欢，吉冬炮舞，各物披秀，振奋灵魂。盼望岁岁平安，祝贺年年快乐，亲情友情处处寻。所以跟随地位升，勤奋事业成，人间趣味竞陶熏。

不管上下左右，无论南北东西，宇宙生命谁恼春？生态平衡，环环相扣，何必称霸我独尊。天下为公，殊途同归，理想实现靠诸君。扬弃旧文化，发展文明史，再接再厉，醒示后代与子孙！

13. 赠朱兄（2007－12－27）

(1)

白头非白投，朱兄展歌喉。唱聚助教班，团圆功推首。

(2)

同窗结世缘，书记把头牵。兄弟皆跟进，如雪更无嫌。

(3)

弗为生计愁，操劳总不休。腑内存天下，心里装春秋。

14. 由于爱（2008－04－18）

由于爱，我横空出世。由于爱，我学业有成。

由于爱，我树立理想。由于爱，我奋斗不停。

由于爱，我产生兴趣。由于爱，我出现激情。

由于爱，我进行争取。由于爱，我追逐光明。

由于爱，我意志坚定。由于爱，我克服不平。

由于爱，我刻苦钻研。由于爱，我惊人而鸣。

由于爱，我知道害怕。由于爱，我如履薄冰。

由于爱，我无私奉献。由于爱，我尽己所能。

由于爱，我开始矜持。由于爱，我暗生感情。

由于爱，我不吝痴呆。由于爱，我警惕放松。
由于爱，我开始妒忌。由于爱，我心智失灵。
由于爱，我红杏出墙。由于爱，我离道叛经。
由于爱，我不弃野花。由于爱，我胸海包容。
由于爱，我承受伤害。由于爱，我忍痛相迎。
由于爱，我学会放弃。由于爱，我转身而行。
由于爱，我冲出围城。由于爱，我重获新生。
由于爱，我孝敬父母。由于爱，我眷恋家庭。
由于爱，我创造浪漫。由于爱，我惨淡经营。
由于爱，我充满希望。由于爱，我向往高峰。
由于爱，我珍惜存在。由于爱，我永享天晴。

15. 化悲痛为力量（2008－05－21）
生死两道墙，鬼门关上忙。活者当可奋，逝者留芬芳。
今年迎考验，明日射光芒。齐心抗灾难，协力铸辉煌！

16. 异年来（2008－05－30）
今年不幸难累累，南方雪灾白似黑。手足口病频传染，火车出轨人事非。
主震余震天地闹，藏独烧抢做公贼。火炬传递遇凶顽，谁等奥运听惊雷？

17. 抗震（2008－06－01）
岩石震动千楼躺，血肉横飞万骨埋。山青有水难成泪，地绿无魂不载哀。
人间砥砺多磨难，大爱频出敞胸怀。中国政府惊世界，救助之功胜如来。

18. 飞虫（2008－06－09）
灯下一盆水，水中一盏灯。诱杀追求者，投水即丧生。

19. 湖中月（2008－06－11）
月亮照湖底，湖底映月神。水中追明月，葬身必无魂。

20. 汶川地震（2008－06－11）
蜀道难行遭祸殃，汶川地震逞凶狂。海陆空军齐上阵，中华优秀好儿郎。
国际救援开绿灯，亿万百姓勤解囊。惊恐未定人询问，鲤鱼鸿雁黄耳忙。

21. 祸不单行（2008－06－16）

飞机失事鼠疫狂，森林起火闻悲伤。强降雨来势凶猛，防汛抗洪又紧张。

黄河泛滥露端倪，良田被毁遭祸殃。百万难民需安置，中央开会指挥忙。

22. 痴恋（2008－06－17）

请给我一支烟，让我慢慢地回忆。

请给我一杯茶，让我细细地品味。

请不要拒绝我，想你想得非常累。

也许这就是我的生活，也许这就是我的明媚。

也许没有也许，只有想入非非。

23. 欢爱（2008－07－29）

今日复今日，难记明清。披星戴月任指行。寻得春光超暖阁，我我卿卿。

虚幻又何妨，比拟真情。高山流水总有凭。罢却烟云留欢爱，不愿停停。

24. 笑行（2008－07－29）

今日踏征程，不惧曲折遇险峰。蹬上山头留寂寞，濛濛，孤独辽阔无限风。

明天赴归途，走出平坦有余踪。温柔乡中避凶港，停停，难解鸳鸯一段情！

25. 迎国庆（2008－10－01）

国庆节前好消息，两次奥运金牌首。中国科技已领先，冲向太空人行走。

今载如问何时光，忧喜参半谁能否？但愿祖国得进步，美满生活年年有。

26. 我们天天在一起（2008－10－11）

孩提简陋茅屋巷，老母奢华梦幻间。劳动生活得改变，操心半辈方偷闲。

继续耕耘才性起，忽觉体力已非前。楼低不怕难行走，儿女居上易抢先。

吃喝可以同欢乐，孝悌慈爱共免嫌。见面天天寻常事，和谐日日自比仙。

平凡也许最真实，情假大概似虚谦。但愿家家诚岁月，祝贺年年义比鲜。

27. 在张莉博客上题打油诗（2008－10－29）

（1）赞捐款10万

心存善良当自福，人在海外德不孤。求学若渴仁为先，艺术熏陶可成熟。

（2）赞姐妹情深（张莉和陈晓旭）
由于艺术得相识，只因出色展英才。演员瞬间易定格，观众永远难忘怀。
红楼梦里林黛玉，大观园中薛宝钗。姐妹情深诚一对，天上人间两分开。

28. 男扮女装李玉刚（2008－11－05）
混淆男女界，打破阴阳河。重抖夺魂舞，轻扬摄魄歌。

29. 思恋（2008－11－22）
心里有你嘴中无，思恋何须朝与暮。喜闻鸿雁报平安，再祝美满家和睦。
娶妻生子过平庸，比翼连理遭人妒。深藏情感埋千尺，浅躲眷念留摆渡。

30. 生日感言（2008－11－27）
（1）
生活主旨寻欢悦，理想其实孕育中。未有心怡结苦闷，徒增财富弄稀松。
名声本属身外事，罢去虚荣做平庸。欷歔度日应抛却，享受亲情欲兴隆。
（2）
人生几许春江月，羡慕成功自然中。过分追求伤筋骨，命薄兑现不等同。
居家尽孝扶幼小，上下衔接香火浓。本职工作当勤勉，问心无愧万事通。
（3）
生命本身在运动，精神陶冶学习中。理性升华勤思考，日益觉悟趋善从。
面对丑恶多激愤，遇到荒唐少认同。捕捉美好当渲染，抓住优良扬与弘。
（4）
与道结缘传承道，授业方知道艰难。异化本性皆虚道，快乐生命才善道。
道吾道及人之道，道可道以近常道。求道缘何得非道，道法自然亦真道。

31. 我为婚纱作诗词·夕阳（2009－03－12）
夕阳将近晚婚纱，旧情郎，新当家，糟糠之妻，闭月也羞花。
夕阳西下非渺茫，牵玉手，赠香囊，沉鱼落雁，旧妻也新娘。
谁道夕阳似黄昏，爱生活，老无尊，戏谑浪漫，恋爱也发晕。
风雨飘摇夕阳红，草根弱，随缘从，春光明媚，茂盛也兴隆。

32. 清明（2009－04－03）
清明清明度清明，慎终追远思亲人。亲人亲人遥相望，天上人间汇精神。

精神精神代代传，生死相继净灵魂。灵魂灵魂得不死，只因悼念才深沉。

33. 七夕（2009－08－26）

一年一度七夕，牛郎织女相会。喜鹊搭桥，王母娘娘也知喟。
快乐时光短暂，忧愁银河万里。只争朝夕，莫忘白驹如过隙。
春夏秋冬难熬，人间天上情系。追求永恒，转瞬定格出美丽。
幻想寄托希望，浪漫胜过无畏。别怕虚拟，活脱潇洒成另类。

34. 鬼节（2009－09－03）

太阴有鬼节，阎王狱门开。七月十五日，万鬼乐开怀。
人间借鬼节，只为思亲来。鬼节焉何在？阳世又如哉？

35. 教师节（2009－09－10）

难忘春秋二十五，年年相伴教师节。毕业传道忠职守，桃李满天共和谐。
微有成就承恩露，饮水思源继磋切。莫因名利屈膝志，只怀身正胜影斜。

36. 国庆·转运（2009－10－01）

风风雨雨辞过去，坎坎沟沟六十年。盛世临前当谨慎，和谐更属路面宽。
铁扫自扫门前雪，兼顾他人瓦上霜。但愿国家恒昌盛，黎民百姓睡温床。

37. 卢沟桥（2009－10－05）

独立桥中看狮吼，回忆往事观怨头。上千灵兽出百态，下万日军如寇仇。
东亚病夫遭欺辱，沉睡巨龙倍蒙羞。雪耻不忘勤奋斗，腾飞还要勇追求。

38. 重阳节（2009－10－26）

九月九，是重阳，登高赏菊闻花香。老人节，身已伤，不见昨日少年狂。
女儿节，放风筝，出嫁媳妇见爹娘。蒸发糕，吃彩食，孝敬父母在厅堂。
喝黄酒，插茱萸，解除凶秽招吉祥。收割场，谷子壮，但愿年年秋收忙。

39. 祝贺北京师范大学哲学系成立30周年（2009－11－24）

（1）

三十年前在校园，人生道路起征帆。学为人师辨哲理，行将表率践范蓝。
变化沧桑如国史，成长茁壮似囝囡。期盼时时勤考问，但愿代代铸非凡。

（2）

忆想当年入学府，懵懂愚昧少是非。初识道理人生辨，首望幸福展翅飞。

链继优良铭校训，承接传统记丰碑。前人种树后乘凉，饮水思源勇作为。

（3）

难忘春秋三十载，风风雨雨继开来。教授传道忠职守，桃李满天示英才。

学有成就承恩露，师铸辉煌续风采。莫因名利屈膝志，只怀身正胜影歪。

40. 玉树（2010－04－21）

藏族同胞遇震年，八方百姓齐支援。玉树情恩纷纷至，惜抛旧瓦建新园。

41. 祝贺朱兄六十大寿（2010－05－14）

六十大寿白衣仙，慢舞太极非等闲。雄才大略刚施展，何惧天赐两鬓斑。

享受和平度晚年，我辈从军为哪般？世有危机便伸手，老翁豪迈也不凡。

42. 兰州、青海游（2010－07－25—31）

（1）出发

出发访学者，远赴青海湖。途径敦煌地，醉卧莫高窟。

（2）月牙泉鸣沙山

幸游月牙泉，再登鸣沙山。黄风送情意，颗粒满身粘。

（3）塔尔寺

大师宗喀巴，黄教创始人。西宁塔尔寺，金殿拢诸神。

（4）日月山

文成公主过赤岭，松赞干布界双亭。西湖屏风从此立，藏汉文化共交融。

（5）青海湖

世界之最青海湖，盛传潢鱼救苍生。烈日炎炎当头照，皮无遮盖界限明。

（6）坎布拉

风景胜地坎布拉，国家水电李家峡。森林公园我独尊，地貌特征号丹霞。

（7）访学友

兰州匆匆为过客，西北师大探友身。相见只觉时间短，谈吐还似旧学人。

43. 8月15日哀悼日（2010－08－17）

特大泥石流，舟曲有悲因。全国哀悼日，万民共呻吟。

44. 中西文化趣谈（2011－01－22）

诗言志，词谈情，戏剧讲人生。中国哲学长智慧，西方哲学弄神经。东西文化界线清。

一分二，二合一，对比最出奇。西方民主有传统，中国专制逐渐离。世界缩小融信息。

数理化，走天下，幸福属文家。科学要求跨河界，伦理道德谁更佳？实践效果做统辖。

宣宗教，信基督，哪比马列真？技术领先全球化，后起之秀更精神！沉睡雄狮跃烟尘。

45. 七字诀：西安颂（2011－06－26）

古代世界有四都，文明姹紫又红嫣。欧洲罗马和雅典，非亚开罗与西安。
还有一说双雄立，西有罗马东长安。中国亦有四都城，朝代更替史如烟。
北京南京与洛阳，宫廷之首数西安。最早西周建沣镐，秦都咸阳与粘连。
丝绸之路初始地，西汉保境改长安。王莽篡位换朝新，再改地名为常安。
绿林起义立刘玄，更始政权复长安。赤眉再扶刘盆子，年号建世暂垂涎。
东汉末年天下乱，献帝被迫居长安。西晋愍帝司马邺，承继香火属虚幡。
熟料五胡乱中华，前赵前秦换廷栏。还有后秦和西魏，要算北周敌胆寒。
隋朝建立大兴城，似有虎踞又龙盘。民族融合大一统，唐继盛业旺长安。
唐末农民大起义，黄巢建齐非等闲。明末还有李自成，大顺王朝不一般。
都城繁华终有寿，明改奉元为西安。骊山脚下有故事，不夜城里文化谈。
登上城墙钟鼓楼，关中八景不厌烦。老牛半坡栎阳城，阿房遗址冷风寒。
汉阳曲江胡亥墓，文姬钟馗杨陵园。东渭桥与鸿门宴，华清池与芙蓉园。
大小雁塔兵马俑，大慈恩寺八仙庵。军事直道车马坑，碑林明宫乐游园。
第一福地楼观台，湘子嘉午若等闲。青龙寺与仙游寺，清真大寺风景延。
大唐西市书院门，刘海故里财神仙。西安古迹甲天下，历史名胜说不完。

46. 这世道（2011－07－31）

这世道，经济为基础，货币量重轻。钱如爹，利如娘，最廉价，是真情。翻脸似翻书，金银万里行。

这世道，精神为气泡，思想要空空。学如痴，文如呆，最抢手，是色厅。狐媚抓人心，玉颜使天晴。

这世道，环境为污浊，土壤已稀松。贼如雨，骗如风，最得意，偷不清。

任性成自我，责任等于零。
这世道，人嘴为双面，伪善更隆兴。虚如实，假如真，最捷径，仿鹦鸣。
礼义皆不顾，廉耻让功名。

47. 过年的传说（2012 - 01 - 28）

岁末怪兽噬人狂，爬出海底，狰狞静敲窗。牲畜犹恐相遇，闻名已感悲伤。
触角凶猛夕头长，惧怕红火，鞭炮更惶惶。民间过年有道，风俗确立天常。

48. 皮浪赞猪（2012 - 03 - 04）

皮浪出海坐船头，风吹帆动人惊恐。偷见雄豪壮食草，悠然安泰用嘴拱。
浪打舵手寒风急，家禽无惧吃一桶。险情已过人心安，赞猪堪比哲人勇。

49. 向某人赠藏头诗（2012 - 03 - 014）

生动无寂寞，日子要洒脱。快刀斩愁云，乐唱天籁歌。

50. 戒出轨（2012 - 04 - 0.9）

初恋春雨热，残情冷风寒。红杏出墙易，无照经营难。

51. 情诗二则（2012 - 05 - 09）

（1）情

常慕大地不解情，天若有情天亦老。人间情意如鸩酒，多情总被无情恼。

（2）情如鸦片

莫道人生无坎坷，其实处处有波澜。不经意间食鸦片，上瘾容易戒除难。

52. 银婚（2012 - 10 - 08）

自小生长到如今，半百年华再平均。事业共扶持，雀巢也温馨。
柴米油盐酱醋茶，喜怒哀乐似海深。伴妻如伴虎，咆哮情亦真。
相夫教子孝公婆，敬慰岳父岳母亲。激情短易逝，厮守长难分。

53. 告别今日——今日歌（2012 - 11 - 27）

今日复今日，今日何其多。我生度今日，今日渐消磨。
昨日次今日，今日胜前昨。但愿明后日，日日有新说。

54. 蛇颂（智慧颂）（2013－02－13）

（1）

一字长蛇非战争，蛇力无穷换龙形。巨蛇潜心细修炼，许仙巧遇白蛇精。
吞象之蛇戒贪欲，报恩之蛇献珠明。杯弓蛇影谁惊骇，缘是蛇母化人情。

（2）

横空出世为智慧，蛇年吉祥振神经。曾为天使反上帝，凡夫俗子变聪英。
从此你我恋尘世，不慕天堂出幻景。长虫血统哲人继，总有抗逆当英雄。
人心不足谁吞象？农夫已死事理明！杯弓壁影愚所惧，蚓走鳞潜膝语行。
认真修炼成正果，下嫁许仙施恩情。知恩献瑞皆称善，龙飞凤舞笔似松。
拔草骑虎需谨慎，为虺弗摧亦成精。伏羲女娲原始貌，哺育大地建生灵。

五、人生感悟

“人生感悟”是我个人对人生的一些思考，这些思考非一日之功，因长期以来连续思考积累成百七十条哲学思考，故在此录之以供观者共享。

1. 老子说“为无为，事无事，味无味”，是否多给精神生活留点空间呢？据说老子长命百岁！

2. 常想“一二”常常乐，不计“八九”去去忧。

3. 没有反思的人生是无意义的人生，无意义的人生是不值得活的人生！

4. 自我感觉是幸福的源泉，顺其自然是生活的智慧！

5. 色既是伐性的板斧，又是性欲的食粮。

6. 我不注六经，要六经注我！

7. 往往离开了名利和荣誉，才有真正的伟大。

8. 能够给生活创造出幸福和快乐的人，才是最可爱的人！

9. 君子和小人或许是同一个人。

10. 不要盲从，要用自己的眼睛去看，用自己的脑袋去思考。

11. 不争何以为天下先，不为天下先何以有进步？

12. 在你认为是对的地方，也包含了错误的种子。

13. 难得糊涂不糊涂，大智若愚实不愚！

14. 智商诚可贵，情商价更高，若加机遇至，成功路不遥。

15. 静观他人造就的地狱，走出自己设定的牢门。

16. 孤独能产生出深刻的伟大，深刻的伟大需要付出代价。

17. 谦让受益，逞强寡得。过贪重失，知足恒乐。

18. 学而习之，乐此不疲；思而悟之，悦此不息；得而言之，惊此不奇；坚而信之，守此不移。

19. 有得必有失，有失才有得。权衡利弊，方能受益。

20. 不要轻视金钱，它可以给你免灾，帮你处理很多事情。

21. 要重视经验，经验是人生的财富、教师和指导。

22. 职称、名誉、地位等只是一个符号，为此付出生命是不值得的。

23. 事有轻重缓急，要学会抓重点，全面设计好自己的生活。

24. 压力能够使人倒下，但同时也能使人坚强！只有顶住压力的人才能获得成功。

25. 我感故我在，我思故我在，我喜故我在，我悲故我在，我行故我在。然而，无客观世界，焉有我存在？

26. 要学会自我调节，保持好的心境，不要被不良情绪所左右。

27. 冲动是魔鬼，理性似钟馗。冷静平愤怒，做事怕后悔。

28. 老人生病时要有耐心、说话小心、多多关心！

29. 为人子女，有义务勤向父母报平安，以免挂念！

30. 对待朋友要有宽容之心、帮助之意、诚恳之态、信任之颐。

31. 有时面对误解莫解释、面对委屈莫辩白，是最好的解释和辩白。

32. 人应该学会感恩，以感恩之心待人、待物、待时空。

33. 保护自己最好的方法就是自我保护。

34. 修养就是灵魂得到美化和升华！

35. 最本质的孝道是指儿女的行为应该符合长辈或父母的长远利益和根本利益。

36. 善良是以不损他人为起点，以有利他人为终点。

37. 失去有失去的幸福，得到有得到的痛苦。一切都应该看得开、莫后悔！

38. 生活“三点”：要给生活留点遗憾，加点充实，多点梦想。

39. 有时沉默就是最好的慰藉。

40. 当你想不开时要考虑自己的家人和责任，有时坚持活下来比结束生命更需要勇气。

41. 悲欢离合通心灵，真善美悦乃人生。

42. 依恋父母是儿童，富于幻想皆少年，充满想象当青年，走进世俗则成年，步入回忆为老年。

43. 选择和自由成正比，一个人可选择性越多，自由度就越高。

44. 自由不在于你想做什么，而在于把你想做的事情办成，并且不给自己带来损害。

45. 孤独是一种境界，孤独是一种提升，在孤独中有超越，在孤独中有事成。

46. 一个人只有自己不看轻自己，才能不被别人看轻，要保持自己的“骄傲”。

47. 许多时候聪明人是痛苦的，痛苦的世界是给聪明人准备的，往往只有糊涂的人才是幸福的人。

48. 人总是要行走的，走前慎重，走后莫悔。

49. 无私则无畏，无我则刚强。

50. 敞开胸怀，想得深远，才能诞生境界。

51. 生死关头，彰显人性光辉；救危解困，方见英雄本色！

52. 从未见过如抗震救灾时期，人与人的心贴得这样紧、这样近！

53. “以人为本”不是空话，见诸行动感动人心！

54. 三天哀悼日，万古流芳时。

55. 人生皆有死，所以才贵生！

56. 死对于死者已经过去，对于生者尚未来临，人要克服对死的恐惧！勇敢就死，乐向人生！

57. 生命是最宝贵的，活着就是胜利！

58. 山青有水难成泪，地绿无魂不载哀。

59. 目标的实现往往取决于执着！

60. 好事来得太快要冷静，谨防陷阱。

61. 人当自强，多一份独立，多一份骄傲，赞誉成就而不慕虚荣。

62. 人难得具有：“高山流水意，暮云春树情”。

63. 不要把由于金钱带来的快乐误认为情感，尽管二者可以转化。

64. 当你自卑的时候，当你在国外被人歧视的时候，那就想想北京奥运会吧，中国人金牌第一！

65. 当你想不开的时候，当你痛不欲生的时候，那就想想残奥会吧，它也许会给你一个明智的选择！

66. 当我改变不了环境的时候，就改变自己。

67. 有一首歌是这样唱的：只要有爱就有痛。所以，当你快乐的时候，就要准备着承担痛苦。

68. 人的价值是多方面的，人不应该成为机器（君子不器）。

69. 拥有是一种幸福，欣赏也是一种幸福。

70. 自己成功是美好的，帮助别人成功也是美好的。

71. 一位名人说：成功，属于那些没有时间想成功的人。很有哲理！

72. 在精神病院里，只有疯子才是正常的人。

73. 同情弱者乃是中华民族积淀之美德。

74. 当情绪激动时，心里平静的速度和自己的修养成正比。

75. 伟人之所以伟大，因为我们跪着，我们站起来一样伟大。

76. 教师只有关爱学生才能被学生爱戴。

77. 看不见领导的领导，是高明的领导。

78. 美好的明天来自于今天的点点滴滴。

79. 成功者不仅需要伙伴和朋友，更需要对手和敌人！

80. 人越是伟大就越感觉自己渺小，越是渺小就越觉得自己伟大。

81. 在家庭生活中，往往给对方自由，自己才获得自由；给对方幸福，自己才获得幸福。

82. 当你和时间赛跑的时候，千万不要亏待了自己的身体。

83. 经商聚财能散财，为人当效陶朱公。

84. 封建专制给中国人民带来了深重的灾难，其影响也是深远的。

85. 世袭制难以保证优秀的统治者管理国家，终身制乃世袭制的变种。

86. 直接普选制是一切民主的来源，言论自由是民主的前提。

87. 民主不一定保证国家的强盛，但民主往往是人们追求的目标。

88. 国家应该体现多数人的意志，生活在没有自由的国度是不健全的。

89. 五四运动举起“民主”和“科学”的大旗，最值得发扬光大。

90. 皇帝制度给民主提供了非常集中的反面教材。

91. 心中有正气，行为有动力。人要养浩然之气。

92. 人过聪明遭不幸，民遇糊涂福降临。

93. 如果药铺卖的是真药，能够治病，就不怕没人来买。

94. 从某种意义上讲，走向成熟就意味着走向毁灭和死亡。

95. 世界英雄才是真正的英雄，对人类的贡献才是真正的贡献。

96. 人生如临深渊、如履薄冰，因为人生充满了地狱的制造者。

97. 喜欢拳头的人往往遭到拳击，恐怖的制造者往往被恐怖所埋葬。

98. 真有学问的人是不看重标签的，中国的优秀文化有很多就是没有标签的人创造出来的。

99. 没有人爱管闲事，所以，闲事就会越来越多直至影响到每一个人。

100. 社会制度如果不健全，哪怕是微小的进步也会付出沉重的代价！

101. 有了第一个敢吃螃蟹的人，别人才能知道螃蟹是否有毒。

102. 正如学生需要教师的鼓励那样，教师也需要学生的鼓励。

103. 学校是社会的一面镜子，学校的状况深刻地反映着社会的状况。

104. 对学生最好的教育方式就是正确的行为，即榜样的力量！

105. 和哲学家谈诗，和诗人谈哲学，这就是我的交往秘诀。

106. 真理在价值面前往往遭遇惨痛的失败。

107. 真理靠权力来推行，权力比真理更有力量。

108. 同样一句话，从有权力的人嘴里说出就是一个伟大的思想，从无权力的人嘴里说出就可能被嘲笑甚至进监狱。

109. 民主是制约权力的重要手段，所以，民主比真理更有价值。

110. 绝对自由是永远不存在的，但是，最大限度地获取自由是每一个正常人的愿望；因此，使每一个人获得最大限度的自由，也是衡量国家文明程度的重要标尺。

111. 医治心灵创伤的最好的良药就是时间。

112. 改变世界要从改变身边的事情开始，连身边的事情都改变不了，就不要奢谈改变世界！

113. 今天为个人的正当权益而斗争，就是为明天的社会进步而斗争。

114. 许多当权者对待马克思主义如叶公好龙。

115. 在现实生活中，权力和自由成正比，人们获得的权力越大自由度也就越高。

116. 权力有两种：一种是来自上对下的控制和统治权，另一种是来自下对上的争取自由和摆脱统治的权力，前者的权力越大社会就越黑暗和落后，后者的权力越大社会就越文明和进步。

117. 控制权本身也应该被控制，统治权本身也应该被统治，控制和统治的基础是人民。

118. 合理的统治权应该来自公民的认同和契约，个人的自由权应该最大限度地得到保障。

119. 只有当个人的自由权彼此发生冲突时，保障大多数人的利益的控制权和统治权才应该产生出来。

120. 没有约束的权力不仅是产生腐败的温床，而且是产生野蛮、落后与罪恶的温床。

121. 人民群众创造历史就意味着每一个人都是历史的创造者。

122. 尊重每一个人的正当权益就是尊重社会与国家。

123. 个别意志是有区别的，国家和社会应该服从于多数人的意志。

124. 服从多数人的意志就必然引出民主和个性自由。

125. 网络中的无理限制是对民主和自由的践踏与毁灭。

126. 很多时候给别人机会就是给自己机会，成就别人就是成就自己。

127. 没有怀疑就没有哲学，没有怀疑就没有创造，没有怀疑就没有进步，但怀疑本身不是目的。

128. 不愿意承认和改正错误的领导的一大法宝：“沉默是金”！

129. 绝对公平是没有的，但相对合理却是必要的。

130. 在大学里，充满了高智商的“算计”和“反算计”的斗争，看似让人羡慕的职业其实到处是激流险滩。

131. 在我的记忆中，大学是最讲“理”的地方，而如今的大学却要用“炸药”来说话了。

132. 学校的科研要求养肥了“重量级”期刊，尽管这些期刊很少有人问津。

133. 对普通教师来说，写文章的精力不及寻找发表的精力，文章发表要像做买卖一样待价而沽！待价是指少出点钱推销作品，因为你没有白发表的“权力”。

134. 学术文章要调查“出身”，因为学术刊物是为“利益集团”服务的。

135. 只有编审对作品“无记名”审稿才是公平的。

136. 学术垄断和学霸统治是学术市场黑暗的主要根源。

137. 尽管许多博士都是“学士”教出来的，但是，年轻的博士们还是以“博士证”而自豪，因为他们获得了博士所应该获得的利益。

138. 只要生命还存在，就没有过不去的坎、走不了的路。

139. 权力是真理最强大的解释者，欲兑现真理必先攫取权力！

140. 一个赵本山远胜于一万个教授的知名度，因为那些教授只有在无人问津的地方活着并干着无人问津的事情。

141. 指望在不公平的环境里受到公平的待遇纯粹是一种幻想，所以，人人都应该为建立一个公平的环境而斗争。

142. 教师不要作贩卖“真理”的二道贩子，而应该成为真理的殉道者。

143. 适度骄傲萌生自信，过分谦责盛产自卑。

144. 要学会放大自己的优点，自树楷模，形成内驱力。

145. 女人打动男人的武器更多是柔美和眼泪，而不是强势和吼叫！

146. 学会自我欣赏，连自己都不欣赏自己，还指望谁来欣赏你呢？

147. 缺点不要成为自卑的源泉，优点也不要成为刚愎自用的理由。

148. 在人生中，不要指望抓到一副好牌，应该设法打好手中的牌。

149. 自爱、自尊、自重，是形成人的内在素质的动力和源泉。

150. “责任心”往往是衡量人的承担（担当）的重要标尺。

151. 忘记从前出冲动，遥想过去生珍惜。

152. 能够享受自己的缺点也是一种幸福。

153. 花钱既可以买快乐，又可以找别扭；既可以买平安，又可以找倒霉，所以，要学会花钱。

154. 逆来顺受是任人宰割，合理反抗是捍卫权益，所以，要学会反抗。

155. 少想没得到什么，多想拥有了什么；珍惜拥有，享受现在。

156. 人生如牛，一分耕耘一分收获。

157. 有序人人和谐相处，无序则各显其能、相互倾轧。

158. 爱情是由“爱”和“情”组成的，“有爱无情”或“有情无爱”都不是爱情。

159. 写论文应该牢记“奥康剃刀”和“思维经济原则”。

160. 人经常学习动物：狮子凶、老虎哮、豺狼狠、骏马勇、老牛勤、猛狗吠、猪皮厚、绵羊软、猫儿叼、鸡报晓……，一切为生存！

161. 党的“为人民服务”有向“为人民币服务”转化的趋势，这种趋势是很危险的。

162. 没有满足就没有世界，没有遗憾就没有生活；世界给人满足，生活使人遗憾。

163. 我家的“玉面皇冠”从 2008 年 7 月 20 日降生到 2012 年 7 月 15 日谢世，寿命将近四年。鱼死不能复生！万物皆然。

164. 具有钢铁般意志的人往往是在伤害中得到锻炼和成长的。

165. “寡欲”是养生最好的方法之一，可惜谁能寡欲呢？

166. 做真实的自己容易，做善良的自己难，做美好的自己难上加难。

167. 做人要真诚，不要高估自己或低估别人的智商，时间证明一切。

168. “作假”已经渗透到生活的方方面面，很多人以假为荣。

169. “作假”的成本太低，是其普遍性的根源，应提高打假的力度。

170. 投机取巧的人终将被自己的小聪明所害，有时细节决定命运。

结束语

诗词还在继续着，正如现实、人生、思考也在继续着一样，生活是不断变化的，现实是不断变化的，教条也是不断变化的，哲学和现实的发展要不断地扬弃教条，诗词作为人的心声的艺术更要聆听心的呼唤，我们在这种呼唤中得到成长，在这种呼唤中走向未来。有时激情和深沉共存，感情的汹涌澎湃和理性的内省反思交相映现，诗词歌赋和人生感悟看起来是多么不同的东西，然而，又何尝不可以和谐共进呢？让思考带着问题去扬弃教条！

后　记

书稿成型应该归结于网络的发展，作者进行教学和生活的同时，练就了写博客的习惯：一方面，对发表过的文章进行梳理后发于博客中；另一方面，把对哲学或现实的思考总结以后也展现在博客中，甚至还充分利用了播客展示教学成果。“博客”和“播客”成为作者展示科研心得的重要平台。网络的发展对社会的影响将是与日俱增和难以估量的。所以，最后要感谢网络的发展，感谢作者能够适应这种发展，感谢作者的自我努力；这种努力虽然有自夸成分，但这种自夸在作者看来仍然是必要的和具有鞭策意义的。

林城

2013 年 4 月